La teoría de la revolución en el joven Marx

La teoría de la revolución en el joven Marx

Michael Löwy

New York • Oakland • London

Derechos © 2014 Michael Löwy
Derechos © 2014 Ocean Press y Ocean Sur

Traducción de Silvia Nora Lavado para la versión en español de Ediciones Herramienta, Buenos Aires, 2010. www.herramienta.com.ar.

Todos los derechos reservados. Ninguna parte de esta publicación puede ser reproducida, conservada en un sistema reproductor o transmitirse en cualquier forma o por cualquier medio electrónico, mecánico, fotocopia, grabación o cualquier otro, sin previa autorización del editor.

Seven Stories Press/Ocean Sur
140 Watts Street
New York, NY 10013
www.sevenstories.com

ISBN: 978-1-925019-19-3

ÍNDICE

Prefacio a la reedición — 1

Introducción — 13
  1. Observaciones metodológicas — 13
    a. Premisas de un estudio marxista del marxismo — 13
    b. Marcos sociales del marxismo: el proletariado — 15
    c. La ciencia revolucionaria del joven Marx — 26
  2. La revolución comunista y la autoemancipación del proletariado — 29
    a. El mito del salvador supremo — 29
    b. La autoemancipación obrera — 31
    c. El «comunismo de masas» de Marx — 38

I. El pasaje al comunismo (1842-1844) — 41
  1. La *Gaceta Renana* — 41
    a. El Estado y el interés privado — 45
    b. El sufrimiento de los pobres — 49
    c. El comunismo — 51
    d. La filosofía y el mundo — 55
  2. Ruptura y transición: 1843 — 56
    a. La Crítica de la Filosofía del Estado de Hegel — 63
    b. La correspondencia con Ruge — 66
  3. La adhesión al comunismo — 75
    a. Sobre la cuestión judía — 77
    b. Para una crítica de la Filosofía del Derecho de Hegel. Introducción — 82

II. La teoría de la revolución comunista (1844-1846)   93
  1. Marx y el movimiento obrero (1844-1845)   93
    a. Las sociedades secretas comunistas en
       París (1840-1844)   95
    b. La Liga de los Justos de París   103
    c. El cartismo   107
    d. La revuelta de los tejedores silesianos   112
    e. La síntesis teórica de Marx   115
  2. El corte: teoría de la revolución (1844-1846)   116
    a. Los Manuscritos de 1844   116
    b. «El rey de Prusia y la reforma social» (Vorwärts)   124
    c. La Sagrada Familia   132
    d. Tesis sobre Feuerbach   141
    e. La ideología alemana   150

III. La teoría del partido (1846-1848)   161
  1. Marx y el Partido Comunista (1846-1848)   161
    a. El Comité de correspondencia comunista   162
    b. La Liga de los Comunistas   172
  2. Los comunistas y el movimiento proletario
     (1847-1848)   181
    a. Miseria de la filosofía   182
    b. El Manifiesto del Partido Comunista   185

IV. Partido, masas y revolución. Marx después de 1848   195
    a. La Declaración del Consejo central a la Liga
       (marzo de 1850)   195
    b. Contra el «socialismo de Estado» de Lassalle   199
    c. La Primera Internacional   203
    d. La Comuna de París   205
    e. Marx, Engels y la socialdemocracia alemana   207

Notas   215

«En la actividad revolucionaria, el cambio de sí mismo coincide con la transformación de las condiciones».
(K. Marx: *La ideología alemana*, 1845)

«La emancipación de los trabajadores debe ser obra de los propios trabajadores».
(K. Marx: *Preámbulo de los estatutos de la Asociación Internacional de los Trabajadores*, 1864).

«No hay salvadores supremos:
Ni Dios, ni César, ni tribuno:
¡Productores, salvémonos a nosotros mismos!
¡Decretemos la salvación común!».
(E. Pottier, *La Internacional*, 1871)

Queremos agradecer a todos aquellos que aportaron críticas y sugerencias, tanto en relación con la forma como con el contenido de nuestro trabajo: D. Berger, J. Droz, R. Fausto, N. Geras, A. Giannini, E. Labrousse, C. Lefort, E. Sader, A. Simão, R. Schwartz.

También agradecemos al Instituto Internacional de Historia Social de Ámsterdam, que nos permitió consultar los manuscritos inéditos de Marx que se encuentran en sus archivos.

Expresamos nuestro profundo reconocimiento al entrañable profesor Lucien Goldmann, sin cuya ayuda y aliento difícilmente hubiéramos podido llevar a cabo nuestra tarea y a cuya memoria dedicamos esta obra.

PREFACIO A LA REEDICIÓN

¿Marx ha muerto? (1997)

Este libro fue publicado por primera vez en 1970, en ediciones Maspero, en la colección «Bibliothèque socialiste», dirigida por el entrañable Georges Haupt. Fue traducido al italiano, español (siete ediciones), japonés e inglés. Curiosamente, suscitó más interés en el mundo anglosajón que en Francia: algunas obras, como el muy conocido libro del marxista norteamericano Hal Draper, *Marx's Theory of Revolution* [La teoría de la revolución en Marx] (New York, MR Press, 1977), se inspiraron ampliamente en él (y no solo en lo que concierne al título).

La edición de 1970 tenía un último capítulo, consagrado a la cuestión del partido y de la revolución *después de Marx*: en algunas decenas de páginas, intentaba evaluar el centralismo de Lenin, el «espontaneísmo» de Rosa Luxemburg, las relaciones complejas de Trotski con el bolchevismo, la evolución de Gramsci a partir de los consejos obreros de Turín hasta su teoría del partido como «Príncipe Moderno»; finalmente, la síntesis teórica de Lukács en *Historia y conciencia de clase* (1923). Evidentemente, se trataba del tema de otro libro: era imposible tratar a estos autores de manera adecuada en un número tan limitado de páginas. Esta es la razón por la cual preferí suprimir esta sección en la actual reedición. Simplemente agregaría que no ocultaba cierta simpatía (crítica) por las ideas de Rosa Luxemburg y de León Trotski: en realidad, mi lectura del joven Marx era, en gran medida, de inspiración «luxemburguista».

El libro es, esencialmente, un *intento de interpretación marxista de Marx*, es decir, un estudio de su evolución política y filosófica en el contexto histórico de las luchas sociales en Europa durante los años decisivos de 1840-1848 y, en particular, de su relación con las experiencias de lucha de la clase obrera en formación y con el primer movimiento socialista/comunista. El objetivo es dar cuenta del surgimiento, en el joven Marx, de una nueva concepción del mundo, la *filosofía de la praxis*, fundamento metodológico de su teoría de la revolución como autoemancipación proletaria.

Se trata de una investigación interdisciplinaria, que concierne, al mismo tiempo, a la sociología, la historia social, la filosofía y la teoría política, bajo la inspiración del «estructuralismo genético» — término utilizado por mi maestro y amigo Lucien Goldmann para designar su marxismo humanista e historicista—.

Desde la primera edición de este libro pasó más de un cuarto de siglo y mucha agua corrió debajo de los puentes del Sena, del Rhin y del Neva. Se desmoronaron imperios, las sociedades se transformaron y las modas cambiaron: el modernismo fue reemplazado por el postmodernismo; el estructuralismo, por el postestructuralismo; el keynesianismo, por el neoliberalismo; el muro de Berlín, por el muro del dinero. ¿Y Marx?

Después del fin del «socialismo realmente existente» —es decir, de los Estados burocráticos formados con el molde estalinista— se pudo asistir a una impresionante (casi) unanimidad entre periodistas, banqueros, gerentes, teólogos, diputados, senadores, ministros, universitarios, filósofos, politólogos, economistas y expertos en todas las disciplinas, para proclamar, *urbi et orbi*, en nombre de la Historia, del Mercado o de Dios —si no era en nombre de los tres— que «Marx ha muerto» (tema ya machacado en el curso de los años setenta por los susodichos «nuevos filósofos»). Exizquierdistas, excomunistas, exsocialistas, exrevolucionarios, extodo no perdieron la oportunidad de hacerse eco.

«Marx está definitivamente muerto para la humanidad». ¿Esta oración está fechada en 1989, año de la caída del muro, o en 1991, momento del desmembramiento de la URSS? En realidad, se trata de una cita del gran filósofo liberal Benedetto Croce que data de 1907. No fue una profecía particularmente lograda, como los partidarios rusos del liberalismo iban a descubrir diez años más tarde.

En realidad, ahora que el marxismo dejó de ser empleado como ideología de Estado por regímenes burocráticos parasitarios, existe una oportunidad histórica para volver a descubrir el mensaje marxiano originario e intentar desarrollarlo de manera creadora. En lo que a mí respecta, sigo creyendo, como en 1970, que la teoría marxiana de la revolución como autoemancipación de los explotados continúa siendo una brújula preciosa para el pensamiento y para la acción. No solo no se volvió obsoleta por la caída del infame muro de Berlín, sino que, por el contrario, nos provee de una clave decisiva para comprender por qué el intento de «construir el socialismo» sin el pueblo (o contra él), de «emancipar» el trabajo desde arriba, de imponer una nueva sociedad por medio de los decretos de un poder burocrático y autoritario estaba inevitablemente condenado al fracaso. Para Marx, la democracia revolucionaria —el equivalente político de la autoemancipación— no era una dimensión opcional, sino un aspecto intrínseco del proceso de transición hacia el comunismo, es decir, hacia una sociedad en la cual los individuos libremente asociados toman en sus manos la producción de su vida. La experiencia trágica de la URSS estalinista y posestalinista (así como la de los otros países con régimen análogo), lejos de «falsear» la teoría marxiana de la revolución, constituye una confirmación sorprendente de esta.

Dicho esto, tal «vuelta a Marx» solo puede ser útil bajo la condición de que uno se libere de la ilusión de encontrar en él la respuesta a todos nuestros problemas —o, peor aún, la creencia de que no hay nada para cuestionar o criticar en el corpus complejo y a veces contradictorio de sus escritos —. Muchas cuestiones decisivas, como la destrucción del medio ambiente por el «crecimiento de las fuerzas productivas», las formas de opresión no clasistas (por ejemplo, de género o étnicas), la importancia de reglas éticas universales y de los derechos del hombre para la acción política, la lucha de las naciones y culturas no europeas contra la dominación occidental están ausentes o son tratadas de manera inadecuada en sus escritos.

Esta es la razón de por qué la herencia marxiana debe ser completada por las contribuciones de los marxistas del siglo XX, de Rosa Luxemburg y Trotski a Walter Benjamin y Herbert Marcuse, de Lenin y Gramsci a José Carlos Mariátegui y Ernst Bloch (la lista se podría extender).

Gramsci insistía con la idea de que «la filosofía de la praxis se concibe a sí misma históricamente, como una fase transitoria del pensamiento filosófico», destinada a ser reemplazada en una sociedad nueva, ya no fundada sobre la contradicción de las clases y la necesidad, sino sobre la libertad.[1] Pero, mientras vivamos en sociedades capitalistas, divididas en clases sociales antagónicas, sería vano querer reemplazar la filosofía de la praxis por otro paradigma emancipador. Desde este punto de vista, pienso que Jean-Paul Sartre no se equivocaba al ver en el marxismo «el horizonte intelectual de nuestra época»: los intentos de «superarlo» no conducen más que a la regresión hacia niveles inferiores del pensamiento, no más allá sino *más acá* de Marx. Los nuevos paradigmas propuestos actualmente —ya sea la ecología «pura» o la racionalidad discursiva cara a Habermas, para no hablar del postmodernismo, la deconstrucción o el «individualismo metodológico»— a menudo aportan apreciaciones interesantes, pero de ninguna manera constituyen alternativas superiores al marxismo en términos de comprensión de la realidad, de universalidad crítica y de radicalidad emancipadora.

¿Cómo corregir, entonces, las numerosas lagunas, limitaciones e insuficiencias de Marx y de la tradición marxista? Por medio de un *comportamiento abierto*, una disposición a aprender y a enriquecerse con las críticas y los aportes provenientes de otros sectores —y, en primer lugar, de los *movimientos sociales*, «clásicos», como los movimientos obreros y campesinos, o nuevos, como la ecología, el feminismo, los movimientos para la defensa de los derechos del hombre o para la liberación de los pueblos oprimidos, el indigenismo, la teología de la liberación.

Pero también es necesario que los marxistas aprendan a «revisitar» las otras corrientes socialistas y emancipadoras —incluyendo las que Marx y Engels ya habían «refutado»— cuyas intuiciones, ausentes o poco desarrolladas en el «socialismo científico», a menudo se revelaron fecundas: los socialismos y feminismos «utópicos» del siglo XIX (owenistas, saint-simonianos o fourieristas), los socialismos libertarios (anarquistas o anarcosindicalistas) y, en particular, lo que yo llamaría los *socialistas románticos*, los más críticos en relación con las ilusiones del progreso: William Morris, Charles Péguy, Georges Sorel, Bernard Lazare, Gustav Landauer.

Si mi lectura del joven Marx cambió, en el curso de los veinticinco años que me separan de la primera edición de este libro, se debe ante todo al descubrimiento, en tanto sociólogo de la cultura, de la importancia de la *crítica romántica de la civilización burguesa*, a la vez como dimensión —a menudo dejada de lado— del pensamiento del propio Marx y como fuente poderosa de una renovación de la *imaginación socialista*.

Por *romanticismo* no entiendo simplemente una corriente literaria del siglo XIX, sino un vasto movimiento cultural de protesta contra la sociedad industrial/capitalista moderna, en nombre de valores precapitalistas. Se trata de un movimientos que comienza a mediados del siglo XVIII —Jean-Jacques Rousseau es una de las figuras emblemáticas de este origen— y que continúa activo hasta hoy, en rebelión contra el desencanto del mundo, la cuantificación de todos los valores, la mecanización de la vida y la destrucción de la comunidad.[2] Este aspecto romántico no está ausente de la teoría de la revolución y, en general, del pensamiento del joven Marx. Pero ese sería el tema de otro libro...

Finalmente, la renovación crítica del marxismo exige también su enriquecimiento por medio de las formas más avanzadas y más productivas del pensamiento no marxista, de Max Weber a Karl Mannheim, de Georg Simmel a Marcel Mauss, de Sigmund Freud a Jean Piaget, de Hannah Arendt a Jürgen Habermas (para no dar más que algunos ejemplos), así como la consideración de los resultados limitados pero a menudo útiles de las diversas ramas de la ciencia social universitaria. Es necesario inspirarse aquí en el ejemplo del propio Marx, que supo emplear ampliamente los trabajos de la filosofía y la ciencia de su época —no solo Hegel y Feuerbach, Ricardo y St. Simon, sino también economistas heterodoxos como Quesnay, Ferguson, Sismondi, J. Stuart, Hodgskin, antropólogos fascinados por el pasado comunitario como Maurer y Morgan, críticos románticos del capitalismo como Carlyle y Cobbet y socialistas heréticos como Flora Tristán o Pierre Leroux—, sin que esto disminuyera en lo más mínimo la unidad y coherencia teórica de su obra.

La pretensión de reservar al marxismo el monopolio de la ciencia, arrojando a las otras corrientes de pensamiento al purgatorio de la pura ideología, no tiene nada que ver con la concepción que poseía Marx de la articulación conflictiva de su teoría con la producción científica contemporánea.

Muchos libros sobre el joven Marx o sobre el conjunto de su obra fueron publicados en Francia en el último cuarto de siglo. Evidentemente, no podría tratarse, en este prefacio, de pasar revista a esta vasta literatura. Solo querría orientar la atención hacia tres contribuciones «iconoclastas» que me parecen particularmente interesantes, desde el punto de vista de la problemática que intenté desarrollar en mi libro: la filosofía de la praxis y su relación con la teoría de la revolución.

En su pequeño volumen *La philosophie de Marx* [La filosofía de Marx], Etienne Balibar demuestra de manera convincente que el nuevo materialismo introducido por las *Tesis sobre Feuerbach* no tiene mucho que ver con la «materia», sino más bien con la necesidad de cambiar el mundo: a través del concepto de práctica revolucionaria, Marx transfirió la categoría del sujeto del idealismo al materialismo. Partiendo de ese «materialismo práctico» propone definir, en la célebre tesis no. VI, la «esencia humana» como el «conjunto de las relaciones sociales». Al rechazar las trampas del individualismo y del holismo, del «realismo» (en el sentido escolástico del término) y del nominalismo, pone en el centro de su reflexión las relaciones múltiples entre los individuos (trabajo, lenguaje, amor), la *realidad transindividual* de la humanidad. En un pasaje lúcido, Balibar demuestra la reciprocidad dialéctica entre esta ontología transindividual y el concepto de práctica revolucionaria: «Atrevámonos a esa palabra, entonces: las relaciones sociales aquí designadas no son otra cosa que una incesante transformación, una "revolución permanente"...».

Después de la ontología de la praxis, Marx formula, en *La ideología alemana* (1846), la ontología de la producción. Pero estas dos ontologías no se oponen: la unidad de la práctica las une. Marx suprime aquí, señala E. Balibar, uno de los más antiguos tabúes de la filosofía, desde la Antigüedad griega: la distinción radical entre la *praxis*, la acción libre de autotransformación humana, y la *poiesis*, la fabricación de las cosas en el enfrentamiento con la naturaleza.

¿La concepción de la sociedad y de la historia como praxis no es en sí misma contradictoria con la idea de un progreso inevitable, de un socialismo que sea el resultado necesario de las contradicciones capitalistas? El desafío de la obra de Henri Maler, *Convoiter l'impossible* [Anhelar lo imposible], es arrancar el horizonte utópico de la emancipación, que está en el corazón de la filosofía política de Marx, de la tentación de presentarse como una previsión científica del futuro. En otras palabras: por medio de la apertura de una dialéctica utópica, presente como esbozo en Marx, se puede descubrir, debajo del tiempo de las necesidades lineales, el tiempo de las *virtualidades disruptivas*. La utopía estratégica es una utopía disruptiva: depende de la acción que se apropia de la eventualidad de una brecha y de las virtualidades de un combate.

Liberada de las prescripciones doctrinales, la utopía marxiana sería, según Maler, el gran arte de los atajos (lo que se denomina la «alternativa»), que pone el deseo de lo imposible al servicio de los movimientos de emancipación. El futuro de nuestro anhelo no es el futuro trazado o prometido de nuestras utopías tutelares, sino el futuro inventado para vencer el eterno retorno de la barbarie.

Esta problemática también está en el centro de la notable obra de Daniel Bensaïd, *Marx intempestivo. Grandezas y miserias de una aventura crítica*, cuyo recorrido está inspirado por una actitud resueltamente *heterodoxa y crítica* respecto del propio Marx.

La concepción de la historia en Marx tiene, de acuerdo con Bensaïd, una contradicción no resuelta entre el modelo científico naturalista −que predice el fin del capitalismo «con lo ineluctable de un proceso natural»− y la lógica dialéctica abierta (la «ciencia alemana»). Mientras que algunos textos de Marx −sobre la misión civilizadora del capitalismo o sobre el colonialismo inglés en India− no están lejos de caer en las trampas de la ideología «progresista», otros (como la introducción a los *Grundrisse*) esbozan una ruptura profunda con la visión lineal y homogénea de la historia y con la noción de progreso «en su forma abstracta habitual». Gracias a nociones como el destiempo (*zeitwidrig*) y la discordancia de tiempo, Marx inauguró una representación no lineal del desarrollo histórico.

Mientras que sus epígonos —desde los «ortodoxos» de la II Internacional hasta los «marxistas analíticos» como Jon Elster o John Roemer— no hacen más que «desarmar y volver a armar tristemente el cansador Meccano de las fuerzas y las relaciones, de las infraestructuras y las superestructuras», la visión marxiana de una historia abierta inspiró en Trotski la teoría del desarrollo desigual y combinado (y la estrategia de la revolución permanente) y en Ernst Bloch su análisis de la no contemporaneidad de las clases y de las culturas en la Alemania de Weimar.

Lo que no comprenden las lecturas positivistas de Marx es que, a diferencia de la predicción física, la anticipación histórica se expresa en un proyecto estratégico. Para un pensamiento estratégico, la revolución es en esencia intempestiva y «prematura». Marx no juzga las revueltas de los oprimidos en términos de «correspondencia» entre fuerzas y relaciones de producción: está «sin vacilación ni reservas del lado de los pobres en la guerra de los campesinos, de los niveladores en la revolución inglesa, de los iguales en la Revolución Francesa, de los partidarios de la Comuna condenados a la destrucción versallesca».

Daniel Bensaïd propone aquí una de sus más bellas *iluminaciones profanas*: la distinción entre el oráculo y el profeta. El marxismo no es la predicción oracular de un destino implacable, sino una *profecía condicional*, un «mesianismo activo» que trabaja los dolores del presente. La profecía no es espera resignada, sino denuncia de lo que ocurrirá de malo *si...*, como en *La catástrofe inminente y los medios para conjurarla*, de Lenin. Comprendida en estos términos, «la profecía es la figura emblemática de cualquier discurso político y estratégico».

Esta reedición desempeña un papel en la proximidad del centésimo quincuagésimo aniversario de la publicación del *Manifiesto comunista* y de la revolución de 1848 en Francia, Alemania y Europa, en la que Marx y Engels participaron activamente por medio de su periódico, la *Nueva Gaceta Renana*, y, más tarde, ya exiliados en Londres, a través de las circulares a la Liga de los Comunistas.

Se puede considerar el *Manifiesto del Partido Comunista* de 1848 como el resultado, la concretización, la conclusión práctico-estratégica de la reflexión filosófica y política del joven Marx sobre las condiciones de posibilidad de la revolución como autoemancipación proletaria.

Hay posibilidades de que el debate en torno a Marx y al *Manifiesto* no sea solamente una cuestión de especialistas, «marxólogos» o historiadores de las ideas. Algunos de los temas centrales de ese documento fundador del socialismo moderno, durante mucho tiempo desaparecidos del vocabulario corriente, decretados «arcaicos» —como la lucha de clases, la búsqueda de una alternativa radical al capitalismo, la convergencia entre intelectuales críticos y trabajadores organizados, la unidad y coordinación entre las luchas a escala de Europa y del planeta, para hacer frente a la mundialización de la economía— vuelven a comenzar, poco a poco, a encontrar su lugar en el discurso social y político.

Esto se deriva de un cambio del clima cultural, que no deja de tener relación con la emergencia en Europa, y un poco por todos lados en el mundo, de luchas y movilizaciones sociales, de revueltas campesinas y populares, de huelgas y manifestaciones obreras, cuya expresión más espectacular fueron las grandes huelgas francesas de noviembre y diciembre de 1995. Sin optimismo excesivo, se tiene la impresión de que se prepara un momento crucial, a cuyos primeros esbozos se asiste, por el momento sobre todo negativos —el rechazo del neoliberalismo y de la globalización capitalista—, pero que contienen, indirectamente, la imagen, la esperanza, la utopía de un futuro diferente.

El hecho de que un gran número de intelectuales franceses haya apoyado e, incluso, participado activamente del movimiento de diciembre de 1995 es un signo alentador, que sugiere que la dialéctica entre teoría crítica, reflexión política y acción social — una relación de aprendizaje mutuo que no deja de recordar la de los años 1840-1848 — se estableció nuevamente.

El desafío para los espíritus críticos que, en los albores del siglo XXI, no solo quieren interpretar el mundo, sino contribuir a cambiarlo, es aprender, como el joven Marx, con las experiencias de lucha más avanzadas, las tentativas más importantes de autoorganización de los explotados y de los oprimidos. El teórico crítico no puede sustituir a los trabajadores y trabajadoras, pero puede ayudar, como en 1848, en 1917, en 1936, en 1968, a la formación de lo que Marx designaba en el *Manifiesto* como «el movimiento autónomo de la inmensa mayoría».

Es solo gracias a un movimiento como este que el comunismo con el que soñaba Marx en 1848 dejará de ser «el pasado de una ilusión» para convertirse en el futuro de una esperanza.

INTRODUCCIÓN

1. Observaciones metodológicas

Las observaciones que siguen no aspiran de ninguna manera a dar una respuesta a los problemas de la epistemología marxista, o del materialismo histórico en general, sino a explicitar, simplemente, ciertos presupuestos metodológicos de nuestro trabajo.

a. *Premisas de un estudio marxista del marxismo*

La orientación general de este trabajo es la de un estudio materialista histórico de la obra del joven Marx; dicho de otra manera, quiere ser una contribución —evidentemente, muy parcial y muy limitada— a un análisis marxista de la génesis del propio marxismo. ¿Cuáles son las implicaciones metodológicas de un programa como este? ¿No es este recorrido en sí mismo contradictorio? En otros términos, ¿la aplicación del marxismo a sí mismo no lleva necesariamente a su superación?

Esta parece ser, al menos, la posición de Karl Mannheim, quien, en su *Ideología y utopía*, critica el pensamiento socialista por no haber aplicado nunca a sí mismo los procedimientos de «develamiento ideológico» empleados contra sus adversarios y por no haber planteado nunca el problema de la determinación social de su propia posición. Mannheim sugiere que un «autodevelamiento» como este demostraría que el marxismo constituye, en tanto ideología del proletariado, un punto de vista tan parcial y fragmentario como las ideologías de las otras clases; conduciría, en consecuencia, a su superación.[1]

Ahora bien, la verdad es que, al demostrar su carácter socialmente condicionado, de ninguna manera «ajustó sus cuentas» con el marxismo; por el contrario: es también en su carácter de teoría del proletariado que el marxismo funda su validez. En efecto, Marx no solo reconoció, sino que incluso insistió abiertamente en los vínculos entre su doctrina política y los intereses históricos de una clase social; si, a pesar de esta «determinación situacional» (para emplear la terminología de Mannheim), el marxismo aspira a una validez universal, eso se debe a que el proletariado es la única clase cuyos intereses históricos exigen el develamiento de la estructura esencial de la sociedad. En lo que concierne a la burguesía, este develamiento, que expone los resortes de la explotación capitalista y que cuestiona el carácter «natural» del orden establecido, contraría directamente sus intereses de clase dominante. En lo que concierne a otras capas sociales, como la pequeña burguesía o el pequeño campesinado, una plena conciencia del proceso histórico les demostraría la ausencia de perspectiva de sus tentativas particulares.[2]

Las consideraciones precedentes no aspiran, de ninguna manera, a «probar» la validez del marxismo, o su carácter insuperable, sino solamente a demostrar que no alcanza con «descubrir» el carácter de clase del marxismo, sus fundamentos sociales e históricos, para superarlo automáticamente (como parece creerlo Mannheim) o para pasar a la noche del relativismo, donde todos los gatos son pardos.

Nos parece que el estudio marxista de la evolución político-filosófica del joven Marx implica dos recorridos esenciales:

— Insertar esta evolución en la totalidad histórico-social de la que forma parte, en los marcos sociales que la condicionan: la sociedad capitalista del siglo XIX, el movimiento obrero anterior a 1848, la intelligentsia neohegeliana, etcétera. Esto no significa que la evolución del pensamiento del joven Marx sea un simple «reflejo» de sus condiciones económicas, sociales, políticas, sino que no puede ser «explicada» en su génesis y «comprendida» en su contenido sin este análisis socio-histórico.[3]

— No separar artificialmente en el análisis del contenido de la obra los «juicios de hecho» de los «juicios de valor», la «ciencia» de la «ética»; la categoría marxista de la praxis es precisamente la superación dialéctica de esas contradicciones. De la misma manera, no separar la obra teórica de Marx de su actividad práctica, al «hombre de ciencia» del «político»: para él, la ciencia debía ser revolucionaria y la revolución, «científica».

b. Marcos sociales del marxismo: el proletariado

El estudio de los marcos sociohistóricos de una obra no solo es indispensable para la explicación de esta obra, sino también para su comprensión, en la medida en que estos dos procedimientos no son más que dos momentos inseparables de toda ciencia humana. En otros términos, la búsqueda de los fundamentos económicos, sociales, etc. no es una especie de complemento, exterior al trabajo del historiador de las ideas, sino una condición indispensable para comprender el *contenido* mismo, la estructura interna, la significación precisa, de la obra estudiada.[4] En el curso de este trabajo, verificamos que el conocimiento de los marcos históricos y sociales, al menos en sus líneas generales, era absolutamente indispensable para:

1. Comprender la evolución del pensamiento de Marx, sus transformaciones, sus crisis, sus saltos cualitativos, sus «cortes», sus «conversiones políticas», sus reorientaciones,[5] etc.

2. Separar lo esencial de lo secundario o accidental y descubrir elementos importantes que, de otra manera, habrían podido pasar inadvertidos.

3. Revelar la significación real —concreta e histórica— de las categorías vagas, de los términos ambiguos, de fórmulas «enigmáticas»,[6] etc.

4. Situar cada elemento en el todo y establecer las conexiones internas del conjunto.

Aplicar este método a la historia de las ideas marxistas no significa, evidentemente, querer captar *toda* la realidad (lo cual es manifiestamente imposible), sino captar esta realidad a través de la categoría *metodológica* de totalidad, para la cual infraestructura y superestructura, pensamiento y marcos sociales, teoría y práctica, «conciencia» y «ser» no están separados en compartimientos estancos, fijados en oposiciones abstractas, sino (al mismo tiempo que se reconoce su autonomía relativa) dialécticamente vinculados unos con otros e integrados en el proceso histórico.

¿Cuáles son, entonces, los marcos específicos de la teoría marxista de la revolución —que no son necesariamente los mismos (sobre todo en el nivel de las superestructuras)— para otros conjuntos teóricos en la obra de Marx? Desde nuestro punto de vista, es necesario emplear el concepto de «marcos» en su mayor extensión, lo que implica:

a. La estructura económica y social: el nivel de las fuerzas de producción, la situación general de las clases sociales, las situaciones de ciertas categorías profesionales (artesanos, etc.), de ciertos grupos sociales (intelectuales, etc.);

b. La superestructura política: situación del movimiento obrero, de las organizaciones, grupos, partidos, diarios democráticos, liberales y socialistas;

c. Las superestructuras ideológicas: actitudes y valores colectivos, concepciones del mundo, doctrinas económicas, sociales, filosóficas, teorías políticas conservadoras, liberales, socialistas, comunistas;

d. La «coyuntura» histórica precisa: acontecimientos económicos, sociales, políticos, militares (crisis, revoluciones, guerras, etc.).[7] No obstante, es necesario destacar que infraestructura y superestructura, «coyuntura» y «estructura» no deben transformarse en categorías cosificadas: concretamente, las ideas pueden convertirse en fuerzas materiales y la estructura puede reducirse a una sucesión de coyunturas. Si se procediera de otra manera, se correría el riesgo de caer en el universo de las oposiciones metafísicas entre «materia» y «espíritu», «estático» y «dinámico», etc.

Las relaciones entre los marcos así definidos y las ideas solo son comprensibles, desde nuestro punto de vista, a través del concepto de *condicionamiento*, utilizado, no como una fórmula vaga, sino en su sentido estricto y riguroso: los marcos constituyen las *condiciones*, a veces necesarias pero nunca suficientes (si se las toma aisladamente), para la emergencia de una doctrina. Cada marco constituye una cierta esfera ideológica, establece ciertos límites para el desarrollo de las ideas, crea o elimina ciertas posibilidades; y, por supuesto, los límites más generales son los trazados por el marco fundamental: la infraestructura económico-social. La doctrina de Marx no habría podido nacer durante las guerras campesinas del siglo XVI y la de Münzer no habría podido desarrollarse después de la revolución de 1848. Dicho esto, el marco social constituido por el «proletariado europeo del siglo XIX» ofrece muchas «posibilidades» fuera del marxismo: Weitling, Blanqui, el socialismo utópico, etc. Para explicar cómo la posibilidad «Marx» pasó a los actos es necesario tomar en consideración un gran número de otras variables (situación de la *intelligentsia* neohegeliana, evolución de la economía política inglesa, nivel político de las organizaciones de artesanos alemanes emigrados, etc.). Es esta acumulación de condiciones estructurada como un conjunto de círculos concéntricos («sobredeterminación») lo que permite que una posibilidad se convierta en necesidad. Mirándolo detenidamente, se puede afirmar que un marco fundamental, el proletariado, exige necesariamente la constitución del socialismo científico; pero, para explicar por qué esta doctrina apareció *hic et nunc*, es necesario hacer intervenir otras condiciones históricas.

No obstante, el análisis en términos de condicionamiento sigue siendo demasiado esquemático si no se introduce otro elemento: la *autonomía parcial* de la esfera de las ideas;[8] pues, si bien es verdad que las categorías fundamentales de una obra pueden estar socialmente condicionadas, no es menos necesario observar que el desarrollo del pensamiento obedece a un conjunto de exigencias internas de sistematización, de coherencia, de racionalidad, etc. Muy a menudo es perfectamente estéril buscar las «bases económicas» de todo el contenido de una obra; el origen de ese contenido también debe ser buscado en las reglas específicas de continuidad y desarrollo de la historia de las ideas, en las exigencias de lógica interna de la obra o, incluso, en los rasgos específicos del pensador como individuo. Este concepto de autonomía parcial nos permite superar la eterna polémica entre la historia idealista del pensamiento, en la que los sistemas de ideas están completamente separados de las «contingencias» históricas y flotan libremente en el cielo puro del absoluto, y el «economicismo» mecánico que reduce todo el universo del pensamiento a un reflejo inmediato de la base económico-social.[9]

Este concepto de autonomía parcial también nos permite profundizar el análisis del carácter *dialéctico* de la relación marcos-ideas. Esta relación es dialéctica porque las ideologías repercuten en las condiciones sociales, estableciendo una relación de reciprocidad donde, como lo observaba Engels, las nociones de «causa» y «efecto» ya no tienen ninguna significación. (Por ejemplo, la relación entre la teoría de Marx y la Liga de los Comunistas, durante los años 1846-1847). Pero también se manifiesta como dialéctica porque, de cierta manera, el sistema doctrinal «selecciona» e interpreta los marcos, acontecimientos e ideas que van a condicionar su desarrollo: la importancia de un acontecimiento para la evolución de una teoría no solo depende de su importancia objetiva, sino de su significación *en relación* con la teoría (en relación con sus temas, su estructura significativa). Por ejemplo, el levantamiento de los tejedores silesianos de 1844 fue completamente ignorado por la mayoría de los neohegelianos alemanes, y fue tomado en consideración por algunos doctrinarios, sin que eso provocara ningún cambio en sus posiciones (A. Ruge, Weitling, etc.). Por el contrario, influyó decisivamente en las concepciones revolucionarias de Marx. Vemos, de esta manera, que, muy a menudo, no son un acontecimiento histórico o una teoría filosófica, política, etc. «en sí» los que influyen sobre el desarrollo de una doctrina, sino el acontecimiento y la teoría según el modo en que son comprendidos e interpretados por esa doctrina.

El rol de la base económica (que es *decisivo*) se ejerce en general a través de un gran número de mediaciones: clases sociales, organizaciones, partidos y movimientos, concepciones del mundo, doctrinas económicas, filosóficas, jurídicas, etc. La base económica es la que decide, *en última instancia*, cuál es la mediación, cuál es el nivel que juega el rol principal en un momento dado.[10] En las diferentes etapas del desarrollo intelectual de Marx, el rol dominante puede ser desempeñado por factores que se sitúan en el nivel de lo político, de lo ideológico, etc. —rol dominante que les es atribuido, en última instancia, por la infraestructura—; así, por ejemplo, el subdesarrollo económico de Alemania condiciona su «sobredesarrollo» filosófico y explica el rol crucial del neohegelianismo en la evolución política de Marx de 1841 a 1844, la ausencia relativa de consideraciones económicas en sus escritos antes de la llegada a Francia, etc.

En varias oportunidades sugerimos que el proletariado era (a partir de 1844) el principal marco social del pensamiento político de Marx; ahora bien, es muy evidente que el propio Marx no era obrero (ni, por lo demás, Lenin, Rosa Luxemburg, Gramsci, Lukács, etc.), lo que nos conduce al problema general de la *imputación*: ¿sobre qué criterio fundar la atribución de una constelación de ideas a una clase o a un grupo social?

La teoría «vulgar» de la imputación zanja la cuestión en términos muy claros: la doctrina es la del grupo al que pertenece el autor. Al mismo tiempo que reconocemos que la pertenencia de clase del pensador condiciona a menudo, total o parcialmente, sus ideas, estamos obligados a rechazar ese género de explicación, dado que está manifiestamente en contradicción con los datos más elementales de la historia de las ideas: concretamente, de manera constante se ven aparecer ideólogos de la burguesía que no son burgueses y teóricos del proletariado que no son proletarios. La verdad es que la mayoría de los teóricos de todas las clases de la sociedad industrial son reclutados en un grupo específico —los intelectuales pequeñoburgueses—. Hay en eso una razón muy simple: en el marco de la división del trabajo capitalista, la actividad profesional correspondiente a ese grupo social es la «producción espiritual». Esto no significa que los intelectuales no tengan «ataduras», como lo sugiere Mannheim; muy por el contrario, están ligados a las clases sociales en conflicto.

Quienes creen planear «por encima» de las luchas de clases son precisamente aquellos que se convirtieron en los ideólogos de la clase más próxima a su condición social: la pequeña burguesía. Los otros, influidos por la mayor importancia económica, social y política de las dos principales clases de la sociedad, confrontados con la ausencia de perspectiva histórica de su propia capa social, se convierten en los teóricos de la burguesía o del proletariado.

En conclusión, sin ignorar el origen social del pensador, es necesario preguntarse, sobre todo, no a qué clase *pertenece* (cuál es su condición social personal), sino a qué clase *representa*, por sus ideas. Es, por lo demás, lo que Marx sugiere en *El dieciocho Brumario*:

> No hay que imaginarse tampoco que los representantes demócratas son todos «shopkeepers» (tenderos) o que se entusiasman por estos últimos.
> Por su cultura y su situación personal pueden estar separados de ellos por un abismo. Lo que hace de ellos los representantes de la pequeña burguesía es que su cerebro no puede superar los límites que el mismo pequeño-burgués no supera en su vida y que, en consecuencia, son teóricamente empujados a los mismos problemas y a las mismas soluciones a los que su interés material y su situación social empujan prácticamente a los pequeñoburgueses. Esta es, de manera general, la relación que existe entre los *representantes políticos y literarios* de una clase y la clase a la que representan.[11]

Estas consideraciones también son aplicables, en cierta medida, al marxismo (el propio Marx parece sugerirlo con su última oración), y conducen, en conclusión, al problema de la conciencia atribuida.

El concepto de «representación» implica dos cuestiones esenciales que examinaremos sucesivamente:

1). ¿Cómo un pensador que pertenece a una clase se convierte en el representante político y teórico de otra?

2). ¿Cómo identificar, por su contenido, la clase que un pensamiento representa?

1. Las razones más diversas, objetivas y subjetivas, que es necesario estudiar concretamente en cada caso específico, pueden llevar a un intelectual a romper con su clase o con la primera clase con la que se había identificado; esta ruptura produce un estado de «disponibilidad intelectual» que puede conducir, en ciertas circunstancias, a la «adhesión intelectual» a otra clase. Por medio de

esta «adhesión» se establece una relación *activa* entre el pensador y la clase: el intelectual se identifica con los intereses, los objetivos, las aspiraciones de esta clase; participa interiormente de sus problemas, considera a la sociedad desde su punto de vista; y, si es un «filósofo democrático» (Gramsci), es decir, si quiere modificar el ambiente cultural de la clase, atraerla a sus ideas, debe tomar en consideración las opiniones y actitudes de su «público», someter su trabajo a una autocrítica continua, orientarlo en función de las respuestas de la audiencia.[12] A través de esta relación activa, recíproca, dialéctica, la clase se convierte progresivamente en un marco para la obra del intelectual y este último se convierte en su *representante teórico*. Este esquema no solo nos parece válido para captar las relaciones entre los pensadores marxistas y el proletariado, sino también para comprender, en algunos casos, los vínculos existentes entre los ideólogos originarios de la nobleza y la clase burguesa (Saint-Simon) o viceversa (Burke).

La estructuración de este proceso dialéctico tiene dos consecuencias decisivas: por un lado, el intelectual construye su teoría utilizando los «fragmentos ideológicos» espontáneamente producidos por la clase social; esta, a su vez, a pesar de todas las diferencias de nivel cultural y de extensión de los conocimientos, acepta esta doctrina, en sus grandes líneas, como propia. No obstante, es necesario destacar que el intelectual introduce en su teoría política elementos enteramente extraños a las preocupaciones habituales de la clase y que la absorción de la doctrina por parte de esta no es ni inmediata, ni unánime, ni completa.

2. La relación social intelectual-clase se convierte, en el nivel del contenido, en la relación conciencia atribuida-conciencia psicológica. Lukács define la conciencia como «posible» o atribuida (*zugerechnetes Bewusstein*) como los pensamientos y los sentimientos que los hombres *habrían tenido*, en una situación vital determinada, si *hubieran sido capaces de comprender perfectamente* esta situación y los

intereses que se desprendían de ella, tanto en relación con la acción inmediata como en relación con la estructura, conforme a sus intereses, de toda la sociedad; se descubren, entonces, los pensamientos, etc., que son conformes a su situación objetiva.

O, en otros términos, «la reacción racional adecuada que debe ser *atribuida* a una situación típica determinada en el proceso de producción».[13] Desde nuestro punto de vista, esta categoría de Lukács, que se inspira a la vez en ciertas observaciones de *La Sagrada Familia*, en procedimientos de la economía marxista y, parcialmente, en la «tipología ideal» de Max Weber, no debe ser considerada como un concepto puramente operativo (como el tipo ideal weberiano), ni como una verdad trascendental absoluta, sino como una *posibilidad objetiva* que, en ciertos momentos históricos, se vuelve real, bajo la forma de una teoría o de un movimiento teórico-práctico organizado, muy cercano, relativamente a los otros, a la racionalidad y a la adecuación completa. En este sentido, y solo en este, se puede considerar la obra de Marx como el *zugerechnetes Bewusstsein* del proletariado y la teoría marxista de la revolución como uno de los rasgos constitutivos de esta conciencia atribuida. La «conciencia del proletariado» definida de esta manera es un conjunto coherente, donde constataciones de hechos y juicios de valor, análisis históricos y proyectos de transformación son *rigurosamente inseparables*.

Esta «conciencia de clase posible» no podría ser confundida, evidentemente, con la *conciencia psicológica* de la clase, es decir, los «pensamientos empíricos efectivos», «los pensamientos psicológicamente descriptibles y explicables que los hombres se hacen de su situación vital»,[14] conjunto heteróclito de concepciones más o menos confusas (a menudo mezcladas con elementos ideológicos de otras clases), de aspiraciones y deseos vagos, de proyectos de transformación social. No obstante, hay que cuidarse, una vez más, de separar abstractamente esos dos polos de una relación dialéctica: la «conciencia psicológica» puede acercarse considerablemente (sobre todo en períodos de crisis) al *zugerechnetes Bewusstsein*; pero también este se constituye *a partir* de la primera.

A la luz de estas categorías, el origen histórico de la conciencia atribuida del proletariado presenta, esquemáticamente, tres momentos:

a. Emergencia de la conciencia psicológica como una cierta comunidad de sentimientos, pensamientos y acciones (empíricamente comprobable) que caracteriza al proletariado en formación y lo opone a las otras clases;

b. Un intelectual, surgido de las capas medias, elabora, a partir de esas aspiraciones y proyectos más o menos informes, *y a partir de un estudio científico de la estructura socioeconómica y de los procesos históricos en curso*, una *Weltanschauung* rigurosa, coherente, que conduce a una praxis revolucionaria;

c. La conciencia atribuida así creada ejerce una enorme influencia sobre la conciencia psicológica del proletariado, que se acerca o se aleja de ese modelo, a través de una evolución histórica contradictoria y accidentada.

A partir de estas consideraciones, se puede establecer simultáneamente *la coherencia* y el *desfase entre los niveles* «atribuido» y «psicológico» de la conciencia; coherencia sin la que no se podrían comprender ni el nacimiento del marxismo, ni su difusión en el seno del proletariado; desfase inevitable en la elaboración de la expresión teórica de la «conciencia posible», a partir de un análisis científico de la realidad histórica y social, que emplea todo el material teórico existente —incluido aquel que crearon las otras clases (desfase que deriva, en resumidas cuentas, de la especificidad del nivel teórico, de su lógica interna, de las reglas de su desarrollo inmanente).

Un estudio concreto del origen histórico del marxismo muestra la existencia de toda una serie de mediaciones entre los dos niveles extremos:

1. La masa: «conciencia psicológica», constituida por un conjunto de aspiraciones y deseos, un estado generalizado de revuelta y de insatisfacción, que se manifiestan bajo una forma conceptual rudimentaria (canciones, poemas, panfletos populares) o por explosiones revolucionarias episódicas.

2. Los intelectuales «orgánicos», surgidos de las filas de las masas y que elaboran una primera sistematización, aún confusa y limitada, de esas aspiraciones populares (Weitling).

3. Los dirigentes e ideólogos de las sectas conspiradoras o utópicas, limitados por su situación marginal en relación con el movimiento obrero de masas (Cabet, Dézamy, etc.).

4. Los intelectuales «tradicionales» originarios de las capas medias y cuya ideología «socialista» está limitada por sus orígenes de clase (Moses Hess, «socialistas verdaderos» alemanes, etc.).

5. El intelectual «tradicional» que supera estas limitaciones y consigue establecer las bases de una nueva concepción del mundo, rigurosa, coherente y racionalmente adecuada a la situación social del proletariado (Marx).

La última etapa es la síntesis dialéctica, la *Aufhebung* de los momentos parciales, el resultado de un proceso de totalización, negación y superación de las limitaciones, incoherencias e «inadecuaciones» de los niveles anteriores.

c. La ciencia revolucionaria del joven Marx

Algunos sociólogos (o «marxólogos») modernos, retomando un tema caro al austromarxismo, se proponen establecer una distinción metodológica en la obra de Marx entre su «sociología objetiva» y sus «postulados éticos», su «ciencia positiva» y su «escatología comunista». Pero, a cada paso de este recorrido ampliamente problemático, estos autores se chocan con dificultades insolubles cuando quieren introducir una escisión entre el socialismo y la ciencia en la obra de Marx. Esta dificultad se manifiesta en su terminología: Gurtvich habla de «distinción insuficiente», de «ambigüedad», de «mezcla patente» o, incluso, de «lucha comprometida en su pensamiento»,[15] mientras que Rubel oscila entre «complementariedad», «confusión implícita», «confusión voluntaria» y «mezcla armoniosa» [16] entre estos dos elementos.

Desde nuestro punto de vista, no se trata de una «distinción insuficiente» sino, precisamente, de la piedra de toque de la dialéctica marxista: la categoría de la praxis, como esfuerzo de superación de la oposición abstracta entre hechos y valores, pensamiento y acción, teoría y práctica. La obra de Marx no está basada en una «dualidad» de la que el autor, por falta de rigor o por confusión inconsciente, no se habría dado cuenta; se orienta, por el contrario, hacia un monismo riguroso, en el que hechos y valores no están «mezclados», sino orgánicamente vinculados al interior de un solo movimiento del pensamiento, de una «ciencia crítica», donde la explicación y la crítica de lo real están dialécticamente integradas.[17] Evidentemente, la teoría política y, en particular, la teoría de la revolución que estudiamos aquí constituyen una esfera privilegiada para la comprensión de esta coherencia interna, pero consideramos que se trata allí de una dimensión esencial del marxismo, presente implícitamente, aun cuando las apariencias parecen contradecirla, aun cuando el pensamiento trabaja con un rigor comparable al de las ciencias naturales.

Pero ¿cómo pasar de la interpretación de lo real a su crítica y su transformación? Poincaré había destacado, con razón, que de premisas en indicativo no se podría extraer ninguna conclusión en imperativo: no puede haber allí ningún vínculo *lógico* necesario entre «hechos» y «valores».

En efecto, el vínculo entre los juicios de «hecho» y las opciones de valores en las ciencias humanas no es una relación lógica formal: es un vínculo *social* que deriva del carácter necesariamente «comprometido» de esas ciencias, a pesar de la «buena voluntad» y del deseo de objetividad de los pensadores.[18] También deriva de su inserción inevitable en una perspectiva de conjunto; de su vínculo, consciente o no, directo o indirecto, total o parcial, con las «visiones del mundo» de las diversas clases o capas sociales en conflicto.

Es al interior de esta «perspectiva de clase» que se establece la conexión entre los juicios de «hecho» y los juicios de «valor», entre el indicativo y el imperativo. Así, en Marx, la continuidad entre la «descripción» del capitalismo y su «condena», la coherencia entre el análisis real y su crítica, solo son perceptibles situándose en el *punto de vista del proletariado*. Desde un punto de vista abstracto, formal, incluso si pruebo que el proletariado es explotado y oprimido en el régimen capitalista, nada me permite decir que ese régimen es «bueno» o «malo» y que debe ser conservado o derribado. Pero, socialmente, concretamente, la mayoría de los proletarios (o de aquellos que se sitúan en su punto de vista), cuando llegan a la conclusión de que el capitalismo los explota y oprime, son llevados a condenarlo y a actuar contra él.

En resumen, la ciencia de Marx es crítica y revolucionaria porque se sitúa en la perspectiva de clase del proletariado, porque es la forma coherente de la conciencia revolucionaria de la clase proletaria.

Después de haber intentado distinguir «ciencia» y «ética» en la obra de Marx, estos mismo «marxólogos» separan al «sociólogo» del «político», es decir, la obra de Marx, de su actividad; su teoría, de su práctica. Maximilien Rubel deja de lado la carrera «propiamente política» de Marx en su «biografía intelectual», «apartando, después de haber reflexionado, todo lo que no interesaba inmediatamente al tema considerado»,[19] mientras que Georges Gurvitch insiste con la diferencia e, incluso, con la contradicción entre el Marx «hombre de acción» y el Marx «hombre de ciencia».[20]

En primer lugar, la actividad militante de Marx no es una anécdota biográfica, sino el complemento necesario de la obra, dado que tanto una como la otra tienen la misma finalidad: no solo interpretar el mundo, sino *transformarlo* e interpretarlo *para* transformarlo.

Por otra parte, la separación entre la «teoría» y la «práctica» de Marx es arbitraria, porque:

a. *Toda* su obra teórica —y no solo la doctrina política— contiene implicaciones prácticas: explicación de lo real, establece las condiciones de posibilidad de cambio de este y se convierte así en instrumento indispensable de la acción revolucionaria;

b. Su actividad política práctica, expresada por sus cartas, circulares, discursos y, sobre todo, por sus *decisiones* políticas, está cargada de significación teórica.

La teoría de la revolución comunista es evidentemente el momento en el que el carácter crítico-práctico de la obra de Marx aparece más claramente. En el interior de esta estructura particular, todo elemento teórico puede tener, al mismo tiempo, una dimensión práctica, cada párrafo puede convertirse en instrumento de toma de conciencia y de organización de la acción revolucionaria. Por otra parte, la acción prescrita por esta teoría —y practicada por Marx en tanto dirigente comunista— no es voluntarista como la de los socialistas utópicos o los blanquistas; es una política *realista* en el sentido amplio del término, es decir, fundada en la estructura, las contradicciones y el movimiento de lo real mismo; y como es realista, supone una *ciencia* rigurosa, ciencia que establece, en cada momento histórico, las condiciones de la acción revolucionaria. La síntesis entre el pensamiento y la «praxis subversiva», que existe como tendencia en toda la obra de Marx, alcanza su figura concreta en la teoría y la práctica del «comunismo de masas»: la revolución se vuelve «científica» y la ciencia, «revolucionaria».[21]

2. LA REVOLUCIÓN COMUNISTA Y LA AUTOEMANCIPACIÓN DEL PROLETARIADO

a. El mito del salvador supremo

«Mito, relato fabuloso [...] en el que los agentes impersonales, la mayoría de las veces las fuerzas de la naturaleza, son representados bajo forma de seres personificados cuyas acciones y aventuras tienen un sentido simbólico». Esta definición bastante amplia del *Vocabulaire technique et critique de la philosophie* [Vocabulario técnico y crítico de la Filosofía],[22] completada con la constatación de que el mito social burgués transforma la historia en naturaleza,[23] nos permite comprender claramente el carácter mitológico de la idea del salvador supremo, bajo su forma burguesa. En esta concepción, las leyes «naturales» —es decir, eternas, inmutables, independientes de la voluntad y de la acción humanas— de la sociedad, el movimiento de la historia (también concebida en términos «naturalistas») son representados bajo la forma de un personaje simbólico «trascendental»: el universo sociohistórico se convierte en naturaleza, y las «fuerzas de las naturaleza» se encarnan en un Héroe.

Este mito tiene una larga historia y se remonta a épocas muy anteriores a la aparición de la burguesía moderna: pero, así como el «retorno» de la cultura grecorromana en el Renacimiento debe ser explicado por las condiciones de los siglos XIV, XV y XVI, y la «reaparición» del corporativismo medieval en la ideología fascista por la situación del siglo XX, el desarrollo de la obsesión del Libertador trascendental en la teoría política de la burguesía revolucionaria debe ser estudiado en relación con la estructura del mundo burgués. En el fondo, bajo la apariencia de «resurrección» de un tema antiguo, se trata más bien de una forma nueva, con rasgos específicos, en la medida en que están vinculados con una nueva totalidad histórica.

El fundamento social del mito burgués del salvador supremo se encuentra en los elementos constitutivos de la «sociedad civil»: la propiedad privada y la libre competencia, que transforman a esta sociedad en un conjunto de «átomos egoístas» en lucha unos contra los otros, en un *verdadero bellum omniium contra omnes*, donde lo «social», el «interés general», lo «colectivo» necesariamente deben ser proyectados, hipostasiados, *alienados*, finalmente, en un ser o una institución «por fuera» y «por encima» de la sociedad civil.[24] Por otro lado, la alienación económica, la separación entre el productor y el conjunto del proceso de producción, que se presenta ante el individuo aislado como un conjunto de leyes económicas «naturales», extrañas a su voluntad, conducen el pensamiento burgués al materialismo mecanicista. Se llega así a la teoría del «hombre, producto de las circunstancias y de la educación», teoría que, como lo observó Marx en la tesis III sobre Feuerbach, «tiende inevitablemente a dividir a la sociedad en dos partes, una de las cuales está por encima de la sociedad».[25] En efecto, encerrada en el círculo vicioso «hombre-circunstancias», la ideología de la burguesía revolucionaria solo puede escapar al determinismo mecánico invocando un ser «superior», capaz de romper, desde el exterior, el engranaje social irresistible.

Sobre la infraestructura de la propiedad privada y de las leyes del mercado capitalista se construye, de esta manera, el mito del salvador supremo, encarnación de la virtud pública, frente a la corrupción, al particularismo de los individuos, demiurgo de la historia que rompe la cadena del fatalismo; héroe sobrehumano que libera a los hombres y «constituye» el Estado nuevo. Este mito figura, implícita o explícitamente, en la mayoría de las doctrinas políticas de la burguesía en desarrollo: para Maquiavelo, es el «Príncipe»; para

Hobbes, el «Soberano Absoluto»; para Voltaire, el déspota «ilustrado»; para Rousseau, el «Legislador»; para Carlyle, el «Héroe». Los Puritanos ingleses del siglo XVIII creen haberlo encontrado en el «Lord Protector» (Cromwell); los jacobinos, en el «Incorruptible»; los bonapartistas, en el Emperador. «El espíritu del mundo sobre un caballo», escribía Hegel de Napoleón, resumiendo en una oración genial toda la estructura de la mitología burguesa del «Salvador»: el Verbo se hizo Carne, las fuerzas inmensas e incontrolables de la historia se encarnan en un Ser Superior personificado.

En la medida en que la liberación se llevó a cabo a partir del modo alienado, el nuevo Estado establecido por el «Libertador» no puede ser sino él también alienado. Constituido por la separación entre «privado» y «público», «hombre» y «ciudadano», «sociedad civil» y «Estado político», hereda del Salvador el rol de guardián de lo «social» contra el particularismo de los individuos. Mientras que en el régimen feudal la *bürgerliche Gesellschaft* tenía directamente un carácter político —los Estados, corporaciones, etc. eran elementos de la vida del Estado—, la emancipación política burguesa proyecta la vida política hacia una esfera por encima y por fuera de la sociedad.[26] En conclusión, a la alienación económica del mercado capitalista corresponde una alienación política que se manifiesta en el mito del salvador supremo y en la constitución del Estado liberal. Se pueden encontrar sus huellas en las ideologías políticas de la burguesía en desarrollo, del siglo XVI al XIX.

b. La autoemancipación obrera

El período 1789-1830 es, en la historia del movimiento obrero y del socialismo moderno, una fase de transición entre el «mesianismo burgués» y la idea de la autoemancipación obrera, transición que se manifiesta bajo dos formas características: el socialismo utópico y las sociedades secretas (sin hablar, evidentemente, de la adhesión de las capas de trabajadores al jacobinismo y al bonapartismo, prolongación más o menos directa del mito burgués en la clase obrera). Los fundamentos históricos de estas formas deben ser buscados en el estado aún embrionario del movimiento obrero y del proletariado, en el sentido moderno del término. Al analizar las condiciones de esta época, Engels observaba que

> el proletariado, que empezaba solo a despegarse de esas masas no poseedoras como raíz de una nueva clase, aún completamente incapaz de una acción independiente, se presentaba como un orden oprimido, sufriente, que, en su incapacidad para ayudarse a sí mismo, podía, a lo sumo, recibir una ayuda del exterior, de arriba.[27]

Es precisamente esta ayuda «desde arriba» lo que quieren aportar los socialistas utópicos, que se presentan como portadores de la Verdad, Mesías libertadores de la humanidad (Fourier), «Nuevos Cristos» (St. Simon) o que recurren a los Príncipes para que concedan la emancipación de los pueblos: St. Simon escribe al zar Alejandro I, a Luis XVIII y a la Santa Alianza; Fourier se dirige a Napoleón, Luis XVIII y Louis-Philippe; Owen publica un manifiesto en el congreso de la Santa Alianza, en Aix-la-Chapelle. Esta estructura ideológica solo se distingue del mesianismo burgués por el contenido del programa emancipador; y es justamente la inadecuación del contenido comunista y de la forma burguesa lo que da a esas tentativas su aspecto utópico e ingenuo. La burguesía, con razón, podía confiar a un Napoleón la defensa de sus intereses; por el contrario, parece extraño esperar la liberación del proletariado del zar Alejandro I. El mito burgués es «realista»; el de los primeros socialistas es «utópico».

También es una solución «desde arriba» la que proponen los grupos de conjurados neobabouvistas, cuyo programa de acción reemplaza al héroe principal por una sociedad secreta de iniciados y la dictadura del hombre providencial por la del «directorio revolucionario» nacido de la conspiración. Esta concepción del proceso emancipador, cuyo fundamento político inmediato era la confusión entre los comunistas, jacobinos y republicanos durante la Restauración, constituye un paso adelante en relación con el mesianismo de la burguesía y de los utopistas. Tiene un carácter revolucionario, relativamente «demistificado»; no obstante, la transformación radical es considerada como la obra de una minoría «ilustrada», en la medida en que la gran masa solo tiene el rol de «fuerza complementaria». Examinaremos más adelante los orígenes y la evolución de esta forma intermedia entre la acción del «Salvador supremo» y la «obra de los propios trabajadores» de Marx.

Tanto el socialismo utópico como las sociedades secretas encuentran su razón de ser en la debilidad del movimiento obrero autónomo, que se reducía, hasta 1830, a la herencia de la agrupación de artesanos calificados y a algunos movimientos de resistencia y de coalición.[28] Esta debilidad permitía a los utópicos ignorar prácticamente el movimiento obrero, y, a los conspiradores, considerar a las masas «demasiado poco maduras» para realizar una revolución por sí mismas; unos y otros buscaban, para la sociedad «socialista», «igualitaria», «industrial», «comunitaria», etc., un camino que no pasara por las masas, ni por su toma de conciencia, ni por su acción revolucionaria consciente: el nuevo mundo sería establecido por la intervención milagrosa de un «nuevo Cristo», si no de un rey, o por la ayuda presta de un puñado de conjurados.

Las condiciones para la emergencia de la idea de autoemancipación pueden ser de orden coyuntural —una situación revolucionaria— o estructural —la condición proletaria—. Es la coincidencia histórica de los dos órdenes lo que la transforma en idea directriz de las grandes masas populares.

La actitud de los trabajadores durante las coyunturas revolucionarias traduce el carácter eminentemente práctico de la toma de conciencia: la experiencia de la acción popular armada, la acentuación de los conflictos sociales, la demistificación de los «grandes hombres» de las capas dominantes, en una palabra, la *praxis revolucionaria*, se traduce en el nivel de la conciencia de la vanguardia y de las masas por la radicalización de las aspiraciones igualitarias y la eclosión del proyecto de autoliberación.

Así, se ven aparecer las primeras manifestaciones modernas del comunismo, los primeros esbozos de la idea de liberación de los trabajadores por sus propias fuerzas durante los grandes estremecimientos revolucionarios burgueses, incluso antes de la aparición del proletariado moderno. Engels destaca esos «levantamientos de escudos revolucionarios», esos «movimientos independientes de la clase que era la predecesora más o menos desarrollada del proletariado moderno» en el seno de la Reforma, y de las grandes revoluciones inglesa y francesa (Münzer, los «niveladores», Babeuf).[29]

El movimiento de Thomas Münzer era milenarista, pero no mesiánico; las pandillas de campesinos y plebeyos armados que dirigía o inspiraba no esperaban su salvación de un enviado del Cielo, sino de su propia acción revolucionaria, destinada a establecer el reino de Dios sobre la Tierra. Mientras que Lutero se vinculaba con los príncipes (el elector de Sajonia, etc.) y los incitaba a masacrar a los insurrectos, Münzer escribía que «el pueblo se liberará y, en ese momento, el doctor Lutero será como un zorro atrapado en su trampa».[30]

La lucha de los plebeyos de Münzer contra el «burgués» Lutero se convierte, durante la gran revolución inglesa, en la lucha entre los «niveladores» (*levellers*) y Cromwell. El programa político de los «niveladores» era el «*self-government*» de la gran masa, que oponían a la dictadura militar de Cromwell: en un folleto redactado en marzo de 1649 (*The Hunting of the Foxes*), su dirigente, Richard Overton, escribía: «Estuvimos dominados por el Rey, los Lores, los Comunes; ahora, por un general, una Corte marcial, una Cámara de los Comunes; os pregunto, ¿dónde está la diferencia?».

Contrariamente a Cromwell, que se consideraba como enviado de la Providencia para imponer su concepción de la voluntad divina a una humanidad corrompida, los jefes de los «niveladores» (Libourne, Overton, etc.) expresaban las pasiones inarticuladas, las quejas, los sufrimientos y la revuelta de las grandes masas, cuya adhesión voluntaria y consciente buscaban.[31]

Finalmente, durante las luchas revolucionarias de los años II y III en Francia, el mismo género de conflicto se estableció entre los representantes más combativos de los *sans-culottes* y la dictadura jacobina; al criticar al propio «Incorruptible», a los «fanáticos» (J. Roux, Leclerc, Varlet, etc.), cuyo motivo conductor era «Pueblo, sálvate a ti mismo», incitaban a las masas a no esperar su salvación de las «autoridades constituidas», sino de un «estremecimiento revolucionario», de un «movimiento espontáneo».[32]

Evidentemente, en estos tres movimientos solo se encuentra un igualitarismo grosero y un esbozo muy vago de la idea de autoliberación; entre ellos y el *Manifiesto Comunista* está toda la diferencia entre la plebe urbana de los siglos XVI, XVII y XVIII —categoría heterogénea e imprecisa en la que se mezclan artesanos pobres, oficiales, jornaleros, bajo clero, desocupados, vagabundos, etc.— y el proletariado moderno que empieza a constituirse en el siglo XIX. Solo con la aparición de esta clase, después de la revolución industrial, surge la base estructural para una concepción coherente y rigurosa tanto del comunismo como de la autoemancipación. No obstante, el rol de la coyuntura sigue siendo determinante: en regla general, las grandes masas del proletariado se identifican con las líneas generales de esta concepción solo durante el desarrollo de grandes crisis revolucionarias.

La propia naturaleza del proletariado y de la revolución proletaria constituye el fundamento estructural de la teoría de la autoliberación de los trabajadores. En primer lugar, el vínculo común, la unión, la comunidad no aparece a los obreros como algo exterior, trascendental (como para los burgueses en competencia), sino como un atributo de la masa, o el fruto de la acción común —la «solidaridad» es la relación psicosocial inmediata de los trabajadores entre ellos, en el nivel de la fábrica, de la profesión y de la clase—. El ideólogo burgués Hobbes consideraba la vida social como una «guerra de todos contra todos»; los artesanos ingenuos de la Liga de los Comunistas de Londres tenían como divisa «Todos los hombres son hermanos». Para el proletariado, que no tiene propiedad privada (de medios de producción, etc.), lo «social», lo «público» ya no tiene necesidad de ser encarnado por un Ser superior frente al particularismo de los individuos; se vuelve inmanente al «pueblo», se presenta como una cualidad intrínseca al conjunto de los trabajadores. En la medida en que no es propietario y que no está arrastrado por la «libre competencia», el proletario puede escapar a la alienación política burguesa y a sus mitos. Por otro lado, la significación histórica de la revolución proletaria es esencialmente diferente de la «toma del poder» burguesa: será una autoliberación o no será. La burguesía puede convertirse en «clase dominante» incluso sin una acción histórica consciente, porque la revolución burguesa pertenece al reino de la necesidad: incluso si esta acción es alienada, orientada por objetivos ilusorios, inspirada por mitos, la «astucia de la razón» de la evolución económica y social le dará la victoria. La revolución burguesa es la realización inmediata del ser social de la burguesía; las barreras para esta realización son puramente exteriores; no supone ninguna «autotransformación» de la clase: este proceso «automático», alienado, necesario puede fácilmente tomar la forma mitológica de un Libertador personal exterior. La revolución proletaria, por el contrario, debe ser la primera transformación consciente de la sociedad, el primer paso en el «reino de la libertad», el instante histórico en el que los individuos hasta entonces objetos y productos de la Historia se ubican como sujetos y productores: no realiza el estado inmediato del proletariado; implica para él, inversamente, una «superación de sí» por medio de la toma de conciencia y de la acción revolucionaria.[33] Como escribía Engels en su «testamento político» (el prefacio de 1895 a *Las luchas de clases en Francia entre 1848 y 1850*):

> Pasó el tiempo de las ayudas prestas, de las revoluciones ejecutadas por pequeñas minorías conscientes a la cabeza de las masas inconscientes.
>
> Allí donde se trata de una transformación completa de la organización de la sociedad es necesario que las mismas masas pesen, que ya hayan comprendido ellas mismas de qué se trata, por qué intervienen (con su cuerpo y con su vida).[34]

No obstante, es necesario observar que en ciertos períodos, por una serie de razones que hay que estudiar concretamente en cada caso, algunos dirigentes, la vanguardia o incluso una gran parte de la masa, vuelven a tomar a su cargo la mitología burguesa o regresan a las formas de organización y de acción pasadas (utopismo, conjura, etc.). En el siglo XIX se ve, por ejemplo, la reaparición, en el seno de ciertos sectores de la clase obrera, del mito del hombre providencial: es el «*flirt*» de Proudhon, Weitling y de ciertos grupos obreros con Napoleón III, de Lassalle con Bismarck, etc. Por otra parte, la utopía y la sociedad secreta reaparecen después de 1848 y persisten bajo formas diversas (proudhonismo, blanquismo) hasta la Comuna de 1871. Por lo demás, ¿no habría que interpretar en el mismo sentido aquello que se acuerda en llamar el «culto de la personalidad» en el movimiento obrero del siglo XX?

Las condiciones más favorables para la aparición de estos fenómenos de «regresión ideológica» son:

a. La debilidad, la inmadurez, el bajo nivel consciente del movimiento obrero;

b. Las derrotas del proletariado, los retrocesos de la revolución, las decepciones y desánimos de las masas;

c. El aislamiento de la vanguardia, la burocratización, el desfase entre los dirigentes y la masa. A la coyuntura revolucionaria corresponde la tendencia hacia la autoemancipacion; a la victoria de la contrarrevolución, el retorno a los mitos mesiánicos, a la utopía y al jacobino-maquiavelismo.

c. El «comunismo de masas» de Marx

Las consecuencias económico-sociales de la revolución industrial se vuelven cada vez más sensibles en Europa durante el período de 1830-1848: crecimiento de las ciudades, desarrollo de la industria y del comercio, concentración y crecimiento numérico del proletariado, pauperización y proletarización del artesanado, etc. Estas transformaciones determinan, mediata o inmediatamente, una gran consolidación y una reorientación del movimiento obrero. Así, en Francia se ve la constitución de agrupamientos y corrientes obreras autónomos, separados del republicanismo y del jacobinismo puramente burgués: es el auge de las «uniones obreras», de las sociedades de resistencia, de las sociedades secretas con composición e ideología obrera, del comunismo neobabouvista; es la ola de coaliciones, huelgas, motines e insurrecciones populares. En Inglaterra se desarrollan los sindicatos, las masas obreras se organizan políticamente (cartismo), las huelgas y las sublevaciones se suceden. En Alemania aparecen las primeras asociaciones obreras y también las primeras revueltas de trabajadores. En el exilio, los artesanos alemanes constituyen sociedades secretas babouvistas. En suma, la clase obrera europea aparece en la escena de la Historia; empieza a actuar por medio de sus propias organizaciones y a esbozar su propio programa.

Marx pudo comprender el rasgo común de estas experiencias y desarrollar en una teoría coherente la tendencia más o menos vaga y fragmentaria hacia el comunismo y la autoemancipación; y fue capaz de comprender y de expresar el movimiento real del proletariado porque, desde 1843, quería «dar al mundo conciencia de su conciencia [...] explicarle sus propias acciones»[35] y no inventar e imponer un nuevo sistema dogmático ya listo.

La idea central del «comunismo de masas» de Marx es la autoliberación de las masas hacia la revolución comunista. Esta idea o, más bien, esta constelación significativa de ideas, conlleva tres momentos dialécticamente vinculados, tres perspectivas que se implican mutuamente:

a. Constatación de la naturaleza potencialmente revolucionaria del proletariado;

b. Tendencia del proletariado hacia la conciencia comunista, en el curso de su praxis revolucionaria;

c. Rol de los comunistas para desarrollar esta tendencia hacia la coherencia total. En este triple recorrido, la estructura crítico-práctica del pensamiento de Marx aparece claramente: a partir de la reflexión crítica sobre lo real, se desprende una posibilidad, y sobre esta posibilidad funda un proyecto de acción transformadora.

La doctrina de la revolución comunista de masas de Marx es una teoría política *realista* porque se funda en un análisis «crítico-científico» de la sociedad capitalista: la posibilidad de transformación de la realidad social está inscripta en lo real mismo.[36]

La hipótesis del carácter potencialmente revolucionario y comunista del proletariado es el elemento de unión, la relación orgánica entre la teoría política de Marx y su sociología, economía, filosofía de la historia, etc.: el «comunismo de masas» supone toda la *Weltanschauung* de Marx, es una totalidad parcial articulada al interior de esta totalidad más amplia.

En esta concepción, el rol de los *comunistas* (término amplio que engloba, para Marx, a los ideólogos, a los dirigentes políticos y a la vanguardia del proletariado) es cualitativamente diferente del de los héroes jacobinos o de los conjurados revolucionarios. Son los «catalizadores» de la totalidad en el seno del movimiento obrero: su función es vincular cada reivindicación limitada, cada lucha nacional, cada momento parcial con el movimiento total (el objetivo final, la lucha internacional, etc.);[37] a diferencia de los ideólogos del «Salvador» o de los partidarios de la sociedad conspiradora, para los que la separación entre el «interés general» y la masa está institucionalizada, porque los hombres son necesariamente particularistas, corruptos o ignorantes, Marx se niega a zanjar un abismo entre los comunistas y el proletariado, porque su separación es provisoria, porque el proletariado tiende hacia la totalidad, hacia el comunismo, hacia la revolución. El doctrinario burgués aliena la «totalidad» en un individuo o una institución porque considera la sociedad civil como esencialmente particularista; el conjurado ve en su secta secreta al único portador de la «totalidad», porque la masa obrera le parece condenada al oscurantismo mientras subsista el régimen capitalista; Marx considera su rol y el de los comunistas como un instrumento de la autoliberación de las masas, porque asiste al nacimiento de un movimiento obrero autónomo y lo cree capaz de acceder a la conciencia de su tarea histórica.

I. EL PASAJE AL COMUNISMO (1842-1844)

1. LA GACETA RENANA

La *Gaceta Renana* fue el fruto de un matrimonio de corta duración entre el hegelianismo de izquierda y la burguesía liberal. Si la izquierda hegeliana hubiera nacido en el seno de la burguesía renana, su asociación en un órgano común no necesitaría explicación suplementaria. Ahora bien, se sabe que la *intelligentsia* neohegeliana era reclutada sobre todo entre las capas medias (con algunas excepciones, la más notable de las cuales fue la del industrial Mevissen, que permaneció, por lo demás, un poco al margen del movimiento); que sus especulaciones filosóficas y teológicas estaban muy alejadas de las preocupaciones concretas y materiales de los industriales y comerciantes renanos; por último, que su concepción hegeliana del Estado estaba en las antípodas del liberalismo librecambista de un Camphausen.

No obstante, a pesar de estas divergencias —que provocarán serias fricciones al interior de la *Gaceta* y que luego llevarán, después de 1843, a la ruptura completa— los dos grupos lograron encontrar un terreno común en la oposición al Estado prusiano burocrático-feudal (oposición «crítica», para unos; moderada y «constructiva», para otros) y en la defensa de las libertadas amenazadas por el absolutismo real (libertad de prensa para los hegelianos; de industria para los burgueses). Así, de cierta manera, la evolución del Estado prusiano y la ruina de las esperanzas puestas en el «liberalismo» del rey Federico Guillermo IV provocaron una evolución que llevó a las dos partes a encontrarse en el seno de la *Gaceta Renana*.

Durante la época de 1838-1840, la mayoría de los jóvenes hegelianos se agitaban en el cielo de la crítica teológica; el grupo más «politizado», representado por Ruge y los *Anales de Halle*, se ubicaba bajo el signo de la unión entre la filosofía y el protestantismo y pretendía ser el ideólogo del Estado prusiano racional en lucha contra el catolicismo ultramontano. En 1840, el ascenso al trono de Federico Guillermo IV fue acogido por los neohegelianos como el primer paso hacia la transformación de Prusia en Estado racional: «La primavera reverdece todos los corazones», «un albor de esperanza se refleja en todos los rostros», escribía B. Bauer acerca de este acontecimiento.[1] No obstante, muy pronto, el nuevo rey mostró su verdadero rostro, pietista, romántico y reaccionario; su odio hacia el hegelianismo se manifiesta a través de la prohibición de las revistas de esta tendencia —supresión de los *Anales de Halle* en junio de 1841, del *Athenäum* en diciembre— y a través de la expulsión de los profesores hegelianos de las universidades; el punto culminante se alcanzó con la destitución de Bruno Bauer en marzo de 1842. El movimiento joven hegeliano había sido, así, brutalmente «bajado a la tierra» y veía cómo el Estado le suprimía sus medios de expresión tradicionales (revistas filosóficas, cátedras universitarias), que también eran, al menos para algunos, medios de vida. Solo le quedaban tres posibilidades:

1. Capitular, abandonar la lucha política, unirse al gobierno, desaparecer.

2. Emigrar hacia Francia o Suiza y continuar el combate desde el extranjero, como lo habían hecho Heine y Börne después de 1830 (y como ellos mismos lo harán, en gran parte, en 1843).

3. Aliarse a una clase social poderosa por la intermediación de un movimiento político concreto, capaz de resistir al absolutismo prusiano y de abrirles vías de expresión; este movimiento fue el liberalismo burgués renano.

Así, la intervención reaccionaria del Estado prusiano desalojó a los hegelianos de izquierda de la crítica literaria, teológica y filosófica a la que se habían limitado hasta 1840 y los arrojó hacia la oposición política, a los brazos de la burguesía renana.

A su vez, los liberales renanos, cuyas esperanzas constitucionales y cuyas ilusiones sobre el liberalismo del nuevo rey habían sido amargamente defraudadas en 1840[2], sentían la necesidad de instrumentos ideológicos (jurídicos, económicos, filosóficos) en la oposición «constructiva» que pretendían establecer hacia el Estado prusiano.

La evolución de Marx se inserta en este cuadro general: miembro del «Club de los Doctores» de Berlín, amigo de Bruno Bauer, autor de una brillante tesis de doctorado, era llevado irresistiblemente hacia la carrera universitaria. Y, si bien es verdad que, desde septiembre de 1841, había participado de las discusiones preliminares a la fundación de la *Rheinische Zeitung*[3] y que, en febrero de 1842, escribía un artículo político-filosófico sobre la censura[4] (publicado en 1843 en los *Anekdota*), solo se lanzó decididamente hacia el periodismo y la vida política después de la revocación de Bauer. Es difícil imaginar lo que habría pasado si el gobierno prusiano no hubiera destituido a Bauer y si el hegelianismo de izquierda hubiera sido canalizado, «sublimado» y neutralizado por la vida universitaria. Solo una cosa es segura: esta destitución brutal, a la que los jóvenes hegelianos atribuyeron la importancia de un acontecimiento histórico y de un símbolo de la política reaccionaria del Estado prusiano,[5] fue decisiva para la «politización» radical del hegelianismo de izquierda en general y de Marx en particular:[6] al consumar la ruptura entre el neohegelianismo y el gobierno y al cerrarle las puertas de la Universidad, esta medida obligó a la filosofía a «instalarse en los diarios», a «volverse profana»[7] y a ocuparse de problemas políticos y sociales concretos.

El período de la *Gaceta Renana* fue una fase decisiva para la evolución del joven Marx: marcó, al mismo tiempo, su entrada en la vida política y su primera confrontación con «cuestiones materiales». En un célebre comentario sobre esta época, redactado en 1859, Marx escribía:

> En 1842-1843, en mi calidad de redactor de la *Gaceta Renana*, me vi, por primera vez, en la incómoda obligación de pronunciarme acerca de lo que se denominan los intereses materiales. Las deliberaciones de la Dieta renana acerca de los robos de leña y la parcelación de las haciendas, la polémica oficial que von Schapeer, entonces primer presidente de la provincia renana, entabló con la *Rheinische Zeitung* sobre la situación de los campesinos de Mosela; por último, los debates sobre el librecambio y el proteccionismo me proveyeron las primeras razones para ocuparme de cuestiones económicas.[8]

Engels va aún más lejos y afirma, en una carta a R. Fischer del 3 de abril de 1893: «Siempre oí decir a Marx que es a través del estudio de la ley de robo de leña y de la situación de los campesinos del Mosela que fue llevado a pasar de la pura política al estudio de cuestiones económicas y, de esta manera, incluso al socialismo».[9] Por último, Lenin, al resumir la significación de este período, escribe incluso que «es aquí donde se ve pasar a Marx del idealismo al materialismo y del democratismo revolucionario al comunismo».[10]

Estas observaciones, correctas en su generalidad, inspiraron, no obstante, un cierto número de trabajos deformadores, donde se buscaba en frases separadas del conjunto un contenido ya comunista o ya materialista. Ahora bien, si bien es verdad que se pueden encontrar en los artículos de Marx en la *Rheinische* indicios que abren la vía a la comprensión de su evolución posterior —y la comparación con las obras «maduras» es un instrumento válido en esta búsqueda—, no es menos importante descubrir en esos textos todo lo que es *aún* neohegelianismo, aún «ideología alemana». Sobre todo es conveniente considerar a estos escritos como estructuras relativamente coherentes, conjuntos que es necesario considerar en tanto tales, y de los cuales no se pueden aislar ciertos fragmentos sin hacer que pierdan toda su significación.

Nuestra tarea aquí será comprender, en esos artículos, la posición de Marx frente a ciertos problemas —el interés privado, la miseria, el comunismo, las relaciones entre la filosofía y el mundo—; posición que no solo permite comprender su adhesión futura al comunismo, sino también la *forma particular* que revistió su comunismo a comienzos de 1844.

a. *El Estado y el interés privado*

Desde su primer artículo de la *Gaceta Renana* acerca de los debates sobre la libertad de prensa en la Dieta renana, toda la distancia que separa a Marx del liberalismo burgués aparece claramente: su crítica no solo se dirige contra los diputados burgueses del «estamento de las ciudades» (*Stand der Städte*) que se oponen a la libertad de prensa —él los considera como *burgueses* y no como *ciudadanos* y los califica como «reaccionarios de las ciudades» (*städtischen Reaktion*)—.[11] Observa, además, que la indecisión y el «término medio» (*Halbheit*) caracterizan a todo este estamento,[12] dado que los pseudodefensores burgueses de la libertad de prensa no difieren, por el contenido fundamental de sus discursos, de sus enemigos: no quieren más que tres octavos de libertad, son un ejemplo de «la impotencia natural de un semiliberalismo».[13]

Esta indecisión y esta impotencia no son una casualidad; en su artículo sobre los robos de leña, Marx escribe que el interés privado —cuya alma es «mezquina, estúpida (*geistlos*; literalmente:

sin espíritu) y egoísta»[14] — es «siempre cobarde, pues su corazón, su alma es un objeto exterior, que siempre le puede ser arrancado y maltratado».[15] Esta afirmación es esencial para comprender la evolución de Marx, porque lleva en germen un corolario, que será explicitado en *Para una crítica de la Filosofía del Derecho de Hegel. Introducción*: el propietario privado es siempre cobarde y egoísta; solo los que carecen de todo y «no tienen nada que perder» son capaces de valor, de energía revolucionaria y de identificación con el interés general.

El mayor reproche que Marx hace al interés privado, representado en este artículo por los propietarios de los bosques cuya «alma miserable nunca fue iluminada ni atravesada por un pensamiento de Estado»,[16] es su pretensión de transformar al Estado en instrumento de su uso, a las autoridades del Estado en siervos a su servicio, a los órganos del Estado en «oídos, ojos, brazos y piernas con los que el interés del propietario de bosques escucha, espía, evalúa, protege, toma y corre».[17] Si, en el artículo sobre la libertad de prensa, todavía se podía creer que Marx oponía un «verdadero liberalismo» al «semiliberalismo» de los representantes burgueses en la Dieta renana, ahora se ve que la concepción del Estado de Marx se inspira en Hegel y que es enteramente contraria a la idea del Estado «gendarme» propio del liberalismo clásico. Esta concepción se desarrolla claramente en el artículo sobre la representación por Estados (*Ständische Ausschüsse*), donde Marx opone la «vida orgánica del Estado» a las «esferas de la vida no ética», la «razón de Estado» a las «necesidades de los intereses privados», la «inteligencia política» a los «intereses particulares», los «elementos del Estado» a las «cosas pasivas, materiales, sin espíritu y sin autonomía», y termina afirmando: «En un verdadero Estado, no existen propiedad de la tierra, ni de industria, ni de sustancia material que puedan, en tanto elemento bruto, entrar en acuerdo con el Estado; solo existen fuerzas espirituales, y las fuerzas naturales solo son admitidas en el Estado en su reconstrucción estatal, en su renacimiento político».[18]

Maximilien Rubel —que intenta probar (en vano) que Marx ya estaba en esta época «casi enteramente liberado» de la concepción hegeliana del Estado[19]— no ve en estas últimas líneas más que un «verdadero truco de magia» por medio del cual Marx «niega el Estado sublimándolo» y «solo otorga a la representación política el atributo de una función espiritual», dialéctica, frente a la que «la censura debía encontrarse desarmada».[20]

Ahora bien, la verdad es muy distinta: para Marx, insistir sobre el carácter espiritual del Estado no es ni «un truco de magia», ni una astucia para engañar a la censura y, menos aún, una «negación» solapada del Estado, sino, por el contrario, la afirmación de la superioridad del «espíritu estatal» sobre los «intereses materiales», egoístas e, incluso, de una manera general, del «espíritu» sobre la «materia». Se ven así, en la mayoría de sus artículos de la *Gaceta Renana*, fórmulas que oponen las «luchas espirituales» a las «luchas materiales», «groseras y concretas»;[21] la más típica es aquella en la que critica el «materialismo depravado» que contraviene al «espíritu de los pueblos y de la humanidad», porque se niega a «dar a cada cuestión material una solución política, es decir, una solución conforme a la razón y a la moral del Estado».[22]

Se ve dibujarse, así, un esquema político-filosófico que supone dos esferas fundamentales (y, por supuesto, la segunda es la «verdad» de la primera): por un lado, Materia, pasividad, sociedad civil, interés privado, burguesía; y, por el otro, Espíritu, actividad, Estado, interés general, ciudadanos. La inspiración de este esquema es *esencialmente hegeliana*[23] —y, sin esta constatación fundamental, uno está condenado, efectivamente, a no ver allí más que trucos de magia—; no obstante, sobre ciertos problemas específicos, Marx ya se separa de Hegel. En primer lugar, evidentemente, rechaza, como la mayoría de los hegelianos de izquierda, la identificación del Estado prusiano existente con el Estado racional consumado, y tiende hacia una posición resueltamente democrática. Pero también, y esto nos parece muy importante, se encuentra en sus artículos una crítica virulenta y radical que en vano se buscaría en Hegel: denuncia de los intereses particulares y de los propietarios privados (egoístas, cobardes, estúpidos, etc.), pesimismo en relación con la posibilidad de hacer que concuerden con el interés general del Estado. Esta diferencia puede ser explicada fácilmente a través de:

a. El considerable desarrollo de los «intereses privados» burgueses en Alemania desde la época en la que Hegel había escrito los *Fundamentos de la Filosofía del Derecho* (1820);

b. El rechazo por parte de Marx de las soluciones hegelianas del conflicto Estado-sociedad civil: corporaciones, burocracia, etc.;

c. La influencia sobre él del socialismo francés y de Moses Hess (crítico de la propiedad, del egoísmo, etc.).

En resumen, si bien aún sigue ligado a la concepción hegeliana del Estado racional, Marx ya se orienta, a través de la crítica del Estado prusiano burocrático y feudal, en el camino que conducirá, en 1843, a la ruptura total con Hegel y, a través de la crítica del «egoísmo privado», a la que lo conducirá al comunismo.

No obstante, lo que nos interesa, en el marco de este trabajo, no es la concepción marxiana del Estado en tanto tal, sino la relación entre esta concepción y la actitud de Marx hacia el proletariado (o, más bien, hacia los «pobres», dado que el proletariado propiamente dicho está ausente de los artículos estudiados). Esta actitud solo puede ser comprendida a la luz de la contradicción Estado-sociedad civil, tal como la concibe Marx.

b. El sufrimiento de los pobres

Hegel veía en la existencia de dos polos, lujo y miseria, de la sociedad civil una consecuencia del desarrollo del «sistema de necesidades», es decir, de la propia *bürgerliche Gesellschaft*.[24] Marx, después de haber criticado el egoísmo de los ricos propietarios, se orienta hacia el problema de la miseria en Alemania; pero, al contrario de Hegel,[25] asume ardientemente la defensa de los pobres y de sus derechos amenazados. No obstante, a pesar de toda su simpatía por el desamparo de los «ladrones de leña» y de los viñadores de Mosela, Marx considera su situación según las mismas categorías neohegelianas que emplea para criticar los intereses privados de los propietarios: este desamparo (*Not*: miseria, necesidad) pertenece al sistema de las necesidades, a la sociedad civil, a la esfera privada; son «intereses privados sufrientes», y solo gracias a la acción generalizadora de la prensa libre este «sufrimiento privado» (*Privatleiden*) se convertirá en «sufrimiento de Estado» (*Staatsleiden*), y este interés particular, en un interés general.[26] Por lo demás, ya en su primer artículo (sobre la libertad de prensa), observaba que la ausencia de una prensa verdaderamente libre ejerce una acción desmoralizadora, que aparta al pueblo de la vida política y lo transforma en un «populacho privado» (*Privatpöbel*).[27]

«Sufrimiento privado», «interés particular», «populacho privado»: todas estas expresiones nos demuestran que Marx está del lado de los pobres (todo su artículo sobre los robos de leña es una defensa valiente, encendida e indignada de los miserables perseguidos y explotados por los propietarios de los bosques), pero aún continúa prisionero del esquema hegeliano de la superioridad de las cuestiones espirituales y generales del Estado por encima de las cuestiones materiales y particulares de la esfera privada.

En consecuencia, Marx solo ve en la miseria de los campesinos su aspecto pasivo: su desamparo, sus necesidades, su sufrimiento.

Por lo demás, la propia palabra alemana (*Leiden*) que emplea constantemente a propósito de los pobres significa, al mismo tiempo, «sufrimiento» y «pasividad», y se emplea para designar todas las formas pasivas del sufrimiento: «soportar, tolerar, sufrir», etc. Esta actitud se puede explicar por su origen neohegeliano («espíritu activo» contra «materia pasiva»); pero también hay que destacar que el objeto mismo de la atención de Marx en sus artículos era la miseria *campesina*, que era y permaneció durante el siglo XIX esencialmente pasiva, y no la miseria *obrera*, cuyo *aspecto activo* ya era bastante notorio, al menos en Francia y en Inglaterra: es notable que la palabra «proletariado» no aparezca en *ninguno* de sus artículos en la *Gaceta Renana*.

Una vez admitido esto, es necesario señalar, no obstante, que Marx ya observa en estos «pobres» algunas características esenciales que pertenecen también al proletariado: son una «raza» cuya «única propiedad son los brazos innumerables que le sirven para recolectar los frutos de la tierra para las razas superiores»,[28] que «aún no encontró en la organización consciente del Estado el lugar que le corresponde»,[29] que está «política y socialmente despojada» y «no posee nada»,[30] y, finalmente, que, por intermedio de sus representantes en la Dieta renana, se mostró como la única en defender seriamente la libertad.[31]

Se ve así cómo pudo aparecer una idea que será central en el pasaje de Marx al comunismo: el egoísmo de los *propietarios* los hace hundirse en el pantano del «semiliberalismo impotente»; solo los «*desposeídos*» (*besitzlose*) son radicalmente libertarios. Pero es probable que, en 1842, Marx todavía no hubiera desarrollado todas las implicaciones de sus constataciones a propósito de los debates en la Dieta y que no considerara la miseria como un fermento de revuelta emancipadora sino como un «objeto» (*Gegenstand*), una «situación» (*Zustand*), que era necesario reconocer y a la que el Estado debía dirigir una ayuda.[32]

c. *El comunismo*

El primer dato que es necesario tomar en consideración en el estudio de la actitud de Marx frente al comunismo, en 1842, es su relativa ignorancia del tema, que admite en el propio artículo de la *Rheinische Zeitung*, y que confirma en su corta «autobiografía intelectual» de 1859:

> en esa época, en la que la buena voluntad de «comprometerse a fondo» a menudo reemplazaba la competencia, se dejaba oír en la *Rheinische Zeitung* un eco, levemente impregnado de filosofía, del socialismo y del comunismo francés. Me pronuncié contra ese trabajo de aprendiz pero, al mismo tiempo, reconocí francamente, en una controversia con la *Allgemeine Augsbürger Zeitung*, que los estudios que había hecho hasta entonces no me permitían aventurar un juicio cualquiera acerca del propio contenido de las tendencias francesas.[33]

¿Cuáles podían ser, en esta época, los conocimientos de Marx sobre las teorías socialistas y comunistas? Mencionemos, en primer lugar, evidentemente, el «débil eco» alemán que se manifestaba en la *Rheinische*, sobre todo a través de Moses Hess, cuya influencia sobre Marx no debe ser de ninguna manera subestimada. Entre los autores franceses contemporáneos, el único mencionado varias veces es Proudhon, que es designado como «el más penetrante» y «el más consecuente» de los escritores socialistas.[34] Marx retoma de buen grado sus fórmulas más originales, por ejemplo, cuando se pregunta, en el artículo acerca de los robos de leña, si toda propiedad privada no podría ser considerada como un robo.[35] En cuanto a los otros dos autores citados en el artículo acerca del comunismo, Leroux y Considérant, la mención de sus nombres puede ser explicada por el hecho de que estaban presentes en el Congreso de eruditos de Estrasburgo, cuyo resumen en la *Rheinische Zeitung* había provocado la polémica con la *Augsbürger A. Zeitung*[36] —por lo demás, estos autores eran ampliamente citados y discutidos por Proudhon en *Qu'est-ce que la propriété?* [¿Qué es la propiedad?]: la simple mención de su nombre no basta para probar un contacto directo de Marx con sus trabajos—.

Finalmente, en enero de 1843, aparecen las primeras referencias a teóricos propiamente comunistas: en un artículo del 12 de enero, Marx cita textualmente una frase de Dézamy (lo que supone la lectura de su obra);[37] y en una nota de redacción del 7 de enero, se habla del diario la *Fraternité*, que era el órgano de una tendencia comunista babouvista (Lahautière y Choron).[38]

De acuerdo con estos indicios, parece que Proudhon y Dézamy son los únicos socialistas franceses de los que se puede afirmar, con cierta dosis de probabilidad, que fueron leídos por Marx mientras estaba a la cabeza de la *Gaceta Renana*. Esta elección es bastante significativa, dado que se trata de pensadores al margen de las sectas utópicas y dogmáticas (saint-simonianos, fourieristas, cabetistas, etc.), y, lo que los separa claramente de la mayoría de los socialistas franceses, *materialistas* y antirreligiosos. Ahora bien, si consideramos que:

a. El utopismo y el «neocristianismo» místico eran el aspecto más criticado de las teorías francesas por los jóvenes hegelianos ateos en general y por Marx en particular;

b. De 1842 a 1845, estos dos autores siguieron siendo, en opinión de Marx, los más dignos de interés y los más próximos a un «socialismo científico» en Francia. Se puede formular la hipótesis de que ya en la época de la *Gaceta Renana*, Marx no era completamente hostil al comunismo y que seguía con interés el trabajo de los socialistas franceses menos dogmáticos.

En efecto, el artículo sobre el comunismo traduce una profunda *ambivalencia* de Marx frente a las teorías socialistas. A primera vista, parece rechazarlas completamente: «La *Rheinische Zeitung*, que ni siquiera puede conceder a las ideas comunistas bajo su forma actual una realidad teórica, e, incluso menos, en consecuencia, desear o simplemente creer posible su realización práctica, someterá esas ideas a una crítica profunda».[39] No obstante, si se mira esto desde más cerca, una primera distinción se establece entre las manifestaciones alemanas del comunismo —demagogia de ciertos sectores reaccionarios o fraseología vacía de literatos[40]— y las teorías francesas de Leroux, Considérant y, sobre todo, Proudhon. Hay que tomar en serio estos trabajos teóricos; para criticarlos, «no bastan algunas ideas superficiales y pasajeras, sino [...] estudios prolongados y profundos»; consideran «un problema que causa dificultades a dos pueblos» y que no se puede «resolver en una sola oración».[41] Esta diferenciación también aparece en una carta de Marx a Ruge, escrita en la época (un mes después del artículo), donde critica severamente el «comunismo» literario del grupo de los «Libres» de Berlín y exige que se discuta «a fondo» la concepción socialista del mundo.[42] Pero es el último párrafo del artículo el que es más notable desde este punto de vista: parece sugerir un verdadero *conflicto de conciencia* en Marx entre una tendencia «subjetiva» hacia el comunismo y el rechazo que dicta su razón. El texto habla literalmente de «temor de conciencia» (*Gewissensangst*) creado por una «rebelión de los deseos subjetivos de los hombres contra los juicios objetivos de su propia inteligencia (*Verstand*)», y del poder de las ideas comunistas, «demonios» que, vencidos por la inteligencia, no obstante nos encadenan el corazón y que el «hombre no puede vencer más que sometiéndose a ellos».[43] Es verdad que Marx habla de los «hombres» en general y no de sí mismo; pero el desprecio que muestra por aquellos que, como la *Gaceta de Augsburg*, nunca sintieron tales «trastornos», tiende a designarlo como uno de esos «hombres» reñidos con los «demonios» comunistas. A pesar de eso, no queremos probar, de ninguna manera, por medio de estas hipótesis, que Marx ya era, en 1842, comunista o «casi»: solo se trata de demostrar que su pasaje al comunismo, en 1844, fue un «salto cualitativo» preparado por cierta evolución anterior.

En el último párrafo de la *Rheinische* aparece claramente un rasgo fundamental de la concepción que Marx se hace del comunismo en esta época; esto nos interesa particularmente, porque este rasgo se encuentra aún parcialmente en los textos de comienzos de 1844 y condiciona la manera en que Marx considera el rol del proletariado, en *Para una crítica de la Filosofía del Derecho de Hegel. Introducción*. En 1842, Marx ve en el comunismo, sobre todo, un sistema de dogmas, incluso una Weltanschauung,[44] que son importantes, serios, penetrantes, etc., en tanto *trabajos teóricos*, dignos de «estudios prolongados y profundos»; sin duda, Marx no ignora que las reivindicaciones del «estado que no posee nada» son un hecho «que se está expandiendo por las calles de Manchester, París y Lyon», que este problema «causa dificultades a dos pueblos» y, finalmente, que el comunismo puede provocar peligrosos «intentos prácticos de masas», que solo pueden contener los cañonazos.[45] Pero, para él, el «verdadero peligro», es decir, la verdadera importancia, no está en esos «intentos prácticos» sino en el desarrollo *teórico* del comunismo, en las *ideas* comunistas, esos demonios invencibles, etc. Es una vez más la tesis joven hegeliana de la hegemonía de la «actividad del espíritu» sobre la «práctica material grosera», que se encuentra tanto en Bruno Bauer —para quien la teoría constituía «la más fuerte actividad práctica»[46]— como en Ruge, que cree que los pensamientos son «las armas más seguras para vencer, las baterías inexpugnables» y que determinan la acción y la historia,[47] y, sobre todo, en el «comunismo filosófico» de Hess, para quien el «gran error» de L. von Stein fue considerar el comunismo como una aspiración material del proletariado, y no como una lucha entre el «principio del comunismo» y el «principio de la propiedad privada».[48]

Marx solo se liberará definitivamente del neohegelianismo, del «comunismo filosófico» y de la estructura de las relaciones pensamiento-proletariado que se desprende de ello en el período que comienza con el artículo contra Ruge en *Vorwärts* en 1844; volveremos sobre este problema.

d. La filosofía y el mundo

Este «idealismo» hegeliano de izquierda se manifiesta también en la teoría de las relaciones entre la filosofía y el mundo, que se convertirá, en 1844, en la de las relaciones entre filosofía y proletariado, y que es esbozada en el artículo contra la *Gaceta de Colonia*. Para comprender esta teoría en sus rasgos esenciales, es necesario retroceder un momento, hacia los trabajos preparatorios para la tesis de doctorado, redactados desde el comienzo de 1841. Encontramos allí formulaciones que se asemejan sorprendentemente a la Tesis XI sobre Feuerbach: «También hay momentos en los que la filosofía, oponiéndose al mundo, ya no se esfuerza en comprender, sino en actuar prácticamente sobre él»;[49] no obstante, uno se da cuenta rápido de que aún estamos lejos de la teoría de la praxis, dado que «esta actividad práctica de la filosofía tiene en sí misma un carácter teórico. Está constituida por la crítica que ajusta toda existencia individual a su esencia, toda realidad particular a la Idea».[50] Pero lo más importante es el resultado de esta «lucha», que desemboca en el «devenir mundo» de la filosofía y el «devenir filosofía» del mundo: «De esto se deriva que, en la medida en que el mundo se vuelve filosófico, la filosofía se vuelve "mundana" (*weltlich-Werden*) y que su realización constituye al mismo tiempo su abolición»,[51] fórmula que, una vez más, nos hace pensar inmediatamente en los *Anales Franco-Alemanes*, donde se trata de abolición y de realización de la filosofía por la abolición del proletariado.

Estos temas son retomados por Marx en su ataque en la *Gaceta Renana* contra el artículo de fondo de la *Kölnische Zeitung*; en primer lugar, está esta afirmación, que parece en apariencia muy «materialista»: «Los filósofos no surgen de la tierra como hongos; son el fruto de su tiempo, de su pueblo, cuyas esencias más sutiles, preciosas e inevitables se vierten en las ideas filosóficas. [...] toda filosofía es la quintaesencia espiritual de su tiempo».[52] Se trata, no obstante, de una idea cara a Hegel, que ya escribía en la *Filosofía del Derecho*: «En lo que concierne al individuo, cada uno es hijo de su época; del mismo modo, la filosofía resume su tiempo en el pensamiento».[53] Finalmente, a propósito de la «instalación de la filosofía en los diarios», Marx habla de «reciprocidad de acción» entre la filosofía y el mundo y, de nuevo, de «devenir mundo de la filosofía y devenir filosofía del mundo».[54]

Lo que nos interesa en estos textos no es, abstractamente, su grado de «materialismo» o de «idealismo». Preferimos extraer de ellos una idea clave: la acción «teórico-práctica» de la filosofía y su «devenir mundo», idea que nos permite comprender por qué Marx, a comienzos de 1844, solo veía en el proletariado la «base pasiva» o el «instrumento material» de la filosofía.

2. Ruptura y transición: 1843

El año 1843 fue el de la ruptura definitiva de los jóvenes hegelianos con el Estado prusiano y el liberalismo burgués. Esta ruptura constituye el punto de partida común de las evoluciones divergentes de las diversas tendencias del grupo. Por lo demás, los términos mismos en los que era concebida ya orientaba los desarrollos posteriores.

La posición de la izquierda hegeliana frente al Estado prusiano pasó por fluctuaciones diversas: «apoyo crítico» hasta 1840 (Ruge), entusiasmo ilusorio en el momento del ascenso al trono de Federico Guillermo IV, «oposición crítica» cada vez más acentuada, de 1841 hasta la emigración en 1843.

En cuanto a Marx, se había opuesto, desde el comienzo de su vida política, al Estado existente. Es necesario ver, en sus profesiones de fe «leales» en la *Rheinische Zeitung*, si no una concesión a la censura, al menos un giro formal destinado a cubrir un contenido radicalmente crítico. No obstante, el hecho mismo de que aceptara hacer esta concesión demuestra que aún no había alcanzado el punto de ruptura completa. Es la experiencia de la lucha contra la censura en el curso de 1842, durante la cual el carácter reaccionario e «irracional» del Estado prusiano y el espíritu mezquino y limitado de la burocracia se revelaron de manera particularmente brutal, lo que lo llevó a esta ruptura radical, manifestada desde enero de 1843, en una carta a Ruge donde critica todas las concesiones hechas por la *Rheinische* en el pasado y se niega a hacerlas en el futuro.

Esta experiencia concreta de la verdadera naturaleza del Estado y, por el otro lado, la del poder de los intereses privados y de la dificultad de acordarlos con el interés general, son probablemente los elementos que volvieron sensible a Marx a la necesidad de aplicar los principios sugeridos por Feuerbach en las *Tesis provisorias* a la crítica de la filosofía del Estado de Hegel. Ya no será cuestionada solamente la identificación hegeliana entre el Estado racional y el Estado prusiano (como en 1842), sino toda la teoría de las relaciones entre Estado y sociedad civil, etc.

En cuanto a la ruptura de los hegelianos de izquierda con el liberalismo, una observación de Marx en los *Anales Franco-Alemanes* nos permite comprender la relación esencial del conflicto: «Somos los contemporáneos filosóficos del tiempo presente, sin ser sus contemporáneos históricos».[55] En efecto, había un verdadero *desfase ideológico* entre los filósofos, que se ubicaban en el nivel del pensamiento francés más moderno y la burguesía alemana, atrasada histórica y políticamente; un desfase entre el «sobredesarrollo» ideológico y el «subdesarrollo» económico y social de Alemania. Esta ausencia de base social profunda y esta apariencia «avanzada» de la ideología alemana sin duda contribuyeron a darle su carácter abstracto y especulativo, manteniendo en los pensadores la ilusión de que la «idea» era el motor de la historia. El desfase estaba parcialmente atenuado en Renania, a causa del desarrollo relativo de la provincia y de las tradiciones francesas de la burguesía, lo que permitió un acuerdo temporal en el seno de la *Gaceta Renana*; pero todavía persistía un desacuerdo, sobre todo con los sectores más «filosóficos» (el grupo de Berlín), y los conflictos al interior del diario fueron constantes. Desde el comienzo, estalló una lucha para la designación del jefe de redacción, lucha reveladora de las tendencias de los dos grupos: por un lado, Moses Hess, el candidato de los hegelianos, representante del radicalismo filosófico; del otro, Hoffken, el discípulo del economista F. List, candidato victorioso de los accionistas burgueses (Oppenheim, Schramm, etc.) de la *Rheinische*: dicho de otra manera, la crítica teórica contra la defensa concreta de los intereses económicos de la burguesía. Es verdad que el triunfo de Hoffken fue de corta duración; pero es probable que su exclusión no haya sido solo la consecuencia del rechazo a aceptar la colaboración de los hegelianos de izquierda —lo que ofendió a los ricos simpatizantes de esta tendencia en Colonia (Jung)—. También es necesario tener en cuenta la oposición de un considerable sector de la burguesía renana —representado en la *Gaceta* por L. Camphausen— al sistema proteccionista de List. El ascenso de Rutenberg al puesto de jefe de redacción fue la revancha de los filósofos pero, después de algunos meses, la predominancia de la fraseología abstracta de los «Libres» de Berlín se volvió inaceptable para los jóvenes hegelianos más lúcidos: Mevissen, en una conversación con Hess, deploraba «la tendencia negativa» del diario y su gusto por la especulación filosófica.[56] Marx, en una carta a Oppenheim, se pronunciaba contra las «afirmaciones teóricas generales» y demostraba que «la verdadera teoría debe ser dilucidada y desarrollada a través de las situaciones concretas».[57] No obstante, a pesar de la tendencia más realista impresa por Marx desde octubre, la orientación del diario no era del gusto de los burgueses renanos, que lo acusaban de haber «violado la ley, calumniado y ridiculizado nuestras instituciones, e intentado levantar al pueblo contra el gobierno», sustituyendo de esta manera «el espíritu de verdad por el espíritu de violencia».[58]

Todo esto nos permite comprender a la vez la tibia reacción de los medios liberales frente a la prohibición de la *Rheinische Zeitung* (esta se limitó al envío de algunas peticiones platónicas al gobierno) y la indignación de los jóvenes hegelianos, que se consideraban traicionados por los «cobardes liberales». Si uno recuerda que las Ordenanzas sobre la Prensa tuvieron un rol decisivo en el desencadenamiento de la revolución de 1830 en Francia, se puede valorar la decepción de los hegelianos de izquierda, que constataban que en definitiva la burguesía alemana no era la clase revolucionaria capaz de liberar a Alemania. Ruge expresa admirablemente ese sentimiento en su carta a Marx de marzo de 1843 (publicada en los *Deutsch-Französische Jahrbücher*): «¡Quién habría dicho que esta recaída ultrajante de la palabra al silencio, de la esperanza a la desesperanza, de un estado de hombre libre al estado de esclavo absoluto iba a excitar todos los espíritus vitales, a hacer afluir la sangre al corazón de cada uno y a provocar un grito general de indignación!».[59] De la misma manera, el editor Froebel, en una carta a Wigand fechada en agosto de 1843, escribe que «los individuos más lamentables y más repugnantes son los supuestos liberales. Aquel que aprendió a conocer a fondo a estos cobardes debe de tener el alma muy enérgica para seguir luchando con semejante calaña».[60]

Después de haber intentado desempeñar, sucesivamente y en vano, el rol de ideólogo del Estado «protestante» y de la burguesía liberal, el grupo joven hegeliano se encontraba, en 1843, en una situación de «disponibilidad ideológica». Por eso, estalló en diferentes tendencias, cada una de las cuales cristalizaba las divergencias que se habían dibujado en 1842, a partir del denominador común que era el rechazo del Estado prusiano y del liberalismo burgués. Estas tendencias eran:

a. El grupo de los «Libres», algunos de los cuales se encuentran para formar, después de diciembre de 1843, la *Gaceta literaria* (los hermanos Bauer, etc.); al interpretar el fracaso liberal como un «retroceso de las masas», esta tendencia se aparta cada vez más de la lucha política concreta para refugiarse en la «actividad» puramente teórica del «espíritu crítico»;

b. Una tendencia que se podría denominar «democrático-humanista» (Ruge, Feuerbach, Froebel, Wigand, Herwegh) y que confunde fácilmente comunismo y humanismo: se ve a Feuerbach, por ejemplo, afirmar de Herwegh que era «comunista como yo, en el fondo, no en la forma», teniendo cuidado de explicar que su comunismo era «noble» y no «vulgar».[61] Así, Froebel, en una carta al comunista Becker, del 5 de marzo de 1843, escribe que está «de corazón con el comunismo» y que «divide a los hombres en egoístas y comunistas»; finalmente, el propio Ruge, en una carta a Cabet, declaraba que «en principio estamos de acuerdo con usted, declaramos como usted que el hombre real constituye el fundamento y el objetivo de la sociedad»;[62]

c. Una tendencia «comunista filosófica» (Hess, Bakunin, Engels), cuyo comunismo aparecía como una categoría opuesta al egoísmo, lo que permitía una cierta confusión con los «humanistas» antiliberales, y, por lo tanto, un trabajo común en el seno de un órgano: los *Anales Franco-Alemanes*. La evolución de Marx durante este período es análoga a la del grupo democrático. Como la mayoría de los miembros de esta tendencia, rompe abiertamente con los liberales a causa de su actitud en el «caso de la prensa». Desde el comienzo de su actividad a la cabeza de la redacción de la *Gaceta Renana*, no solo había entrado en conflicto con la fraseología «radical» de los «Libres», sino también con la «moderación» temerosa de los accionistas burgueses. En una carta a Ruge del 30/11/1842, en la que le anuncia su ruptura con el grupo de Berlín, Marx se queja igualmente de haber soportado «día y noche» los «chillidos de los accionistas».[63] Finalmente, la dirección del diario decide, en una reunión del consejo de administración de comienzos de enero, evitar cualquier conflicto con el gobierno,[64] decisión con la que, muy probablemente, Marx no estaba de acuerdo; en efecto, el 25 de enero de 1843, en una nueva carta a Ruge, escribía:

Por lo demás, aquí la atmósfera se me había vuelto asfixiante. Es duro llevar a cabo un trabajo servil, incluso al servicio de la libertad, y luchar con alfileres en lugar de con palos. Estaba cansado de la hipocresía, de la tontería, de la autoridad brutal y de nuestra complacencia, de nuestras deferencias, de nuestra justicia [...] Ya no puedo emprender nada en Alemania; allí uno se corrompe a sí mismo.[65]

Marx no solo hace aquí la crítica de las tendencias moderadas en el diario, sino casi una «autocrítica» de su táctica en la redacción; y proclama su rechazo a continuar, en el futuro, una política de «complacencia» respecto del Estado prusiano, política que llevaría, de concesión en concesión, hasta la autocorrupción. Se puede comprender fácilmente, así, la oposición de Marx durante la asamblea general de los accionistas de la *Rheinische Zeitung*, del 12 de febrero de 1843, a la tendencia mayoritaria (Oppenheim, etc.) que quería, una vez más, salvar al diario de la prohibición gubernamental (con fecha del 24 de enero) moderando su contenido.[66] Es significativo que estos conflictos lo hayan llevado a abandonar la redacción antes de la fecha en que, de acuerdo con el decreto gubernamental, la Gaceta debía dejar de publicarse (1ro. de abril de 1843): el 13 de marzo le escribía a Ruge que no se quedaría a ningún precio en la *Rheinische*,[67] es decir, incluso si los accionistas conseguían, por medio de nuevas concesiones, la revocación de la prohibición. El 18 de marzo anunciaba públicamente su decisión de abandonar la redacción del diario.

Marx, que ya había criticado el «semiliberalismo» y la indecisión de los diputados burgueses de la Dieta renana durante los debates sobre la libertad de prensa, asistía ahora a la capitulación de los accionistas burgueses de la *Gaceta Renana*, a su esfuerzo de conciliación con el Estado prusiano y a la indiferencia de la burguesía renana frente a la prohibición de la prensa liberal. Esta experiencia le demostraba que la actitud de la burguesía en Alemania no era la de «ciudadanos revolucionarios», sino de «propietarios cobardes», y que, en consecuencia, no se les podía atribuir el rol que la burguesía francesa había tenido en 1789. Pero, una vez excluida la burguesía, se planteaba la pregunta: ¿*quién* podría emancipar Alemania? Para Bauer, es el «espíritu crítico»; para Ruge, nadie: Alemania está condenada al servilismo —«nuestro pueblo no tiene futuro», escribía a Marx en marzo de 1843—.[68] El esfuerzo de Marx para encontrar una respuesta concreta a esta pregunta central y esencial hace que dirija su atención, ya en 1843, hacia la «humanidad sufriente»; pero es su llegada a París lo que aporta una respuesta clara y coherente, que se impone como una evidencia fulgurante e irrefutable: el proletariado es el que desempeñará ese rol revolucionario.

Entre su ruptura con la burguesía liberal, a comienzos de 1843, y este «descubrimiento» del proletariado a comienzos de 1844, se extiende para Marx un período de transición «democrático-humanista», etapa de desorientación ideológica y de tanteo, que conducirá al comunismo.

a. La Crítica de la Filosofía del Estado de Hegel

En la crítica de Marx a los parágrafos 261-313 de los *Fundamentos de la Filosofía del Derecho*, de Hegel —elaborada, verosímilmente, en el curso de 1843—,[69] el punto de partida es «antropológico» (Feuerbach), pero el punto de llegada es político y cercano a Moses Hess: esta crítica constituye una etapa decisiva del pasaje al comunismo «filosófico», pasaje concluido en el artículo sobre la cuestión judía, que retoma y desarrolla los temas del manuscrito de 1843.

¿Por qué y en qué medida la ruptura con Hegel pudo desempeñar un rol en la adhesión de Marx al comunismo?

El gran reproche que los jóvenes hegelianos «demócratas», en general, y Ruge, en particular, hacían al comunismo era su carácter «apolítico», puramente social: en una carta del 8 de julio de 1844, Ruge escribe que el comunismo de los artesanos alemanes es «una triste actividad sin interés político» y que ese «comunismo apolítico» es un «producto mortinato»,[70] tesis que rigurosamente se deriva de la concepción hegeliana del Estado como representante del interés general, frente al que cualquier movimiento que permanece en el nivel de la sociedad civil solo puede ser privado, parcial, secundario e inferior.

Ahora bien, Marx rompe, precisamente, con este esquema hegeliano al demostrar que la universalidad del Estado es abstracta y alienada, que él constituye «la *religión* de la vida popular, el cielo de su universalidad respecto de la *existencia terrestre* de su realidad», y que «solo el pueblo es lo concreto».[71] Por medio de esta demistificación de la esfera política, en 1843, supera ya a Ruge y ya no se orienta hacia el Estado como «verdad» de los problemas sociales (miseria, etc.) —posición que todavía era la suya en los artículos de la *Gaceta Renana*—, sino hacia el pueblo real, hacia la vida social. Se ubica, así, muy cerca de los comunistas como Hess, cuyo motivo central era, precisamente, la primacía de lo «social» sobre lo «político», tesis que Marx defenderá en los *Anales Franco-Alemanes*.

En 1842, el gran *problema* político para Marx era: ¿cómo garantizar la universalidad del Estado contra el asalto de los intereses privados que quieren esclavizarlo? En la medida en que había abandonado la filosofía hegeliana del Estado, la *pregunta* que se plantea en 1843 es completamente diferente: ¿por qué la universalidad está alienada en el Estado abstracto y cómo «superar y suprimir» esta alienación? La respuesta que esboza también lleva al comunismo: es la *esencia privada* de la sociedad civil, es decir, su individualismo atomístico centrado en la propiedad privada lo que funda la «exteriorización» de lo universal en un «cielo político»;[72] por esta razón, la existencia de la constitución política está históricamente vinculada con la libertad del comercio y de la propiedad, con la independencia de las esferas privadas: la Edad Media no conoció el Estado político abstracto.[73]

A la luz de estas consideraciones es necesario considerar la significación de la solución propuesta por Marx: la «verdadera democracia». Aquí no se trata en absoluto de la democracia republicana burguesa, sino de una transformación radical que implica la supresión tanto del Estado político alienado como de la sociedad civil «privatizada». La palabra *democracia* tiene para él un sentido específico: abolición de la separación entre lo social y lo político, lo universal y lo particular. En este sentido habla él de la Edad Media como de la «democracia de la no-libertad».[74] Su posición respecto de la república burguesa es clara: la república norteamericana y la monarquía prusiana son simples formas políticas que cubren el mismo contenido: la propiedad privada. En el Estado instaurado por la Revolución Francesa, los miembros del pueblo son *«iguales* en el cielo de su mundo político, y desiguales en la existencia terrestre de la *sociedad»*.[75] Conclusión implícita: lo que es necesario cambiar no es la *forma* política (república o monarquía), sino el *contenido* social: la propiedad privada, la desigualdad, etc. Esta conclusión también es la de los comunistas franceses, y Marx es consciente de este acuerdo: tiene en cuenta su aprobación de las teorías políticas de los «franceses modernos», para quienes, «en la verdadera democracia, el Estado político desaparece».[76] En cuanto al proletariado, no se habla de él en los *Manuscritos de 1843*, con excepción de una sola oración, que es, no obstante, *muy significativa*: «[...] el *desposeimiento (Besitzlosigkeit) y el estado del trabajo inmediato*, del trabajo concreto forman menos un estado de la sociedad civil que el suelo sobre el que se apoyan y se mueven los círculos de esta sociedad».[77] Esta afirmación conlleva dos implicaciones que serán desarrolladas en *Para una crítica de la Filosofía del Derecho de Hegel. Introducción*, como características de la condición proletaria y fundamento de su rol emancipador:

a. Los trabajadores son desposeídos, la ausencia de propiedad es el rasgo esencial de su estado (además del carácter concreto de su trabajo); ahora bien, como la propiedad privada es el gran obstáculo que impide la identificación de lo particular con lo universal, basta con llevar el razonamiento hasta el extremo para que el proletariado se convierta en portador de los intereses universales de la sociedad (en *Para una crítica*...).

b. Los trabajadores desposeídos constituyen un estado que no es un estado de la sociedad civil, sino algo por debajo de esta sociedad («suelo sobre el que se apoyan», etc.), una base sobre la que se establece la actividad de sus esferas superiores; una vez más, esto nos lleva directamente a *Para una crítica...*, donde se habla del proletariado como de «una clase de la sociedad burguesa que no es una clase de la sociedad burguesa»; ¿qué significa esto? Simplemente, que Marx disocia a los trabajadores desposeídos de la sociedad civil-burguesa, egoísta, particularista, etc.; dicho de otra manera, abandona su posición de 1842, según la cual la miseria pertenece al sistema de las necesidades, a la sociedad civil, a la *esfera privada*. Ahora ya no ve en el desposeimiento un «asunto particular», sino un «asunto general» que es la base de la sociedad civil, al tiempo que se sitúa en el exterior.

b. *La correspondencia con Ruge*

El primer rasgo que llama la atención del lector de la correspondencia intercambiada entre Marx y Ruge en 1843 —tal como fue publicada en los *Anales Franco-Alemanes*— es el contraste entre el profundo pesimismo de Ruge y el «optimismo revolucionario» de Marx. ¿Esta diferencia se debe solo al «temperamento» de los corresponsales, etc.? ¿No implica causas significativas de manera diferente, es decir, divergencias de perspectivas? Nos parece que ese contraste solo puede ser explicado a partir de la siguiente hipótesis: en 1843, Marx y Ruge ya se orientaban hacia *clases sociales diferentes*.

En su respuesta a la primera carta de Marx (marzo de 1843) —donde se habla, de una manera completamente vaga, de «la revolución que tenemos en perspectiva»[78]—, Ruge se pregunta: «¿Viviremos lo suficiente para ver una revolución política? ¿*Nosotros*, los contemporáneos de estos alemanes?».[79] La palabra clave en esta oración, que es el centro de la diferencia de óptica de 1843, y que será el centro de la ruptura de 1844, es el calificativo dado a la revolución: «política». En efecto, Ruge sigue pensando en términos de una revolución *política*, es decir, *democrático-burguesa*; y, como comprueba «la imperecedera paciencia de carnero» de los burgueses alemanes, su pasividad frente a la «recaída ultrajante de la palabra en el silencio» y, finalmente, el «grado de insensibilidad y de decadencia políticas en los que hemos caído», es perfectamente lógico que no pueda considerar ninguna perspectiva revolucionaria en Alemania: «¡Oh!, ¿ese futuro alemán?, ¿dónde fue arrojada su semilla?».[80]

Marx, como Ruge, no cree en una revolución dirigida por la burguesía alemana: en su respuesta a Ruge (marzo de 1843), escribe que los «burgueses filisteos» (*Spiessbürger*) no quieren «ser hombres libres republicanos» y que, como los animales, solo quieren «vivir y reproducirse».[81] No obstante, de manera opuesta a Ruge, él no piensa que, frente al fracaso de su alianza con la burguesía liberal, la filosofía pueda y deba encontrar otros aliados: la «semilla del futuro» fue arrojada, no entre los «carneros burgueses», sino entre la «humanidad sufriente». La revolución que él imagina ya no es puramente «política»: encuentra su fundamento en la «ruptura en el seno de la sociedad actual», ruptura provocada por el «sistema de ganancia y del comercio, de la posesión y de la explotación del hombre»[82] —fórmula aún vaga, pero con la que Marx se refiere, por primera vez, a la lucha de clases moderna y a sus causas económicas—. Esto vuelve totalmente comprensible el «optimismo» de esta carta frente al «canto fúnebre» de Ruge:[83] decepcionado por los «cobardes propietarios liberales», Marx dirige sus esperanzas hacia el pueblo sufriente, desposeído y explotado. Es verdad que el objetivo a alcanzar en esta revolución «social» aún sigue siendo aparentemente «político»: la carta habla de «Estado democrático», «mundo humano de la democracia», etc.;[84] no obstante, para comprender el verdadero sentido del término «democracia», es necesario referirse a los *Manuscritos de 1843* (*Crítica de la Filosofía del Estado de Hegel*), redactados más o menos en esta época: como ya lo observamos antes, Marx no entiende por «democracia» una simple transformación de la *forma política* (como sería la instauración de una república burguesa), sino un cambio de los fundamentos mismos de la *sociedad civil* (propiedad privada, etc.).

Un detalle biográfico viene, en cierta medida, a fortalecer esta hipótesis: inmediatamente después de su renuncia a la redacción de la *Gaceta Renana*, hacia fines de marzo de 1843, Marx hace una breve estadía en Holanda donde, según una carta que dirigió a Ruge, tuvo la oportunidad de leer diarios franceses —por primera vez, parece, porque se sorprende de los juicios que formulan sobre Alemania—.[85] Ahora bien, es posible, e incluso muy probable, que en estos diarios haya encontrado ecos del movimiento obrero francés, mucho más concretos que el «débil eco» de la *Rheinische Zeitung*; por ejemplo, noticias relativas a las huelgas que se sucedieron en Francia durante los meses de enero a abril de 1843 (carpinteros en Bourges, textiles en Roubaix, techadores en Rennes, descargadores en París, etc.), huelgas que ocasionaron conflictos, arrestos, etc.[86] Es posible que haya llegado a leer artículos sobre el desarrollo del comunismo obrero, de las sociedades secretas, etc. Y es necesario destacar que, en ese momento, Marx se encontraba en una situación particularmente «receptiva»: la ruptura con la *Rheinische* lo dejaba en disponibilidad, no solo profesional, sino también *ideológica*.

No obstante, queda por evaluar toda la distancia que separa esta idea de un acuerdo entre «los enemigos del mundo de los filisteos, es decir, de todos los hombres que piensan y que sufren»,[87] y los términos en los que Marx planteará, hacia 1846-1848, el problema de las relaciones entre los intelectuales que rompen con la burguesía y el movimiento obrero. En primer lugar, no se trata, aquí, de clases sociales claramente definidas, sino de dos categorías muy vagas, sin determinación objetiva: «los que piensan» y «los que sufren». Solo gracias a la oración que sigue inmediatamente después, donde se habla acerca de las rupturas provocadas por el sistema de la ganancia y de la explotación, se nos permite creer que el «sufrimiento» mencionado es efectivamente el del proletariado. Por otro lado, no se establece ninguna jerarquía de importancia entre los dos grupos: no se trata de una adhesión de algunos «pensadores» a la lucha de clase proletaria —fórmula de Marx en el *Manifiesto Comunista*—, sino de un acuerdo sobre un pie de igualdad entre todos aquellos cuya existencia misma opone al «mundo filisteo animal». Finalmente, y esto es lo más importante, el hecho de que el proletariado solo sea considerado como «humanidad sufriente» hace que aparezca como el lado pasivo del *acuerdo*, y el lado *activo* sería el de la «humanidad pensante». Esto nos lleva, una vez más, hacia el esquema joven hegeliano: actividad del espíritu contra pasividad de la materia. Ya destacamos el doble sentido de la palabra alemana *Leiden* (sufrimiento-pasividad); ahora bien, parece que en ese texto la ambigüedad es de tales características que Molitor creyó poder traducir *leidenden Menschen* algunas veces como «humanidad pasiva» y otras como «humanidad sufriente». Pero hay pruebas más concluyentes que la traducción de Molitor: el texto mismo de Marx sugiere un fondo de «pasividad» en el sufrimiento. «La existencia de la humanidad sufriente, que piensa, y de la humanidad pensante, que es oprimida, necesariamente debe volverse imposible de absorber y digerir por parte del mundo filisteo animal, pasivo y que disfruta sin pensar».[88] Se conoce la preferencia del joven Marx por la forma de la «inversión» («lógica de las cosas-cosas de la lógica», «armas de la crítica-crítica de las armas», etc.), que empleaba sin temer que su texto se volviera a veces un poco oscuro... Ahora bien, en el fragmento citado, la «inversión» está allí, pero *rota*: «humanidad *sufriente* que piensa-humanidad pensante que es *oprimida*». ¿Por qué razón no ubica, frente a la «humanidad sufriente que piensa», una «humanidad pensante que *sufre*»? La única razón posible es que, por su carácter pasivo, el sufrimiento no puede ser asociado al pensamiento, que es esencialmente actividad (actividad oprimida por el mundo filisteo). Es muy evidente que esta concepción joven hegeliana es lo contrario de la situación real: concretamente, es la revuelta activa de las masas obreras que es oprimida y reprimida por el poder, mientras que el «sufrimiento moral» de los intelectuales descontentos sigue siendo pasivo. Es en la situación particular de Alemania —enfrentamiento entre los hegelianos de izquierda y el Estado, ausencia de movimiento obrero— donde hay que buscar el origen social de esta ilusión y, en la situación de Francia, el punto de partida de la evolución de Marx después de 1844.

De todas maneras, no hay que olvidar que, en esta carta, Marx no obstante atribuye un rol a las masas «sufrientes» en el advenimiento de un mundo nuevo, y por este único hecho ya se sitúa más allá de Ruge y de la mayoría de los neohegelianos: «Cuanto más tiempo los acontecimientos dejen pensar a la humanidad pensante y cuanto más tiempo permitan reunirse a la humanidad sufriente, tanto más perfecto será, cuando nazca, el producto que el presente lleva en su seno».[89] Sería muy interesante determinar el sentido preciso de esa «agrupación», pero estamos obligados a satisfacernos con suposiciones: se trata, probablemente, o bien de la concentración del proletariado a través de la industria moderna —proceso cuyas consecuencias revolucionarias son descritas en el *Manifiesto*—, o bien de la unión de los trabajadores en el seno de coaliciones, asociaciones obreras, etc.

El gran interés de la última carta de Marx (septiembre de 1843) reside en las precisiones que aporta acerca de su posición frente al comunismo, algunos meses antes de su adhesión. Nos muestra a un Marx ideológicamente desorientado, que, después de su ruptura con el Estado prusiano y la burguesía liberal, aún no «encontró» al proletariado y al comunismo (solo lo hizo bajo la forma vaga y ambigua de la «humanidad sufriente» y de la «verdadera democracia»). El punto de partida era claro; ¡el punto de llegada sigue siendo indeterminado! «Si no hay duda respecto de dónde venimos (Woher), existe mayor confusión respecto de adónde vamos (Wohin). No solo estalló una anarquía general entre los reformadores, sino que, además, cada uno está efectivamente obligado a reconocer que no tiene una idea exacta de lo que debe ocurrir».[90]

Esta ausencia de a priori doctrinario y, sobre todo, de precisiones utópicas acerca del futuro le permitieron, por lo demás, escapar al dogmatismo de las sectas socialistas: «No obstante, lo que constituye justamente la ventaja de la tendencia nueva es que no queremos anticipar el mundo dogmáticamente, sino encontrar el mundo nuevo a través de la crítica del mundo viejo».[91]

Las críticas que Marx dirige al comunismo en esta carta pueden ser situadas bajo dos denominaciones: por una parte, reservas, que serán abandonadas durante la evolución de los años 1844-1845; por otra parte, críticas del socialismo utópico que permanecerán siempre como uno de los rasgos esenciales de su obra política.

En la primera categoría encontramos las siguientes críticas:

a. El socialismo es unilateral; solo considera la vida humana en su aspecto material y olvida totalmente la actividad espiritual de los hombres: «Todo el principio socialista no es más, por su parte, que el aspecto que concierne a la *realidad* del verdadero ser humano. También debemos ocuparnos del otro aspecto, de la existencia teórica del hombre y, por lo tanto, debemos hacer de la religión, de la ciencia, etc., el objeto de nuestra crítica».[92] Esta observación tiene un sabor claramente «joven hegeliano», y basta compararla con la Tesis IV sobre Feuerbach para evaluar la distancia que separa marzo de 1843 de marzo de 1845. Feuerbach es acusado de haberse limitado a criticar la religión, la «familia celeste», olvidando lo principal, es decir, la *familia terrestre,* hacia la que se deben orientar la verdadera crítica teórica y la revolución práctica. Es verdad que el programa intelectual de Marx será siempre la crítica simultánea de las teorías y de la realidad, pero sus mayores reproches, después de 1845, estarán dirigidos a aquellos que se limitan a la «crítica crítica», puramente teórica, y no a aquellos que se consagran al análisis de lo real mismo.

b. Para los socialistas «vulgares», las cuestiones políticas carecen de interés. La crítica puede y debe ocuparse de estas cuestiones,[93] porque el «Estado político, incluso allí donde aún no está conscientemente impregnado de las exigencias socialistas, encierra en sus formas *modernas*, precisamente, las exigencias de la razón». No obstante, Marx constata que «en todas partes supone la razón realizada. Pero en todas partes cae igualmente en la contradicción entre su definición teórica y sus hipótesis reales. De este conflicto del Estado político con él mismo, la verdad social puede, entonces, ser discernida en todas partes».[94] Estos fragmentos demuestran que Marx está en una etapa de transición entre la crítica del Estado político contenida en los *Manuscritos de 1843* (*Crítica de la Filosofía del Estado de Hegel*) y la afirmación de la primacía de lo social de los *Anales Franco-Alemanes*. Esta etapa será superada pronto; en lo sucesivo, Marx no acusará más a los socialistas de ser «apolíticos».

c. [...] el comunismo es especialmente una abstracción dogmática; y aquí no solo tengo en vista un comunismo cualquiera, imaginario y posible, sino el comunismo realmente existente, tal como lo enseñan Cabet, Dézamy, Weitling, etc. Este comunismo no es en sí mismo más que una manifestación particular del principio humanista, infectada (infiziert) de su contrario, la esencia privada (Privatwesen). Abolición de la propiedad privada y comunismo no son de ninguna manera, en consecuencia, idénticos; y el comunismo vio nacer frente a él, no accidentalmente sino necesariamente, otras doctrinas socialistas como las de Fourier, Proudhon, etc., porque no es en sí mismo más que una realización particular, unilateral del principio socialista.[95]

Esta crítica será retomada por Marx, una vez más, en los *Manuscritos de 1844*, donde opone su concepción del comunismo como «*apropiación* de la esencia humana por parte del hombre» al «comunismo vulgar», caracterizado por la envidia hacia los más ricos, la nivelación, la negación de la cultura, etc. Este comunismo todavía está «contaminado de propiedad privada».[96] Volveremos sobre la significación de estas observaciones más adelante, en el curso del análisis de los *Manuscritos*.

La segunda categoría de críticas es la que presenta el mayor interés, porque determinará toda la evolución política de Marx y constituirá uno de los ejes centrales del socialismo marxista. Ya en 1843, Marx se niega a construir «un sistema cualquiera completamente concluido, como, por ejemplo, el *Viaje a Icaria*». Rechaza la actitud de los filósofos que «tenían la solución de todos los enigmas totalmente preparada en su pupitre», y para los que «este estúpido mundo exotérico solo tenía que abrir el pico para que las alondras de la ciencia absoluta le caigan totalmente asadas». En suma, Marx se niega a «enarbolar una bandera dogmática»;[97] su programa es totalmente diferente y es desarrollado en los siguientes términos, a título de proposición para una «plataforma ideológica» de los *Deutsch-Französische Jahrbücher*:

> No nos presentamos al mundo como doctrinarios con un principio nuevo: ¡esta es la verdad, es aquí donde hay que arrodillarse! Mostramos al mundo principios nuevos que sacamos de los principios del mundo. No le decimos: renuncia a tus luchas, son tonterías; vamos a gritarte la verdadera consigna del combate. Le mostraremos simplemente por qué lucha en realidad, y la conciencia de esto es algo que *debe* adquirir, incluso si no quiere. La reforma de la conciencia consiste *únicamente* en dejar que el mundo advierta su conciencia, despierte del sueño en el que está sumergido respecto de sí mismo, en *explicarle* sus propias acciones [...].
> Entonces, podemos expresar la tendencia de nuestro diario en *una sola* fórmula: toma de conciencia (filosofía crítica) de nuestra época acerca de sus luchas y de sus aspiraciones. Hay allí una tarea para el mundo y para nosotros. Esto solo puede ser la obra de fuerzas reunidas.[98]

El tema que aparece acá por primera vez volverá constantemente en los escritos de Marx, hasta el *Manifiesto Comunista*, que establecerá definitivamente la oposición entre «socialismo científico» y «socialismo utópico». Pero, en primer lugar, no hay que olvidar que esta carta fue escrita algunas semanas antes de la partida hacia París: nos permite comprender la actitud de Marx frente al movimiento obrero francés: nos ayuda a explicar por qué no adhirió a ninguna de las escuelas utópicas y no fundó una nueva, por qué no se convirtió en un doctrinario entre todos aquellos que abundaban en París, un nuevo creador de dogmas políticos y filosóficos.

Contrariamente a los socialistas utopistas o «filosóficos», Marx se niega a oponer un sistema acabado a las luchas reales de los hombres: su punto de partida son las acciones y las aspiraciones concretas del «mundo», y considera como su rol —el rol del filósofo crítico— *la explicación a los hombres del sentido de sus propias luchas*, en lugar de la invención de nuevos «principios».

Es así que, en París, a partir de las luchas obreras reales, a partir de las aspiraciones del proletariado y de su vanguardia comunista —parcial y confusamente expresadas por los doctrinarios más avanzados: Dézamy, Weitling, Flora Tristán—, Marx llegará a discernir la significación histórica de este esfuerzo, la tendencia esencial hacia la que ese movimiento naciente se orienta: la autoliberación por medio de la revolución comunista.

Contrariamente a los utopistas, cuyo ideal abstracto era arbitrariamente ubicado frente al mundo real, Marx rechaza la separación moralizante entre el ser y el deber ser, y busca la racionalidad de lo real mismo, el sentido inmanente del movimiento histórico. En esto, Marx, discípulo del realismo de Hegel, se distingue de los otros hegelianos de izquierda (sobre todo, Moses Hess y los «socialistas verdaderos»), cuya «mala superación» de Hegel en el fondo no es más que un retorno disfrazado al moralismo de Fichte y Kant.[99] Esta es tal vez la razón por la que fue precisamente Marx quien comprendió primero, desde 1844, la significación revolucionaria de las luchas y aspiraciones proletarias...

De la misma manera, a diferencia de la mayoría de los hegelianos de izquierda, él no cree que esta tarea de «toma de conciencia de nuestra época» incumba solamente a los intelectuales: es, escribe en la carta de septiembre de 1843, «la obra de fuerzas reunidas». Estas fuerzas son, de un lado, «nosotros», es decir, los filósofos críticos; del otro, «el mundo», es decir, el pueblo que lucha; es nuevamente el tema de la alianza entre la «Humanidad pensante» y la «Humanidad sufriente».

3. LA ADHESIÓN AL COMUNISMO

Los análisis habituales del pasaje de Marx al comunismo nunca distinguen las *tres* etapas del proceso. Y, sobre todo, no tienen de ninguna manera en cuenta el salto cualitativo realizado entre la segunda y la tercera etapa.

La primera fase es la de la adhesión al «comunismo filosófico», al estilo de Moses Hess. Esta adhesión se concreta en el artículo sobre la cuestión judía publicado en los *Anales Franco-Alemanes*. Este artículo constituye la culminación de la evolución ideológica de Marx durante el año 1843. La influencia de Hess y de Feuerbach es allí muy clara y la del movimiento obrero francés, apenas perceptible.

La segunda fase, por el contrario, es la del «descubrimiento» del proletariado como clase emancipadora, como base real de la revolución comunista. No obstante, es necesario señalar que se trata de un descubrimiento aún filosófico. Por supuesto, desde su llegada a París, Marx es «captado» por el movimiento obrero comunista, y el segundo artículo de los *Anales (Para una crítica de la Filosofía del Derecho de Hegel. Introducción)* es la expresión de la verdadera «conmoción ideológica» producida por esta primera impresión. Pero la experiencia que él tenía de este movimiento era, en esta época, muy restringida: aún no había entrado en contacto directo con las sociedades secretas —de acuerdo con todos los testimonios, estos contactos solo comenzaron después de la publicación de los *Anales*—.[100] Su conocimiento de las luchas obreras en Francia sigue siendo abstracto y, en consecuencia, el proletariado aparece en *Para una crítica*... casi como una categoría filosófica feuerbachiana. Evidentemente, se puede formular la hipótesis de que Marx pudo informarse a través de la lectura de las obras de los socialistas y comunistas franceses. Pero la única de esas obras que él habrá leído, seguramente, en esta época, es la *Histoire de dix ans* [Historia de diez años], de Louis Blanc.[101] Ahora bien, no es esta obra la que habría podido ayudarlo a encontrar el sentido concreto del movimiento obrero; pues, si Louis Blanc reconoce la importancia fundamental de la «cuestión social» y de las luchas del proletariado, aún sigue siendo un «idealista político». Por ejemplo, escribe, acerca de la revuelta de los tejedores de seda de Lyon en 1831, que, para derribar el poder «hubieran sido necesarias ideas, máquinas de guerra más formidables que los cañones» —frase que se asemeja sorprendentemente a la de Marx en el artículo sobre el comunismo en la *Gaceta Renana*— y que, en Lyon, «el pueblo, para el que obedecer es la más fuerte de todas las necesidades, fue golpeado por el estupor desde el momento en que se vio sin amos».[102] Pero —y allí está lo más importante— Louis Blanc considera que la solución de los problemas sociales, de los males provocados por la competencia no será el producto de una revolución proletaria emancipadora, sino de un «arrepentimiento» de la burguesía, a la que dirige, en las últimas páginas de su obra, un llamado patético:

> ¿Cómo creer que la burguesía se obstinará en su ceguera? Tutora natural del pueblo, ¿es posible que persista en desconfiar de él como de un enemigo? [...] Es necesario, entonces, que, en lugar de mantenerse separada del pueblo, se una a él de una manera indisoluble tomando la iniciativa de un sistema que haría pasar la industria del régimen de la competencia al de la asociación.[103]

De ninguna manera queremos afirmar que estas ilusiones eran compartidas por Marx, sino solamente sugerir que, a comienzos de 1844, no podía, por falta de vínculos directos o de lecturas «adecuadas», hacerse una idea concreta del movimiento obrero parisino —de allí, el carácter «filosófico» de su primer descubrimiento del proletariado.

Por otra parte, este «descubrimiento» no es una ruptura, una aparición súbita en relación con la evolución anterior; en el fondo, se podría decir que Marx no habría podido «descubrir» al proletariado y su rol en París si no lo hubiera «encontrado» ya, de cierta manera, en 1843, bajo la forma aún vaga de «humanidad sufriente», «estado desposeído», etc.

En suma, la concepción del proletariado de *Para una crítica...* es, al mismo tiempo, el punto de partida de una evolución político-ideológica íntimamente ligada con una reflexión sobre el movimiento obrero europeo y el punto de llegada de una evolución filosófica de «búsqueda de lo universal». Tiene, en consecuencia, un carácter de «bisagra», lo que explica, de entrada, su *ambigüedad*: por un lado, revolucionaria y concreta; por el otro, hegeliana de izquierda y abstracta, aparentemente muy precisa en relación con las nociones vagas de 1843 («sufrimiento», «desposeimiento»), pero, en verdad, todavía completamente cercana de estas.

La tercera fase, que comienza con el artículo del *Vorwärts* contra Ruge, es la de un nuevo descubrimiento, esta vez concreto, del proletariado revolucionario. Se trata allí de un momento decisivo en la evolución del pensamiento político marxiano; este «segundo descubrimiento» conduce a la etapa del *comunismo de masas*, que examinaremos más adelante.

a. Sobre la cuestión judía

Una interpretación muy difundida de este artículo de Marx, publicado en los *Deutsch-Französische Jahrbücher*, es la que lo transforma en un panfleto antijudío, a riesgo de explicarlo luego «psicológicamente», como un fenómeno de «autofobia judía»(?).[104] Ahora bien, si bien es verdad que Marx identifica en este artículo el judaísmo con el comercio, el dinero, el egoísmo, etc. —identificación que era hecha por todos los neohegelianos, judíos (Moses Hess) o no—, basta con ir más allá de las apariencias para darse cuenta de que constituye, en el fondo, una defensa de los judíos, por dos razones muy simples y muy claras:

a. Frente al antisemitismo de Bauer, para quien los judíos son incapaces, a diferencia de los cristianos, de volverse libres, Marx afirma la igualdad de los dos grupos, desde el punto de vista de la emancipación humana;

b. Marx demuestra que el egoísmo, el dinero no constituyen *faltas específicas* del judaísmo, sino rasgos esenciales de *toda* la sociedad moderna y cristiana (tema ya esbozado en Feuerbach y en Hess).

Una vez que se ha aclarado este equívoco, la significación general de *Sobre la cuestión judía* se vuelve accesible: este artículo es el momento en el que la evolución ideológica de Marx se une con el «comunismo filosófico» de Moses Hess. Las observaciones críticas contenidas en *La ideología alemana* se relacionaban tanto con las tesis de Moses Hess de 1842-1845 como con el escrito de Marx en los *Anales*:

> La relación, cuya existencia demostramos antes, entre el liberalismo alemán pasado y el movimiento burgués francés e inglés se vuelve a encontrar entre el socialismo alemán y el movimiento proletario francés e inglés [...]. Los sistemas, las críticas y los escritos polémicos comunistas, ellos (los socialistas verdaderos) los separan del movimiento real del que no son más que la expresión y a continuación los ponen en una relación arbitraria con la filosofía alemana.[105]

En efecto, el «comunismo» de *Sobre la cuestión judía*, como el de Hess, mira los problemas sociales a través de las «lentes alemanas», de una manera abstracta, porque «reinterpreta» el comunismo francés — reinterpretación condicionada por la situación alemana (ausencia de movimiento obrero, etc.) —. El artículo había sido comenzado por Marx durante su estancia en Kreuznach y terminado en París: por un lado, retoma y lleva al extremo las tesis de los *Manuscritos de 1843*, y, por el otro, incorpora temas nuevos, inspirados por Hess (que estaba en París y colaboraba con los *Anales*); por lo demás, se pueden distinguir muy fácilmente en el texto la parte redactada en Kreuznach y la de París: están separadas en la traducción de Molitor por un intervalo de algunas líneas (p. 189, en la edición Costes, *Œuvres philosophiques*, vol. I); antes de este intervalo, la temática es la de la *Crítica de la Filosofía del Estado de Hegel* — soberanía imaginaria del ciudadano en el Estado, alienación de tipo religioso de la vida política, defensa de la democracia, etc. —. Después, por el contrario, encontramos problemas totalmente nuevos, cuyo origen se remonta sin ninguna duda al artículo sobre la esencia del dinero que Hess había entregado a la redacción de los *Anales* (pero que solo será publicado en 1845 en los *Anales Renanos*) — crítica de la alienación monetaria, del «tráfico», del egoísmo de los derechos del hombre, etc. —.[106] *Sobre la cuestión judía* es esencialmente — bajo la forma de una polémica con Bruno Bauer— una crítica radical de la «sociedad civil moderna», la *sociedad burguesa* (en el sentido actual de la palabra) en su conjunto, en todas sus presuposiciones filosóficas, sus estructuras políticas y sus fundamentos económicos:

   a. Crítica de la ideología jurídico-filosófica del liberalismo burgués, a saber, los «derechos del hombre» (propiedad, etc.) separados de los derechos del ciudadano, es decir, los derechos del hombre egoísta, considerado como una mónada aislada, replegada sobre sí misma, del hombre en tanto miembro de la sociedad civil-burguesa, donde el solo vínculo de unidad es el interés privado, la conservación de las propiedades y de los derechos «individuales» (egoístas);[107]

b. Crítica de la emancipación puramente política, que es la «revolución de la sociedad civil», que transforma la vida política en un simple medio al servicio de la vida civil-burguesa, y al hombre, en tanto «ciudadano», en un servidor del hombre en tanto «burgués» egoísta. En consecuencia, esta emancipación no podría confundirse con la emancipación total, humana. Crítica también del producto de esta revolución: el Estado político, vida «celeste», imaginaria, alienada, de los miembros de la sociedad civil-burguesa;[108]

c. Crítica de la propia sociedad civil-burguesa, en tanto esfera del egoísmo, de la guerra de todos contra todos, que desgarra todos los lazos genéricos entre los hombres y pone en su lugar la necesidad egoísta, que descompone el mundo de los hombres en un mundo de individuos aislados;[109]

d. Crítica de las bases económicas de la *bürgerliche Gesellschaft* y del Estado político: el dinero —esencia del hombre separado del hombre, entidad extraña que domina al hombre alienado y que él adora—, el «tráfico» (*Schacher*) y la propiedad privada.[110]

La verdadera emancipación universal, la emancipación humana, es la única capaz de superar las contradicciones de la sociedad civil-burguesa porque es la *Aufhebung* del conflicto entre la existencia individual sensible y la existencia genérica de los hombres. Solo se realiza «cuando el hombre reconoció y organizó sus "fuerzas propias" como fuerzas *sociales* y no separa de él, entonces, la fuerza social bajo la forma de la fuerza *política*». Esta emancipación total exige, evidentemente, la supresión de los fundamentos económicos de la sociedad civil y de la alienación política: el dinero, el comercio, la propiedad privada.[111]

¿En qué sentido estas tesis dependen del «comunismo filosófico»? En primer lugar, está claro que tanto la crítica de la sociedad burguesa como las soluciones consideradas son de carácter comunista, incluso si el acento está puesto, más bien, sobre la circulación (dinero, «comercio internacional», etc.) que sobre la producción —cosa frecuente, por lo demás, entre los mismos socialistas franceses—. No obstante, detrás de la apariencia política y económica, la crítica de Marx es esencialmente *filosófica*: el gran pecado de los derechos del hombre, de la emancipación política, de la sociedad civil y del dinero es el *egoísmo*. Es verdad que la problemática del egoísmo no tiene, en este texto, el carácter moralizante que le dan Feuerbach y Hess («egoísmo», «amor», etc.). Aquí, el punto de partida es el propio Hegel quien, en *Fundamentos de la Filosofía del Derecho*, rechaza el punto de vista liberal para el cual el «interés de los individuos en tanto tales es el objetivo supremo en vista del cual se reúnen», y subraya que la «asociación en tanto tal es en sí misma el verdadero contenido y el verdadero objetivo, y el destino de los individuos es llevar una vida colectiva».[112] Esta premisa es retomada por Feuerbach y Hess, pero «mezclada» con el tema neocristiano del «amor», mientras que Marx le restituye su sentido político-filosófico, despojado de todo moralismo:

> [...] constatamos que la emancipación política hace de la «ciudadanía» (*Staatsbürgertum*), de la *comunidad política*, un simple *medio* que debe servir a la conservación de esos así llamados derechos del hombre; que el «ciudadano» es declarado, entonces, el servidor del «hombre» egoísta; que la esfera en la que el hombre se comporta en calidad de ser comunitario está degradada por debajo de la esfera en la que se comporta en tanto ser parcial.[113]

La conclusión que se impone, pero que puede parecer un poco sorprendente, es que la crítica de la sociedad burguesa por parte de

Marx y, en consecuencia, su comunismo, tienen orígenes directamente hegelianos.

El carácter abstracto y «filosófico» de *Sobre la cuestión judía* no solo deriva de lo que está en el texto, sino, sobre todo, de lo que falta en este: como Hess, Marx no asigna la tarea de la emancipación humana a ninguna clase social concreta; el proletariado está ausente; en todas partes solo se trata del «hombre», de los «hombres». En este sentido, el segundo artículo de los *Anales, Para una crítica*, constituirá un paso importante hacia delante en el camino que lleva a Marx del humanismo feuerbachiano al comunismo proletario revolucionario.

b. Para una crítica de la Filosofía del Derecho de Hegel. Introducción

La estructura de este artículo no es nada más que una descripción en imagen del itinerario político-filosófico de Marx, es decir, de un pensamiento crítico en busca de una base concreta, una «cabeza» en busca de un «cuerpo». El punto de partida es el momento en el que la crítica «ya no se da como un *objetivo en sí* (*Selbstzweck*), sino únicamente como un *medio*» —al contrario de Bauer—, el momento en el que se convierte en una «crítica en la lucha»;[114] en consecuencia, ella se orienta hacia la *práctica*: el arma de la crítica se convierte en crítica de las armas; la teoría, en fuerza material. Pero, para convertirse en una fuerza como esta, la teoría crítica tiene necesidad de una base material, de un «elemento pasivo»: ella debe penetrar las masas:

> Es evidente que el arma de la crítica no podría reemplazar a la crítica de las armas; la fuerza material no puede ser derribada más que por la fuerza material; pero la teoría se transforma, también, en fuerza material, desde el momento en que capta (*ergreift*) a las masas [...]. En efecto, las revoluciones tienen necesidad de un elemento *pasivo*, de una base *material*. La teoría nunca se realiza en

un pueblo más que en la medida en que es la realización de las necesidades de ese pueblo.¹¹⁵

En otros términos:

En esta época (la Reforma), la revolución comenzó en la cabeza de un monje; hoy, ella comienza en la cabeza de un filósofo;

no obstante,

¿la discordancia enorme entre las reivindicaciones del pensamiento alemán y las respuestas de la realidad alemana tendrá como correspondencia la misma discordancia de la sociedad civil con el Estado y con ella misma?¹¹⁶

Toda la segunda mitad del artículo intenta responder esta pregunta y encontrar en las contradicciones de la sociedad civil una clase social que pueda desempeñar el rol de base material del pensamiento revolucionario. Existe en la traducción de Molitor de este artículo una separación de algunas líneas, semejante a la de *Sobre la cuestión judía*, y revestida con la misma significación: la primera parte parece haber sido escrita en Kreuznach y su terminología aún es vaga («masa», «pueblo»); la segunda parte ya lleva la marca de París; la palabra proletariado aparece, por *primera vez*, en la obra de Marx. En esta segunda parte, sigue su itinerario: la filosofía revolucionaria en busca de instrumentos materiales se orienta, en primer lugar, hacia la burguesía alemana; pero comprueba muy rápidamente que ninguna «clase particular» de Alemania posee «la consecuencia, la penetración, el valor sin consideraciones que podrían constituirla en representante negativo de la sociedad». Les falta, sobre todo, «esa audacia revolucionaria que lanza al adversario este reto: *no soy nada, y debería ser todo*».¹¹⁷ Marx realiza aquí el balance de su experiencia del año 1842 y compara la pereza de los burgueses alemanes con la osadía del tercer estado francés —la frase citada: «no soy nada...» es evidentemente una alusión al comienzo de «Qu'est-ce que le tiers état?» [¿Qué es el tercer estado?] de Sieyès. No obstante, Marx no se limita a constatar: busca la explicación de ese desfase entre la burguesía francesa de 1789 y la de Alemania de 1844. Esta explicación constituye un primer esbozo de la teoría de la *revolución permanente*:

> Cada esfera de la sociedad civil (en Alemania) sufre una derrota antes de haber conseguido una victoria; eleva su propia barrera antes de haber derribado la barrera que la estorba; hace valer toda la estrechez de sus miradas antes de haber podido hacer valer su generosidad; y, así, incluso pasó la ocasión de un gran rol, antes de haber existido, y cada clase, en el instante mismo en el que se compromete en la lucha contra la clase superior, sigue estando implicada en la lucha contra la clase inferior. Por esta razón los príncipes están en lucha contra la realeza; la burocracia, contra la nobleza; la burguesía contra todos, mientras que el proletariado ya comienza la lucha contra el burgués. La clase media apenas osa concebir, al ubicarse en su punto de vista, la idea de la emancipación, el cual, tal como hacen ver tanto el desarrollo de la situación social como el progreso de la teoría política, ya está superado o es al menos problemático.[118]

Marx demuestra así la imposibilidad de una revolución parcial «política»: no se puede realizar una revolución burguesa con una burguesía que no es revolucionaria; la burguesía alemana sufre un retraso histórico. Al contrario de su congénere francés, en 1789, ya está amenazada por el proletariado en el momento en que comienza su combate contra el «antiguo régimen»: se vuelve conservadora y temerosa en el momento mismo en que debería ser revolucionaria y audaz; en consecuencia, «lo que constituye, para Alemania, un sueño utópico, no es la emancipación *general humana*; es más bien la revolución parcial, *puramente* política, que deja en pie los pilares de la casa»; en Alemania, la «emancipación universal es la *condición sine qua non* de toda emancipación parcial».[119]

Estas observaciones, basadas en la experiencia decepcionante de la alianza con la burguesía en la *Gaceta Renana*, son casi proféticas en relación con los acontecimientos de 1848-1849; Marx repetirá en la *Nueva Gaceta Renana* la experiencia de 1842; pero el comportamiento timorato, dubitativo y conciliador de la burguesía, que finalmente «traicionará» al movimiento popular, lo obligará a retomar, en 1850, las tesis de la revolución permanente de 1844; la evolución de la *Rheinische Zeitung* a *Para una crítica...* se reproducirá, de manera más intensa y más clara, en el pasaje de los temas «democráticos» de la *Neue Rheinische Zeitung* al llamado a la revolución proletaria de la *Circular* de la Liga de los Comunistas de marzo de 1850.

En suma, la revolución alemana será humana, universal —es decir, comunista: vimos el sentido de la «emancipación humana» en *Sobre la cuestión judía*— o no será. Ahora bien, una revolución como esta solo puede ser llevada a cabo por una clase que no sea una «clase particular» de la sociedad civil, sino una clase *universal*, que no tiene ningún privilegio que defender, que no tiene ninguna clase por debajo de ella: el proletariado.

Las características esenciales de la condición proletaria, las que fundan su rol emancipador, están dadas incluso como lo opuesto de las características de la burguesía:

a. El proletariado es exterior a la sociedad burguesa, es «una clase de la sociedad civil que no es una clase de la sociedad civil»;

b. Tiene un carácter universal «por sus sufrimientos universales», porque «no reivindica derecho particular» y porque no está en «oposición particular» con las consecuencias, sino en «oposición general con todas las premisas» del Estado alemán;

c. Es una clase con «cadenas radicales»; ahora bien, «una revolución radical solo puede ser la revolución de las necesidades radicales»; el proletariado es, «en una palabra, la *pérdida completa* del hombre, y solo puede reconquistarse a sí mismo a través de la *recuperación completa* del hombre».[120]

El itinerario del joven Marx alcanza su término: la filosofía crítica, al dejar de ser considerada como un objetivo en sí, se había orientado hacia la práctica; busca una base concreta, cree encontrarla en la burguesía, pero rápidamente se decepciona de esta; descubre, finalmente, en el proletariado, la clase universal emancipadora y sus armas materiales.

El ejemplo del proletariado francés fue decisivo para la última etapa: sirve de modelo para Marx, que lo «proyecta» en la realidad alemana y que cree que la revolución obrera en Francia dará la señal para el levantamiento del proletariado alemán: «El día de la resurrección alemana será anunciado por el canto estridente del gallo galo».[121]

La problemática de las relaciones entre proletariado y filosofía en *Para una crítica…* es la expresión de este itinerario, es decir, de la interpretación que un joven hegeliano da a su camino hacia el comunismo y de las relaciones generales entre el pensamiento revolucionario y las masas. Para Marx, la revolución nace en la cabeza del filósofo antes de «captar», en una segunda etapa, a las masas obreras. Olvida que no habría podido anunciar «el día de la resurrección alemana» en términos comunistas, si no hubiera oído antes el «canto del gallo galo», es decir, que ni él, ni Hess, ni Engels, ni Bakunin se habrían convertido en lo que son en 1844 si el socialismo y el movimiento obrero francés no existieran. Por lo demás, es lo que el propio Marx escribirá, algún tiempo más tarde, en *La ideología alemana*.

Frente a este pensamiento filosófico *activo*, que *capta* a las masas, *cae* como un *rayo* sobre el «ingenuo campo popular»,[122] el proletariado solo es considerado en función de sus sufrimientos y necesidades, como una «*base* material», como el «elemento *pasivo*» de la revolución, que sirve de arma material a la filosofía, que se *deja* captar y «fulminar» por el pensamiento...

Esta perspectiva y esta terminología muestran claramente en qué medida este artículo aún pertenece al universo del hegelianismo de izquierda y del «comunismo filosófico». Se trata de un escrito en el que la influencia feuerbachiana es muy sensible —y es necesario destacar esto para comprender todo el alcance político de la ruptura con Feuerbach en 1845—. Una frase clave del texto nos permite comprender el rol de esta influencia en la formulación de este tema del «proletariado pasivo»: «La filosofía es la *cabeza* de esta emancipación (del hombre); el proletariado es su *corazón*».[123]

En efecto, uno encuentra, en las *Tesis provisorias para la reforma de la filosofía* de Feuerbach (1842) —obra que había sido recibida con entusiasmo por los jóvenes hegelianos en general y por Marx en particular— toda una teoría del contraste entre la *cabeza* que es *activa*, espiritual, idealista, política, libre, y el *corazón*, que es *pasivo*, sensible, materialista, social, sufriente y «necesitado» (sometido a necesidades). Esta contradicción se convierte, en el nivel filosófico, en aquella entre la metafísica *alemana* y el materialismo *francés*; debe ser superada por una síntesis en el seno de la «filosofía nueva» de «sangre galo-germánica».[124]

¿Por qué es pasivo este corazón feuerbachiano? Esta pregunta nos permite comprender la pasividad del proletariado, corazón de la revolución, en Marx. De acuerdo con Feuerbach:

1. El corazón es la presa de las *pasiones* (*Leidenschaft*) y de los *sufrimientos* (*Leiden*), que padece de una forma *pasiva* (*Leiden*) (ya examinamos el doble sentido de este término).

2. El corazón tiene *necesidades*, es decir, depende de un ser exterior a sí mismo. Su objeto esencial, que lo define, es el otro; el ser pensante, por el contrario, se relaciona consigo mismo, es su propio objeto, tiene su esencia en sí mismo.[125]

3. El corazón es *sensible*, es decir, receptivo, contemplativo. «En la contemplación soy afectado, dominado por los objetos, soy *no yo*; en el pensamiento, por el contrario, domino los objetos, soy un yo»; Feuerbach habla incluso del «principio femenino de la contemplación sensible» frente al «principio viril del pensamiento».[126]

4. El corazón es *materialista*. Ahora bien, la determinación esencial de la materia, «que la distingue del entendimiento y de la actividad de pensamiento», es su «determinación de ser pasivo».[127]

El proletariado parisino aparece, a los ojos de Marx, a comienzos de 1844, como la expresión concreta, como la «encarnación» del compañero feuerbachiano del pensamiento filosófico alemán: el corazón «francés» y «materialista» con sus «necesidades» y su «sufrimiento», que se opone a la actividad espiritual por un atributo esencial —la *pasividad*.

Para comprender toda la significación de esta pasividad es necesario destacar que, para Feuerbach, no excluye la *práctica*, «práctica pasiva» que no podría ser confundida con la *autoactividad* —exclusividad del espíritu— porque es un simple *movimiento* material, una pura respuesta a estímulos exteriores, una reacción *egoísta* a las impresiones sensibles (placer, dolor) y a las necesidades. Por esta razón, Feuerbach escribe en la *La esencia del cristianismo* que el egoísmo es «el principio más práctico del mundo»,[128] y Marx afirma en *Sobre la cuestión judía* que «la necesidad práctica, cuya razón es el egoísmo, sigue siendo pasiva».[129]

Esta tesis feuerbachiana tiene un corolario político implícito que fue desarrollado por Ruge: lo social es egoísta y práctico, lo político es espiritual y activo. Marx ya rechazaba, en sus artículos de los *Anales Franco-Alemanes*, este corolario, pero su ruptura con Ruge aún no estaba completa porque él aceptaba sus premisas. Solo en el artículo del *Vorwärts* abandonará la idea del «proletariado pasivo». Por medio de esta ruptura definitiva con Ruge comienza, de entrada, su ajuste de cuentas con Feuerbach: algunos meses más tarde, escribirá las *XI Tesis* y *La ideología alemana*, donde superará el dilema feuerbachiano «práctica pasiva-actividad espiritual» por medio de la categoría de la *praxis revolucionaria*.

Los intérpretes modernos de este texto no son siempre conscientes de la distancia que lo separa de los escritos de 1845-1846. Ubican el gran corte entre 1843 y la publicación de los *Anales Franco-Alemanes* y dan un sentido «marxista» a los artículos de los *Anales*. Ahora bien, desde el punto vista de la teoría de la autoemancipación obrera, es más bien lo contrario: hay una cierta continuidad entre los *Manuscritos*, las cartas de 1843 y los *Anales*; el gran salto se sitúa a fines de 1844, *después* del contacto directo de Marx con el movimiento obrero —lo que nos permite explicar sociológicamente el «salto»—. Algunos ejemplos nos muestran que la interpretación que asimila *Para una crítica...* a las obras «marxistas» posteriores (*La Sagrada Familia, La ideología alemana*, etc.) termina por hacer decir a Marx *precisamente lo contrario* de lo que escribe.

Auguste Cornu, que, por lo demás, comprendió muy bien el carácter de «transición» de este artículo, escribe, no obstante, para resumir el pensamiento de Marx: «Lo que le falta a Alemania, para realizar esta revolución, es una base material, una masa revolucionaria que, *impregnándose* de la crítica radical del estado de cosas presente, ponga a esta en funcionamiento» (nuestro subrayado, ML).[130] En una nota a pie de página, A. Cornu traduce el texto del propio Marx: «...la teoría misma se transforma en fuerza material, desde el momento en que *entra* en las masas...»; la diferencia entre las dos versiones es la misma que separa al Marx de los *Anales* y al Marx posterior a 1844: para uno, la actividad está del lado de la crítica filosófica que entra en las masas, las capta; para el otro, son las masas las que, por su actividad revolucionaria, toman conciencia, se vuelven comunistas, se apropian de la teoría. El «resumen» de A. Cornu es marxista; el texto de Marx todavía no lo es.

En cuanto a Rubel, que tiene el mérito de destacar la importancia de la idea de autoemancipación en Marx, cae en la misma trampa, al querer descubrir ese concepto desde *Para una crítica...*, acerca de la que escribe:

> Lo que más impacta, en esta concepción que Marx expone del movimiento obrero, es la ausencia de cualquier alusión a un *partido político* que representaría la conciencia de clase del proletariado. Esa es una indicación preciosa para la comprensión de las ideas que Marx formulará posteriormente en relación con el partido proletario: *nunca* dirá que un partido cualquiera pueda desempeñar el rol de «cabeza» o de «cerebro» de la clase obrera, que no sería, entonces, más que el órgano de ejecución de las decisiones de una instancia soberana.[131]

Ahora bien, lo que más impacta en este comentario de Rubel es la ausencia de cualquier alusión al hecho de que, para Marx, en este artículo, hay una «instancia» que desempeña *exactamente* el «rol de cabeza y de cerebro» del proletariado: la filosofía (o los filósofos). ¿No escribe *textualmente* que la filosofía es la *cabeza* de la revolución, que esta revolución nace en el *cerebro* del filósofo y que, por medio de esta «instancia», el proletariado no es otra cosa que un «arma material», es decir, un órgano de ejecución?

Por lo demás, la analogía es notable entre los temas de *Para una crítica...* y las concepciones del más genial ideólogo de la teoría del «partido, cabeza de la clase obrera»: el Lenin de 1902-1904. Como Marx en 1844, Lenin en ¿*Qué hacer?* escribe que el socialismo nace en el cerebro de los intelectuales y debe, luego, entrar en la clase obrera por medio de una «introducción desde afuera»; el partido desempeña acá el mismo rol que los filósofos allá. Las mismas imágenes se asemejan: el «rayo» del pensamiento revolucionario se convierte, en Lenin, en el «destello»; imagen penetrante que supone un centro de energía fulgurante, que incendia a una masa inerte, la que provee la «base», la «materia» para el fuego liberador. Esta visión —que será abandonada por Marx y por Lenin, a la luz del desarrollo concreto del movimiento obrero revolucionario— es muy atractiva, porque no es enteramente falsa: solo es parcial; olvida el juego dialéctico entre la teoría y las masas: el pensamiento revolucionario coherente solo puede aparecer a partir de los problemas, aspiraciones y luchas de la propia clase. Para retomar la misma imagen, digamos que el rayo solo puede surgir del choque de nubes cargadas de tormenta...

II. LA TEORÍA DE LA REVOLUCIÓN COMUNISTA (1844-1846)

1. MARX Y EL MOVIMIENTO OBRERO (1844-1845)

La concepción tradicional de las relaciones entre la teoría de Marx y el movimiento obrero de su época es la que Karl Kautsky expuso en 1908 en su folleto *Die historische Leistung von Karl Marx* [El aporte histórico de Karl Marx]: Marx y Engels realizaron la «unión entre el socialismo y el movimiento obrero», entendiendo por «socialismo» el conjunto de las utopías elaboradas al margen de la clase obrera y por «movimiento obrero», la actividad puramente corporativa, reivindicativa, de las organizaciones obreras. Al partir de premisas como esta, Kautsky y Viktor Adler demuestran sin dificultad que «el socialismo fue introducido desde afuera en la clase obrera». Es verdad que Kautsky reconoce que entre 1840-1850 ya existían obreros socialistas, pero, observa, estos obreros no hicieron más que adoptar el socialismo burgués.[1] Ahora bien, esta no es la opinión de Engels quien, en el prefacio de 1890 al *Manifiesto*, escribía: «En 1847, socialismo era sinónimo de movimiento burgués y comunismo, de movimiento obrero»; los socialistas eran

> personas extrañas al movimiento obrero y que buscaban, por el contrario, el apoyo de las clases «cultivadas». Por el contrario, esa fracción de los obreros que, convencida de la insuficiencia de simples conmociones políticas, reclamaba una transformación fundamental de la sociedad, esa fracción tomaba entonces el nombre de comunista. [...] Y como, desde ese momento,

estimábamos muy claramente que «la emancipación de los obreros debe ser obra de la clase obrera misma», no podíamos dudar un solo instante acerca del nombre a elegir (para el *Manifiesto*).[2]

Así, de acuerdo con Engels, los rasgos decisivos del comunismo marxista —la revolución social y la autoemancipación del proletariado— no tienen como punto de partida el socialismo «burgués» sino grupos y tendencias *obreras*.

En efecto, no es entre las diversas sectas del socialismo utópico (saint-simonianos, owenistas, fourieristas, cabetistas, etc.) o entre los «socialistas de Estado» (L. Blanc), que rechazaban la idea de una revolución igualitaria y que esperaban las transformaciones sociales de la filantropía burguesa o de la intervención milagrosa de un rey, donde Marx habría podido encontrar los gérmenes de su concepción de la revolución comunista. Esta concepción no fue el producto de una «unión entre el socialismo y el movimiento obrero», sino de una *síntesis dialéctica que tiene como punto de partida las diversas experiencias del propio movimiento obrero*, en los años cuarenta. Estas experiencias no eran creadas por la influencia del socialismo «burgués», sino que derivaban sobre todo de las tradiciones y de las actividades propias de la clase obrera.

No intentaremos establecer aquí una reseña histórica del movimiento obrero de los años cuarenta, sino un cuadro esquemático de las tendencias de ese movimiento que desempeñaron el rol de «marcos sociales» para la evolución ideológica de Marx; en consecuencia, nos interesamos, sobre todo, en los grupos o movimientos que Marx conoció directa o indirectamente, tal como son descritos o defendidos en las obras de los historiadores e ideólogos que Marx leyó, segura o probablemente. Dicho de otra manera, intentaremos conocer las organizaciones e ideologías obreras *tal como Marx las vio* en 1844-1845. Como ya lo destacamos en nuestra Introducción, el marco de una doctrina política nunca está dado «en estado bruto»; lo esencial, para comprender, por ejemplo, el rol del comunismo obrero de los años 1840-1844 en la formación de la teoría marxiana de la revolución no es lo que, en 1970, se podría escribir sobre aquel comunismo, sino lo que pensaban de él hombres como Dézamy, Heine, L. von Stein, autores leídos, analizados y criticados por Marx.

a. *Las sociedades secretas comunistas en París (1840-1844)*

No queda ninguna duda de que Marx no solo conoció las sociedades secretas de obreros parisinos, sino que asistió personalmente a asambleas de artesanos comunistas. En Herr Vogt, en 1860, escribe: «Durante mi primera estancia en París, mantuve relaciones personales con los líderes parisinos de la Liga, como también con los líderes de la mayoría de las sociedades obreras secretas francesas, pero sin entrar en ninguna de esas agrupaciones».[3] Pero sus testimonios del año 1844 son mucho más precisos y muestran la impresión profunda que produjeron en él estas reuniones obreras, cuyo clima difería radicalmente del de las asambleas de los accionistas «cobardes» de la Rheinische Zeitung. En una carta a Feuerbach del 11 de agosto de 1844, Marx expresa su admiración en términos no equívocos:

> Usted tendría que haber asistido a una reunión de obreros franceses para poder darse cuenta del ardor juvenil y de la nobleza de carácter que se manifiestan en estos hombres agobiados por el trabajo [...] la historia forma entre estos «bárbaros» de nuestra sociedad civilizada el elemento práctico para la emancipación de los hombres.[4]

¿Cuál era la situación de las sociedades secretas parisinas hacia 1844? Todos los testimonios contemporáneos coinciden en señalar el año 1840 como el punto de partida de la difusión masiva del comunismo en el proletariado parisino.[5]

Las opiniones que, probablemente, atrajeron la atención de Marx son las de Heine y Lorenz von Stein, que señalaron el desarrollo del comunismo desde 1840 y su carácter de «movimiento de masas».

Heine, cuyos lazos de amistad con Marx durante su estancia parisina son conocidos, escribía, en una correspondencia para la *Gaceta de Augsburgo* del 11 de diciembre de 1841, que hay en París «400 000 puños duros que no esperan más que la consigna para realizar la idea de igualdad absoluta que se atiza en sus cabezas toscas» y que «la propaganda del comunismo posee un lenguaje que todo el pueblo comprende: los elementos de ese lenguaje universal son tan simples como el hambre, el deseo, la muerte».[6] En otra correspondencia, del 15/6/1843, ¡Heine habla incluso de los comunistas como «el único partido en Francia que merece una atención decidida»! Y agrega: «Más temprano o más tarde, toda la familia dispersa de los saint-simonianos y todo el estado mayor de los fourieristas se unirán al creciente ejército del comunismo».[7]

Lo que en Heine quedó como una intuición poética fue desarrollado, en un análisis sociológico serio, por Lorenz von Stein en su obra de 1842 *Der Socialismus und Communismus des heutigen Frankreichs* [El socialismo y el comunismo de la Francia actual]. Probablemente Marx no estudió el libro de Stein más que hacia 1844-1845: antes de esta época no se encuentra en él ninguna huella de influencia de estos temas. La primera referencia a Stein aparece en *La Sagrada Familia*; en *La ideología alemana* se hace referencia a este en varios pasajes del capítulo contra Grün; el libro de Stein aparece allí bajo una luz bastante simpática: «...Grün está muy por debajo del libro de Stein quien, al menos, intentó exponer la relación de la literatura socialista con la evolución real de la sociedad francesa».[8] En efecto, el gran mérito de Stein —que le valió críticas de los «comunistas filosóficos», como Hess— es haber mostrado el comunismo francés, no como un «principio» abstracto, sino como un movimiento histórico concreto, expresión de las aspiraciones revolucionarias de una clase nueva: el proletariado moderno, ese elemento «peligroso, tanto por su número y por su valor, del que a menudo dio prueba, como por la conciencia de su unidad y el sentimiento que tiene de que solo puede realizar sus planes por medio de la revolución».[9]

De acuerdo con Stein, después de la insurrección de 1839 de la «Sociedad de las Estaciones» (Blanqui, Barbès), absolutamente condenada por la burguesía y la «tienda de comestibles» [*épicerie*] se abre un nuevo período

> que se diferencia exteriormente de los períodos anteriores por la separación resuelta de los republicanos de todo lo que se denominaba comunismo e, interiormente, por el progreso rápido del movimiento comunista desde 1839 en todas las provincias de Francia y en todas las clases no poseedoras, mientras que antes se había encerrado en el círculo estrecho de las asociaciones; y se puede decir con razón que, si hasta esta época el comunismo aparecía en las asociaciones, actualmente las asociaciones aparecen en el comunismo. Esto da a este último la importancia efectiva que ya nadie niega. Todas las cuestiones y problemas [del comunismo, ML] ya no son tarea de una pequeña parte selecta de esta clase social, que el resto escucha con un fanatismo creciente, sino que cada uno se cree competente para pensar independientemente y tener un juicio autónomo. En todos los talleres, en todas las viviendas obreras, las ideas y teorías comunistas penetraron y la agitación del futuro es comunicada al más insignificante de entre ellos. Es como si, desde la última revuelta, el proletariado hubiera sentido que era, a partir de ahora, abandonado a sí mismo, y que debía resolver a través de una reflexión en común sus difíciles tareas.[10]

Para Stein, el primer síntoma abierto de esta evolución fue el atentado del obrero comunista Darmès contra el rey el 15 de octubre de 1840:

> Aquí las cosas se presentaban abiertamente; el germen revolucionario se había arraigado; el proletariado pensaba, el proletariado actuaba, y sin impulso, sin influencia de los demócratas o

liberales [...]. Esta entrada en escena del proletariado autónomo era considerada, hasta ese momento, como imposible, incluso por los conservadores, incluso por el gobierno [...]. Ya no era posible disimularla; en el pueblo mismo había comenzado una vida propia (*eigenthümlich*), que creaba nuevas asociaciones, que imaginaba nuevas revoluciones y que incluso osaba levantar la mano contra la vida del Rey. Darmès pertenecía a la Sociedad de los «Trabajadores Igualitarios»; esta existía, era fanática, tal vez era numerosa y poderosa.[11]

Uno ve aparecer así, en los análisis de Stein, *algunas ideas clave cuya influencia sobre el pasaje de Marx del comunismo «filosófico» al comunismo «proletario» no debe ser, de ninguna manera, subestimada: tendencia revolucionaria del proletariado, conciencia de su unidad, movimiento comunista como expresión autónoma de las masas obreras* (y no de una pequeña minoría). Estos temas estaban completamente ausentes de la literatura socialista «utópica» o «filosófica». Marx los descubrirá por su lectura del libro de Stein y *por sus contactos con las sociedades obreras*.

En efecto, las sociedades secretas de París habían pasado, a partir de 1839-1840, por transformaciones radicales, en el sentido de la elevación del nivel ideológico y de la proletarización de los cuadros. En primer lugar, es necesario, evidentemente, rechazar la presentación deformada que los informes de policía dan de las sociedades comunistas («lugar de referencia de regicidas», de «criminales», etc.). Todo un trabajo de educación política tenía lugar en las asambleas de las sociedades, por medio de la lectura, el comentario y la discusión de diarios y folletos socialistas, babouvistas, comunistas; este trabajo se transmitía en los talleres.[12]

La enorme proliferación de literatura comunista después de 1840 no se hace al margen de la clase obrera: trabajadores participan en la redacción de diarios comunistas (por ejemplo, el *Humanitaire* de 1841) y los ideólogos comunistas están en estrecho contacto con ciertas sociedades secretas obreras.[13]

Simultáneamente a este esfuerzo de autoeducación ideológica —esta «sed de saber» de los obreros comunistas que impacta a todos los observadores, empezando por el propio Marx, que la considera en varias oportunidades en *La Sagrada Familia*— se desarrolla un proceso de «proletarización» de la composición social de las sociedades secretas.[14]

No obstante, hay que observar que los «proletarios» miembros de estas sociedades secretas eran más bien oficiales artesanos que obreros industriales.[15]

En el nivel ideológico, las dos corrientes predominantes en las sociedades secretas eran el neobabouvismo (Buonarroti) y el comunismo «materialista» (Dézamy).

Marx estudió probablemente la *Conspiration pour l'Égalité* [Conspiración por la igualdad], de Buonarroti, hacia 1844; menciona a Babeuf y a Buonarroti por primera vez en *La Sagrada Familia* y en su cuaderno de notas de los años 1844-1847 encontramos esta enumeración en un esquema preparatorio para su libro: «Morelly, Mably, Babeuf, Buonarroti» junto a «Círculo social, Hébert, Leroux, Leclerc»; también en ese cuaderno, en el encabezado de una lista de libros destinados a la traducción al alemán, redactada hacia 1845, encontramos: «Buonarroti, 2B» («2 Bände», i.e.: dos volúmenes).[16]

El babouvismo llevó al siglo XIX los rasgos que Buonarroti le prestó en su escrito publicado en Bruselas en 1828; los temas centrales de esta obra, que marcaron profundamente el movimiento revolucionario antes de 1848, e incluso después (por intermedio de Blanqui), son:

a. La toma del poder por parte de la conspiración insurreccional de una sociedad secreta; el rol decisivo es acordado a la élite ilustrada de los conspiradores y la maniobra victoriosa reemplaza a la experiencia revolucionaria de las masas. Es posible que Buonarotti haya proyectado, sobre el movimiento de los Iguales, algunos rasgos de su actividad conspiradora del siglo XIX, prestándole así un carácter más «sectario» que en la realidad;[17] no obstante, es bajo esta forma que el babouvismo fue difundido en el movimiento obrero y en las sociedades secretas.

b. La necesidad de una «dictadura revolucionaria» de tipo jacobino después de la victoria de la insurrección; de acuerdo con Buonarroti:

La experiencia de la Revolución Francesa, y más particularmente los trastornos y las variaciones de la convención nacional, demostraron suficientemente, me parece, que un pueblo, cuyas opiniones se formaron bajo un régimen de desigualdad y de despotismo, es poco apropiado, al comienzo de una revolución regeneradora, para designar por medio de sus sufragios a los hombres encargados de dirigirla y de llevarla a cabo. Esta tarea difícil no puede pertenecer más que a ciudadanos sabios y valientes que, intensamente compenetrados de amor por la patria y por la humanidad, después de haber sondeado durante mucho tiempo las causas de los males públicos, se liberaron de los prejuicios y de los vicios comunes, se anticiparon a las luces de sus contemporáneos y, despreciando el oro y las grandezas vulgares, ubicaron su felicidad en volverse inmortales, asegurando el triunfo de la igualdad.[18]

Esta concepción jacobina de la dictadura tiene por presuposición filosófica la tesis de los materialistas mecanicistas del siglo XVIII, de acuerdo con la cual «las circunstancias —o la educación— forman el carácter y las opiniones de los hombres», con un corolario político implícito: las masas permanecerán corrompidas y sumergidas en el oscurantismo mientras no se hayan cambiado las circunstancias actuales, de allí la necesidad de una fuerza revolucionario *por encima* de las masas: un Legislador, un Incorruptible o, para Buonarroti, una élite de «ciudadanos sabios y valientes», que «se hayan adelantado a las luces de sus contemporáneos» y que «se hayan liberado de los prejuicios y de los vicios comunes».

La idea de la sociedad secreta y la de la dictadura de los «ciudadanos sabios» son las dos caras de la misma estructura ideológica, que se sitúa históricamente, como ya lo destacamos, entre el mito burgués del saber supremo y el proyecto de autoemancipación obrera.[19]

c. La aspiración a una revolución igualitaria, que suprima la propiedad privada y derogue el reino de los ricos. Con el desarrollo de la industria en Francia, esta aspiración evolucionó considerablemente de Babeuf a 1848: el comunismo «distribucionista» es sustituido, poco a poco, por el comunismo «comunitario», y la oposición entre «pobres» y «ricos» se convierte en la oposición entre «proletarios» y «burgueses»; en efecto, si la revolución igualitaria es el sueño secular de las masas no poseedoras desde fines de la Edad Media, solo en el siglo XIX, con la aparición del proletariado industrial, el igualitarismo se identifica enteramente con la apropiación social de los medios de producción.

La segunda corriente, que se manifestaba en las sociedades secretas y la vanguardia obrera, es la del «comunismo materialista» representado por Dézamy, Pillot, Gay, Charavay, May, etc., y que se expresaba por medio de folletos populares y por efímeros diarios acosados por la policía (*Égalitaire, Communautaire, Humanitaire, La Fraternité*).

Vimos el interés que Marx concedía, desde 1843, a Dézamy y a la tendencia que él representaba. En *La Sagrada Familia*, Dézamy y Gay son presentados como «los comunistas franceses más científicos»,[20] y en el plan para *La Sagrada Familia*, que se encuentra en el cuaderno de Marx, se hace referencia a «Dézamy, Gay» y a «Fraternité, el Égalitaire, etc., el Humanitaire, etc.»; finalmente, en la lista de libros de ese mismo cuaderno, Marx registró, después

«Buonarroti 2. B», «Dézamy Code, id. Lamennais refutado, id. L'Égalitaire 2 Hefte».[21]

La obra de Dézamy constituye un esfuerzo de superación de la oposición entre el babouvismo conspirador y la «propaganda pacífica» de Cabet. Su escrito más interesante en relación con esto es *Calumnies et politique de M. Cabet* [Calumnias y política del Sr. Cabet] (1842), citado por Marx en un artículo del 12 de enero de 1843 de la *Rheinische Zeitung*.

En este panfleto, Dézamy opone, al sueño neocristiano de una conciliación general de las clases, por medio de la «conversión» de los ricos al comunismo, que preconiza Cabet —ideología que lo acerca a los socialistas utópicos «burgueses»—, una acción *autónoma* del comunismo *proletario*: «Es un error capital creer que la colaboración de la *burguesía* sea indispensable para el triunfo de la *comunidad*»; y agrega, criticando el rechazo de Cabet de participar del banquete comunista de Belleville: «Usted se negó a participar de ese banquete. [...] Pareció desde el comienzo muy descontento con el hecho de que los proletarios se permitieran colocar solos la *bandera comunista*, sin tener en sus cabezas a algún burgués, algún nombre conocido».[22] Su preocupación principal es, contrariamente a la «fraternización entre ricos y pobres» que proponen los icarios, la consolidación de la *unidad proletaria*: «...es más necesario que nunca apresurarse a encontrar un terreno común sobre el cual pueda unirse el proletariado y formar, en primer lugar, antes de ir más allá, su propia unidad».[23]

No obstante, le queda un elemento común con Cabet: la confianza ilimitada en la propaganda: «Por esta razón no dejaré de exclamar: *"Propaganda, Propaganda, Propaganda. Verdad y Propaganda y la liberación está al final"*»;[24] retoma este tema en todas sus intervenciones, como por ejemplo el brindis del banquete de Belleville: «¡Ciudadanos!, el camino más corto para llegar a la felicidad común es la *educación igualitaria*; esa es nuestra firme convicción».[25]

Finalmente, Dézamy condena firmemente el mito del salvador y la dictadura jacobina (cuyo elogio hace Cabet, quien se cree, por lo demás, el segundo Cristo de aquella). Oponiendo a Robespierre los «doctrinarios de la igualdad real» —el Círculo Social, Chaumette, Hébert, partidarios del «materialismo y de la abolición de la propiedad»—, Dézamy destaca que «la salvación común nunca debe descansar sobre un hombre, más allá de quién sea, sino sobre un principio».[26] El libro termina con una advertencia patética (y profética...): «¡Proletarios! Os dirijo a vosotros estas reflexiones, a vosotros que ya habéis sido *traicionados, vendidos, entregados, calumniados, torturados y ridiculizados* por supuestos salvadores! ¡Si nuevamente vosotros os enfeudáis al *culto de los individuos*, temed experimentar una vez más crueles y desgarradoras desilusiones!».[27]

b. La Liga de los Justos de París

Probablemente el Dr. G. Mäurer —que vivía, como Marx y Ruge, en el número 38 de la rue Vaneau—, o el Dr. Ewerbeck introdujeron a Marx en la Liga de los Justos, cuyos principales dirigentes en París eran ellos. Los primeros contactos de Marx con los artesanos de la Liga se remontan a abril-mayo de 1844; el primer testimonio explícito data del 19 de mayo; en una carta a su madre, Ruge escribe que Marx «solo lo atrajo hacia él (a Herwegh) y a los artesanos alemanes para tener un Partido y gente a su servicio»;[28] en otra carta, del 9 de julio, a su amigo Fleischer, constata una vez más el hecho, con otra «explicación», tan «penetrante» como la primera: «Marx se lanzó al comunismo alemán desde aquí, es decir, por sociabilidad, porque es imposible que pueda encontrar su triste actividad políticamente importante».[29] En cuanto al propio Marx, el único testimonio, excepto la breve mención en *Herr Vogt*, es la carta a Feuerbach, del 11 de agosto de 1844, que nos muestra al mismo tiempo su simpatía y sus reservas hacia los artesanos comunistas de la Liga: «No debo olvidar subrayar igualmente los méritos, en el plano teórico, de los artesanos alemanes en Suiza, Londres y París. Solo el artesano alemán todavía es demasiado artesanal».[30] Finalmente, existe un informe de policía, del 1ro. de febrero de 1845, que confirma la «presencia influyente» de Marx en las asambleas de la sección parisina de la Liga.[31]

La evolución de las sociedades alemanas en París se desarrolló paralelamente a la de las asociaciones republicanas francesas, con las que estuvieron siempre en estrecho contacto.[32]

Fundada en 1836, la Liga de los Justos se convirtió muy rápidamente en una sociedad secreta de tendencia neobabouvista, con alrededor de un millar de miembros[33] y en vínculo fraterno con la sociedad de las «Estaciones» (Blanqui, Barbès, M. Bernard).[34]

Los escritos de Wilhelm Weitling son la expresión más fiel de las aspiraciones y de las tendencias ideológicas del artesanado «proletarizado» cuya vanguardia representaba la Liga.

La obra de Weitling, «primera manifestación teórica independiente del proletariado alemán», de acuerdo con Engels,[35] es ubicada por Marx, en el prefacio de los *Manuscritos de 1844*, entre los trabajos socialistas alemanes «sustanciales y originales» junto a aquellos de Hess y de Engels;[36] el interés y la admiración de Marx por esta obra son aún más evidentes en el artículo del *Vorwärts* donde se habla de las «obras geniales de Weitling», «debut literario, enorme y brillante, de los obreros alemanes», «botas de gigante del proletariado en su aurora».[37]

Weitling, sastre, era un verdadero «intelectual orgánico», un «profeta de su estamento» (*Prophet seines Standes*), como lo llamaba Feuerbach,[38] cuya obra traducía, tanto en sus intuiciones geniales como en sus limitaciones utópicas, el «universo ideológico» de los artesanos calificados alemanes de los años cuarenta. Su primer libro, *La humanidad tal como es y tal como debería ser* (1838), había sido encargado por el comité central de la Liga de los Justos, para satisfacer el deseo de sus miembros de ver demostrada la posibilidad de la comunidad de los bienes; y, en el prefacio a su segundo trabajo,

Las garantías de la armonía y de la libertad (1842), escribe: «Esta obra no es mi obra, sino nuestra obra; sin la asistencia de los otros no la habría realizado [...]. Reuní en esta obra el conjunto de las fuerzas materiales y espirituales de mis hermanos».[39]

Las garantías..., sin duda el libro más rico de Weitling, está, al mismo tiempo, cargado de realismo revolucionario e impregnado de mesianismo utópico: se sitúa, en la historia ideológica del movimiento obrero, como una etapa de transición entre el «socialismo utópico», del género de Fourier o Cabet, y el comunismo proletario; entre el llamado al zar Alejandro I y la revolución obrera autoliberadora. Su carácter contradictorio deriva de la situación en sí misma contradictoria, inestable y fluctuante del artesanado proletarizado frente a la industrialización creciente.

El «costado revolucionario» se manifiesta en los temas siguientes de *Las garantías*...:

a. El *statu quo* lleva en sí mismo las causas de su destrucción revolucionaria: «Todo lo existente lleva el germen y el elemento nutritivo de las revoluciones en sí».[40]

b. El progreso solo es posible a través de la revolución:

¿Dónde hemos visto a aquellos (que tienen la fuerza y el dinero) escuchar razones? Preguntadle a la Historia, si tenéis dudas... Inglaterra, Francia, Suiza, América, España, Suecia, Noruega, Holanda, Bélgica, Grecia, Turquía, Haití y todas las naciones deben cualquier ampliación de su libertad política a la revolución.[41]

c. La revolución debería ser social, y no política, porque está basada en los intereses de las masas:

Algunos políticos filisteos afirman: antes se debería hacer... una revolución política... Respondo: si debemos sacrificarnos, es más conveniente hacerlo por aquello que es más necesario, para nosotros y para la sociedad. [...] Él (el campesino alemán) apenas sabe qué es una República. [...] Si ve que se trata de sus intereses, puede ser ganado para el movimiento. Solo por el interés podemos ganar a las masas populares.⁴²

En consecuencia, el pueblo, una vez que ha triunfado, querrá ir hasta el final y no se detendrá a mitad de camino: «Imaginad la situación de las clases de todos los países tan miserable como en Inglaterra; imaginad que una revolución social estalla en esta situación; ¿se satisfará el pueblo vencedor con medidas progresivas?⁴³ Finalmente, la revolución social que se acerca será de un «género mixto»: utilizará la violencia física y la «violencia espiritual», y será la «última tormenta» revolucionaria de Europa.⁴⁴

El tema que establece el vínculo entre la perspectiva revolucionaria y la tendencia utópica, y que da al conjunto, de esta manera, una cierta coherencia, es de origen jacobino-babouvista:

> Querer esperar, hasta que todos estén suficientemente iluminados (*aufgeklärt*), como se prescribe habitualmente, significaría abandonar por completo la cuestión; porque un pueblo nunca gozará, en su conjunto, de iguales luces, al menos mientras la desigualdad y la lucha de los intereses privados en la sociedad sigan existiendo.⁴⁵

No se trata más que de una variación del viejo tema del «oscurantismo del pueblo» que solo podrá ser iluminado luego de la instalación del régimen igualitario. Esta ideología se opone de manera intransigente al comunismo icario, *pero tanto uno como otro tienen la misma concepción de las «luces», heredada del siglo* XVIII: *la «educación del pueblo» como un aprendizaje teórico y pasivo.* Buonarroti y Weitling niegan la posibilidad de iluminar al pueblo a través de una «educación» como esta, en el seno del régimen existente; Cabet tiene una confianza ciega en la «propaganda pacífica», pero para todos la «*luz*» es concebida como el producto de una «enseñanza» y no de una toma de conciencia fundada en la praxis.

Como la revolución no constituye la conducta del proletariado consciente, el camino está abierto a todas las especulaciones jacobinas o mesiánicas. En primer lugar, Weitling compara al pueblo, en una situación revolucionaria, con una «máquina» que un «amo» debe «poner en movimiento hábilmente», y establece un paralelo entre «el Dictador, que organiza a los obreros» y «el Duque, que dirige a su ejército».[46] En el fondo, ¿por qué no será la revolución la obra de un monarca? Weitling considera que un acontecimiento como este no es para nada imposible e invoca un ejemplo histórico para apoyar esta posibilidad: «En Esparta fueron los reyes los que dos veces introdujeron la comunidad de los bienes. ¿En 3000 años no se encontrará a nadie que siga sus pasos?».[47]

Finalmente, en *Las garantías...* se vuelven a encontrar todos los sueños mesiánicos del socialismo utópico, toda la temática «neocristiana» de Lamennais, Cabet, Saint-Simon, etc.: «Un segundo Mesías vendrá, para llevar a cabo la enseñanza del primero. Destruirá el edificio podrido del viejo orden social, conducirá las fuentes de lágrimas hacia el mar del olvido y transformará la tierra en un paraíso».[48]

c. El cartismo

Probablemente sea en la obra de Buret, *De la misère des classes laborieuses en Angleterre et en France* [De la miseria de las clases trabajadoras en Inglaterra y Francia] (1840) —de la que se encuentran numerosos fragmentos en sus cuadernos de estudio de 1844[49]— donde Marx encontró su primera fuente de información sobre el cartismo. Pero, evidentemente, es el trabajo de Engels sobre la *Situación de la clase obrera en Inglaterra* (1845) lo que le sirvió de punto de referencia para su reflexión sobre el movimiento obrero inglés. Ya conocía, en 1844, las ideas rectoras de ese trabajo a través de los artículos de Engels en el *Républicain Suisse*, los *Anales Franco-Alemanes* y el *Vorwärts*; no obstante, solo hacia julio-agosto de 1845, durante su primera estancia en Inglaterra, tendrá la posibilidad de establecer un contacto directo con los dirigentes de la «izquierda cartista» (Harney, Jones).⁵⁰ Las referencias al partido cartista y a las revoluciones cartistas son frecuentes en *La ideología alemana* —es decir, después de esa estancia— como ejemplo concreto de movimiento obrero de masas, que se opone a las elucubraciones vacías del «espíritu crítico».

El cuaderno (inédito) de Marx que contiene los fragmentos de Eugène Buret —que se encuentra en el *Marx-Engels Archief* del Instituto de historia social de Ámsterdam— fue redactado en el 1845 en Bruselas; sobre todo tiene textos de Buret sobre las profundas conmociones de las relaciones sociales provocadas por la revolución industrial: «En el sistema industrial actual, no existe ninguna especie de vínculo moral entre el amo y el obrero, y estos dos agentes de la producción son completamente extraños el uno respecto del otro como *hombres* (subrayado por Marx)»; la máquina «divide a la población que converge en la producción en dos clases distintas, con intereses opuestos: la clase de los capitalistas, propietarios de los instrumentos de trabajo, y la clase de los trabajadores asalariados»; estos agentes de la producción «no están separados, aislados uno del otro, no son desconocidos, indiferentes uno respecto del otro, enemigos?»; en consecuencia, «reina entre los obreros y los empresarios una hostilidad sorda que estalla en la más simple ocasión, y cada vez con una violencia redoblada».⁵¹ Los pasajes sobre el cartismo (leídos pero no transcriptos por Marx) muestran que Buret reconoce en la lucha de clases —que denomina «guerra social»—, en la tendencia revolucionaria del proletariado y en el movimiento cartista, los productos necesarios del desarrollo industrial.⁵² En otro cuaderno de Marx, de la misma época, aparecen fragmentos del libro de Carlyle, *Chartism* [Cartismo] (1840), en los cuales aparecen los mismos temas: nuevas relaciones sociales engendradas por la industria, revuelta obrera contra el mecanismo económico ciego, carácter «catastrófico» de los futuros alzamientos obreros:

¿Cómo está (el obrero) unido a su empleador: por vínculos de amistad y de ayuda mutua; o por la hostilidad, la oposición y cadenas de pura necesidad mutua?

Si los hombres perdieron la fe en un Dios, su único recurso contra un NoDios ciego, de Necesidad y de Mecanismo, que los dominaría como una horrible Máquina-de-vapor-mundial, aprisionada en su propio vientre de hierro, sería, con o sin esperanza, *la revuelta*.

Los conversadores hablan y debaten cada uno para sí; la gran clase muda y profundamente sepultada yace como un Encélado que, en su pena, si se queja, ¡deberá producir terremotos![53]

También Engels muestra la relación entre los progresos de la industria y los de la conciencia de clase del proletariado inglés.[54]

Esboza en su libro de 1845 un cuadro histórico de la evolución del cartismo: su origen en el partido democrático de los años 1780-1790, convertido, después de la paz, en el partido radical; la redacción, en 1835, de la Carta del Pueblo, por parte del comité de la Asociación general de los trabajadores de Londres (William Lovett), cuyos seis puntos, «que parecen inofensivos, son suficientes para derribar toda la constitución inglesa»; las grandes huelgas insurreccionales de 1839 en el País de Gales, donde los cartistas hicieron revivir la vieja idea del «mes sagrado» y de la huelga general; la huelga de 1842, traicionada por la burguesía, que tuvo como consecuencia la separación decisiva entre el proletariado cartista y el radicalismo burgués en el congreso de Birmingham[55] (1843), huelga de masas que hace decir a Heine, en 1842, que la unión entre los cartistas y los obreros de fábrica «tal vez era el más importante fenómeno de los tiempos presentes».[56]

Engels cree que el acercamiento entre cartismo y socialismo será inevitable, «particularmente cuando la próxima crisis dirija a las trabajadores, urgidos por la miseria, hacia remedios sociales y no políticos»; pero critica severamente a los socialistas owenistas, por su dogmatismo, sus tendencias abstractas y metafísicas, sus ilusiones filantrópicas y «pacifistas», y prevé que un socialismo de estas características «nunca podrá convertirse en la fe común de la clase obrera»; el futuro pertenece, por el contrario, al «verdadero socialismo proletario desarrollado a través del cartismo, purificado de sus elementos burgueses, que asume la forma que alcanzó en el espíritu de sus muchos dirigentes socialistas y cartistas (que son casi todos socialistas)»; los socialistas owenistas «son originarios de la burguesía y, por esta razón, incapaces de fundirse completamente con la clase obrera. La unión del socialismo con el cartismo, la reproducción del comunismo francés bajo una forma inglesa, será el próximo paso, y ya comenzó».[57]

Esta observación nos demuestra que Engels concibe el futuro «socialismo» en términos comparables al comunismo francés tal como lo había visto L. von Stein, es decir, como movimiento de masas, con base obrera y programa socialista, cualitativamente diferente de las sectas utópicas de origen burgués. Los análisis de Engels sobre el movimiento proletario inglés van, de esta manera, en la misma dirección que las de Stein sobre Francia; probablemente, los dos orientaron la obra de Marx en el mismo sentido, a saber: *el movimiento comunista considerado como expresión autónoma de las masas obreras.*

Por más que sus teorías no puedan ser consideradas como una ideología particular del cartismo, es sin duda a partir de este movimiento y de los ensayos de reforma de la asociación de oficiales artesanos[58] en Francia que Flora Tristán desarrolló sus concepciones de la autoorganización y de la autoemancipación de los obreros.

Es durante su cuarto viaje a Inglaterra, en 1839, que Flora Tristán descubre el cartismo, del que realiza un entusiasta retrato en sus *Promenades dans Londres* [Paseos por Londres][59] (1840). Comprendió notablemente el carácter esencialmente social del cartismo, y su naturaleza de organización proletaria de masas, no solo opuesta a la aristocracia, sino también «a los privilegios mercantiles», y a los

tenderos. Por lo demás, escribe, en ese mismo libro, que «la gran lucha, la que está llamada a transformar la organización social, es la lucha entablada, por una parte, entre los propietarios y capitalistas que reúnen todo, riqueza y poder político [...] y, por otra, los obreros de las ciudades y de las campiñas que no tienen nada, ni tierras, ni capitales, ni poderes políticos».[60] Ella se inspirará más bien sobre la experiencia «organizacional» del cartismo antes que sobre su programa «político» para su *Union ouvrière* [Unión obrera].
Los dos temas centrales de la *Union ouvrière* son:

1. La unificación del proletariado; Flora Tristán comienza con una crítica radical de las asociaciones artesanales (asociación de oficiales artesanos, mutuales, etc.) — crítica que se inspira en los «reformadores» como Perdiguier, Moreau, Gosset, pero que los supera ampliamente —,[61] «*sociedades particulares, cuyo único objetivo es aliviar los sufrimientos individuales*», sociedades que «no pueden (y no tienen la pretensión de) cambiar en nada, ni siquiera incluso mejorar, la *posición material y moral de la clase obrera*»; crítica también del corporativismo, «esa organización bastarda, mezquina, egoísta, absurda, que divide a la clase obrera en una multitud de pequeñas sociedades particulares [...], ese sistema de división que diezma a los obreros».[62] A esta división de los proletarios, «causa verdadera de sus males», Flora Tristán opone la UNIÓN OBRERA, cuyo objetivo esencial es «constituir la UNIDAD compacta, indisoluble, de la CLASE OBRERA»: «Obreros, vosotros lo veis, si queréis salvaros, solo tenéis un medio: debéis UNIROS»; «Obreros, dejad a un lado todas vuestras pequeñas rivalidades y formad, al margen de vuestras asociaciones particulares, una UNIÓN compacta, sólida, indisoluble».[63]

2. La autoemancipación del proletariado. En primer lugar, Flora la deduce de una comparación entre la revolución burguesa del 89 y la emancipación futura del proletariado: «En verdad, si los burgueses eran "la cabeza", tenían como "brazo" al pueblo, al que sabían utilizar hábilmente. En cuanto a vosotros, proletarios, no tenéis a nadie que os ayude. Es necesario, entonces, que seáis, a la vez, "la cabeza" y "el brazo"».

Hace que se derive también de la indiferencia del poder por la suerte de los trabajadores:

> Obreros, dejad de esperar durante más tiempo la intervención que se exige para vosotros desde hace veinticinco años. La experiencia y los hechos os dicen suficientemente que el gobierno *no puede* o *no quiere* ocuparse de vuestra suerte cuando se trata de mejorarla. Solo de vosotros depende salir, si lo queréis firmemente, del dédalo de miserias, dolores y sumisión en el que languidecéis.[64]

L. von Stein resume en una fórmula clara y concisa la importancia de la obra de Flora Tristán:

> Es en ella, tal vez, que se manifiesta con más fuerza que en los otros reformadores la conciencia de que la clase obrera es un todo, y que debe hacerse conocer como un todo, actuar solidariamente, y con una voluntad y fuerzas comunes, de acuerdo con un objetivo común, si quiere salir de su condición.[65]

Engels, que leyó la *Union ouvrière* en 1844, defiende a Flora Tristán de los ataques de la «crítica crítica», que la trata de «canalla», en un corto pasaje de *La Sagrada Familia*.[66]

d. La revuelta de los tejedores silesianos

No se trata aquí de una organización o de una ideología, sino de un acontecimiento histórico preciso: la insurrección de los tejedores de junio de 1844 en Silesia, acontecimiento que para Marx desempeñó un rol de «catalizador», de conmoción teórico-práctica, de demostración concreta y violenta de lo que ya se desprendía de sus lecturas y contactos parisinos: la tendencia potencialmente revolucionaria del proletariado.

Para algunos autores, entre los que se encuentran Nikolaievski y Maenchen-Helfen, Marx habría

> sobreestimado la revuelta desesperada de los tejedores silesianos. [...] No eran obreros de la industria que se alzaban contra capitalistas de la industria, sino artesanos miserables, que trabajaban a domicilio, los cuales habían roto máquinas, como había ocurrido en Inglaterra medio siglo antes.[67]

En primer lugar, como lo destacaba Marx en *El capital*, «esta denominada industria doméstica moderna solo tiene en común con la antigua el nombre», dado que «ahora se convirtió en una *prolongación de la fábrica, de la manufactura o del bazar*»; este denominado *trabajo a domicilio* solo es una forma de explotación «incluso más descarada que la *manufactura*».[68]

Pero basta con un análisis somero de los acontecimientos para mostrar que efectivamente se trataba de un conflicto entre *proletarios y capitalistas* y no de un movimiento «ludista» de artesanos contra las máquinas.[69] Es contra los *burgueses* y no contra las *máquinas* que se hizo el levantamiento; por otra parte, las repercusiones del acontecimiento en toda Silesia, Bohemia, en Praga e incluso en Berlín, donde se sucedieron huelgas y motines obreros durante junio, julio y agosto de 1844, indican que no se trataba de un simple acontecimiento local, sino de la manifestación explosiva de un sentimiento generalizado, de allí la aprehensión de la burguesía alemana, que empieza a constituir por todas partes «asociaciones para el bienestar de la clase obrera»...

Entre los demócratas alemanes de París eran reconocidos la importancia y el «radicalismo» de la insurrección; el *Vorwärts* publicaba el 6 de julio la siguiente nota (que fue, probablemente, una de las fuentes de información de Marx):

> Entonces, en junio de 1844, en Peterswalden y Langebielau en Silesia, un día se levantaron cinco mil tejedores, que llevaban palos, cuchillos, piedras en sus delgados puños; ¡y libraron una batalla valiente contra algunos batallones de soldados! Y saquearon los palacios de los príncipes de la fábrica y destruyeron los libros de deudas y las letras de crédito; pero no robaron, ni cometieron ningún fraude [...]. En una palabra: *por primera vez sobre el suelo de la patria alemana, en esta Silesia habitualmente tan tranquila, apareció un signo precursor de la transformación social, que dirige al mundo, irresistiblemente, hacia el desarrollo superior de la humanidad*.[70]

El 10 de julio, Heine publicaba, también en el *Vorwärts*, su poema «Los pobres tejedores», donde describe a los obreros cuando tejen la mortaja de la vieja Alemania y maldicen al falso Dios, al Rey de los ricos y la falsa patria. El 13 de julio, nueva nota en el *Vorwärts*, donde el levantamiento de los tejedores es designado como «el grito del gallo que anuncia la llegada del nuevo mundo». Finalmente, el propio Ruge, que despreció tanto la insurrección, habla, en una carta a su amigo Stahr, del 19 de julio, de los «*motines comunistas* de Silesia».[71]

Un testimonio enviado por un corresponsal del *Vorwärts*[72] en Silesia confirma tanto el alto nivel de conciencia de ciertas capas del proletariado alemán, su solidaridad con los tejedores como la posibilidad de generalización del conflicto, si los rebeldes hubieran resistido aún algún tiempo.[73]

e. La síntesis teórica de Marx

Es la insurrección de los tejedores lo que, de cierta manera, «desencadenó» en Marx el proceso de elaboración teórica que culminó, en 1846, en la ruptura definitiva con todas las implicaciones del neohegelianismo, incluido Feuerbach. En el curso de este proceso se desarrolla progresivamente, en sus diversos aspectos, la concepción marxista del movimiento revolucionario comunista.

Esta elaboración no se hace *ex nihilo*; parte de las tendencias reales del movimiento obrero europeo y de sus expresiones ideológicas. Pero también parte de un análisis científico y crítico de la sociedad burguesa y de la condición proletaria, análisis que saca partido (al criticarlos) de los datos de la ciencia y de la filosofía contemporáneas: la economía política clásica, la «sociología» de los socialistas utópicos, la dialéctica hegeliana.

La síntesis dialéctica, la superación de los elementos fragmentarios, dispersos, parciales, de las diversas experiencias e ideologías del movimiento obrero, y la producción de una teoría coherente, racional y adecuada a la situación del proletariado, Marx las lleva a cabo a través de:

a. La superación de las limitaciones de carácter social (artesanal, pequeñoburgués), nacional o teórico de esas experiencias e ideologías;

b. Su confrontación con la realidad socioeconómica del capitalismo y de la sociedad burguesa.

En este proceso de «conservación y superación», las tendencias que constituyen el punto de partido histórico y concreto son múltiples: la tradición revolucionaria del babouvismo, el «comunismo materialista» de los años cuarenta (Dézamy), el esfuerzo de autoorganización y de autoemancipación obrera (cartismo, F. Tristán), la praxis de la acción revolucionaria de masas (motines cartistas, insurrección de los tejedores silesianos).

Pero la síntesis solo puede operarse a través de la superación del materialismo mecanicista, de la herencia artesanal, de los hábitos conspirativos, de las tendencias jacobinas o mesiánicas, de la confusión con el radicalismo pequeñoburgués; finalmente, de todos los rasgos heredados del pasado o de la ideología burguesa, inadecuados para la condición proletaria.

Agreguemos a esto que la teoría de Marx era, en gran medida, anticipatoria, dados:

a. El carácter atrasado de la economía europea y el predominio de los oficios artesanales en las masas trabajadoras;

b. La debilidad del movimiento obrero, su inmadurez organizacional y teórica;

c. La relación de fuerzas entre las clases sociales, que volvía imposible una revolución proletaria victoriosa.

2. EL CORTE: TEORÍA DE LA REVOLUCIÓN (1844-1846)

a. Los Manuscritos de 1844

En la evolución de la teoría marxiana del comunismo, los Manuscritos económico-filosóficos de 1844 representan evidentemente un «progreso» en relación con los artículos de los *Anales Franco-Alemanes*. Bajo la influencia de sus lecturas históricas y económicas y de sus primeros contactos con el movimiento obrero de París, Marx adhiere definitivamente al comunismo —los Manuscritos son el primer escrito en el que se proclama «comunista»—, abandona la temática joven hegeliana de la «filosofía activa» y esboza un análisis económico de la condición proletaria.

No obstante, el texto sigue siendo bastante «feuerbachiano», en la medida en que el esquema de la crítica de la alienación religiosa en *La esencia del cristianismo* es aplicado a la vida económica: Dios se convierte en la propiedad privada y el ateísmo se transforma en comunismo; además, ese comunismo es planteado, de manera un poco abstracta, como la superación de las alienaciones, y los problemas concretos de la praxis revolucionaria casi no son tenidos en cuenta.

El proletariado es considerado, en los Manuscritos de 1844, sobre todo como «clase alienada». En primer lugar, el análisis de Marx constata una «situación de hecho», la posición paradójica de los obreros frente a los productos de su trabajo:

> Partimos de un hecho económico real.
> El obrero se vuelve tanto más pobre cuanta más riqueza produce, cuanto más crece su producción en poder y volumen. El obrero se convierte en una mercancía tanto más vil cuantas más mercancías crea. La *depreciación* del mundo de los hombres aumenta en razón directa de la *valorización* del mundo de las cosas.[74]

Para Marx, la esencia de este fenómeno es el proceso de *alienación del trabajo*:

> Este hecho no expresa más que lo siguiente: el objeto que el trabajo produce, su producto, se le enfrenta como un *ser extraño*, como una *potencia independiente* del productor. [...] La alienación del obrero en su producto no solo significa que su trabajo se convierte en un objeto, una existencia *exterior*, sino que su trabajo existe *fuera de* él, independientemente de él, extraño a él, y se convierte en una potencia autónoma respecto de él, que la vida que él le dio se opone a él, hostil y extraña.[75]

Es muy evidente que este análisis presenta la misma estructura que la crítica de la alienación religiosa de Feuerbach; por lo demás, Marx destaca constantemente el paralelo entre los dos géneros de alienación: «Ocurre lo mismo en la religión. Cuanto más pone el hombre las cosas en Dios, menos las guarda en sí mismo. El obrero pone su vida en el objeto. Pero, entonces, esta no le pertenece más;

ella pertenece al objeto».[76] Este paralelismo lo lleva incluso a ver en la propiedad privada, no la causa, sino la *consecuencia* de la alienación:

> Pero del análisis de este concepto se destaca que, si la propiedad privada aparece como la razón, la causa del trabajo alienado, ella es más bien una consecuencia de este, de la misma manera que los dioses *en el principio* no son la causa, sino el efecto de la aberración del entendimiento humano. Más tarde, esta relación se convierte en acción recíproca.[77]

Por supuesto, esta comparación tiene límites y Marx no cae en la trampa de considerar a la propiedad privada como un «efecto de la aberración del entendimiento»: «La alienación religiosa en tanto tal no ocurre más que en el ámbito de la *conciencia*, del fuero interno del hombre, pero la alienación económica es la de la *vida real* —su supresión abarca entonces ambos aspectos».[78]

En cuanto al comunismo, antes de exponer su propia concepción, Marx ajusta sus cuentas con las formas vulgares, utópicas o idealistas que florecían durante los años cuarenta.

La crítica del comunismo «vulgar» ya se encuentra en la correspondencia con Ruge; pero, en los *Manuscritos*, Marx la retoma y la desarrolla considerablemente. De acuerdo con Marx, ese comunismo no es más que una «*generalización* y una *terminación*» de la relación de propiedad privada:

> La posesión física directa es para él el único objetivo de la vida y de la existencia; la categoría de *obrero* no es suprimida, sino extendida a todos los hombres; la relación de la propiedad privada permanece como la relación de la comunidad con el mundo de las cosas. Finalmente, ese movimiento que consiste en oponer a la propiedad privada la propiedad privada general se expresa bajo esta forma bestial, que al *casamiento* (que es, sin duda, una forma de la *propiedad privada exclusiva*) se opone la *comunidad de*

mujeres, en la que la mujer se convierte, entonces, en una propiedad *colectiva y común* [...]. Este comunismo —al negar en todos lados la *personalidad* del hombre— solo es, precisamente, la expresión consecuente de la propiedad privada, que es esta negación. El deseo general y que se constituye como potencia es la forma disimulada que toma la *sed de riqueza* [...]. La idea de toda propiedad privada en tanto tal es dirigida *al menos* contra la propiedad privada *más rica*, bajo la forma de envidia y de gusto por la igualación [...]. Hasta qué punto esta abolición de la propiedad privada es una apropiación real lo prueba, precisamente, la negación abstracta de todo el mundo de la cultura y de la civilización, por medio del retorno a la simplicidad *contraria a la naturaleza* del hombre *pobre* y sin necesidad, que no solo no superó el estadio de la propiedad privada, sino que ni siquiera llegó allí.[79]

Esta crítica, que se dirige de acuerdo con todas las probabilidades, al babouvismo, permanecerá en la obra futura de Marx: de *La Sagrada Familia* al *Manifiesto*, el comunismo de Babeuf será caracterizado siempre como «vulgar». No obstante, es necesario subrayar que, en relación con los escritos posteriores, los *Manuscritos* dan una importancia desmesurada a la crítica de la «vulgaridad», actitud que se puede comparar fácilmente con la reacción de los neohegelianos o de los emigrados alemanes en relación con el comunismo francés: Feuerbach opone su comunismo «noble» al comunismo «vulgar»; Heine, a pesar de sus simpatías por los comunistas, se queja de que, «con sus manos callosas, romperán sin piedad todas las estatuas de mármol de la belleza».[80] Por el contrario, en *La ideología alemana*, Marx se burla de la crítica de los «socialistas verdaderos» contra el «comunismo vulgar»: «El comunismo francés es, es verdad, "vulgar", porque es la expresión teórica de una oposición *real* [...]. Por lo demás, todos esos señores (los "socialistas verdaderos") son de una delicadeza notable. Todo les impacta, principalmente la materia; en todas partes se quejan de vulgaridad».[81]

Por otro lado, la crítica de los *Manuscritos* se dirige también hacia lo opuesto del comunismo vulgar, el «comunismo filosófico»: «Para abolir la *idea* de la propiedad privada, el comunismo *pensado* alcanza completamente. Para abolir la propiedad privada real, es necesaria una acción comunista real». En esos textos incluso se encuentran fórmulas que ya anuncian la XI tesis sobre Feuerbach:

> Se ve cómo la solución de las oposiciones *teóricas* mismas solo es posible de una manera práctica, por la energía práctica de los hombres, y que su solución no es entonces, de ninguna manera, solo tarea de la conciencia, sino una tarea vital *real* que la *filosofía* no pudo resolver porque la concibió, precisamente, como una tarea *solo* teórica...[82]

Finalmente, Marx se ubica en oposición al comunismo utópico de Cabet, Villegardelle, etc., que «busca para él una prueba *histórica* en formaciones históricas aisladas que se oponen a la propiedad privada». Para Marx, por el contrario, el comunismo se basa precisamente en las contradicciones del régimen de la propiedad privada misma: «Si todo el movimiento revolucionario encuentra su base, tanto empírica como teórica, en el movimiento de la *propiedad privada*, de la economía, uno comprende fácilmente su necesidad».[83]

Después de haber separado su comunismo de las formas vulgares, idealistas y utópicas, Marx lo define, en un párrafo célebre, como la

> *apropiación* real de la esencia *humana* por el hombre y para el hombre; entonces, retorno total del hombre para sí en tanto hombre *social*, es decir, humano; retorno consciente y que se operó conservando toda la riqueza del desarrollo anterior. [...]; es la *verdadera* solución del antagonismo entre el hombre y la naturaleza, entre el hombre y el hombre, la verdadera solución de la lucha entre existencia y esencia, entre objetivación y afirmación de sí, entre libertad y necesidad, entre individuo y género. Es el enigma resuelto de la historia y se sabe como esta solución.[84]

El paralelo entre la alienación religiosa y la alienación del trabajo, entre Dios y la propiedad privada, se establece ahora en el nivel de la «desalienación», entre el ateísmo y el comunismo. En primer lugar, Marx supone una continuidad histórica entre los dos movimientos: «El comunismo comienza inmediatamente (Owen) con el ateísmo».[85] Luego, los identifica por su carácter «filantrópico» —término probablemente tomado en el sentido etimológico de la palabra, como el equivalente de «humanismo»—. Este «filantropismo» es abstracto para el primero; práctico para el segundo: «La filantropía del ateísmo al comienzo no es, en consecuencia, más que una filantropía *filosófica* abstracta; la del comunismo es inmediatamente real y directamente orientada hacia la *acción (Wirkung)*».[86] Finalmente, los considera como dos formas del humanismo que se realizan por la negación de la negación, por una «mediación»: «El ateísmo es el humanismo vuelto a llevar a sí mismo por el término medio de la supresión de la religión; el comunismo es el humanismo llevado a sí mismo por el de la abolición de la propiedad privada».[87]

Frente a estas formas «mediatizadas», Marx sugiere un nivel superior, el «humanismo positivo»: «Solo a través de la supresión de ese término medio —que es, no obstante, una condición previa necesaria— nace el humanismo que parte positivamente de sí mismo, el humanismo *positivo*». Este humanismo aparece así como un «más allá» del comunismo, el cual todavía es «la negación de la negación, la apropiación de la esencia humana que tiene como término medio con sí misma la negación de la propiedad privada» y que «no plantea aún lo positivo de *manera verdadera*, partiendo de sí mismo, sino partiendo, por el contrario, de la propiedad privada».[88] Estas consideraciones son, sin ninguna duda, de inspiración feuerbachiana; en efecto, Marx cita, entre los grandes méritos de Feuerbach, el de haber opuesto, «a la negación de la negación que pretende ser lo positivo absoluto, lo positivo fundado positivamente sobre sí mismo y que se apoya en sí mismo», y destaca que, para Feuerbach, la afirmación positiva y la confirmación de sí, que está implicada en la negación de la negación, es concebida como aún no segura de sí misma, afectada, entonces, por su contrario; como vacilante respecto de sí misma, con necesidad, entonces, de prueba; como con la carencia de probarse ella misma por su existencia; como no confesada, y le opone directamente, entonces, y sin mediación, la afirmación positiva fundada sobre sí misma de la certidumbre sensible.[89]

Marx no hace aquí más que desarrollar el pensamiento de Feuerbach, que escribe en los *Principios de la filosofía del futuro*: «La verdad que se *mediatiza* es la verdad todavía *manchada con su contrario*. Se empieza por el contrario; pero luego se lo suprime. Pero, si es necesario suprimirlo y negarlo, ¿por qué empezar por él, en lugar de empezar inmediatamente por su negación?».[90]

Es a partir de este concepto de «humanismo positivo» que se puede comprender uno de los temas de los *Manuscritos*, dejado de lado por la mayoría de sus (numerosos) exegetas: las «limitaciones» del comunismo y su «superación» —concepto y tema que serán resueltamente abandonados por Marx en sus escritos posteriores—. En los *Manuscritos*, Marx parece no considerar al comunismo más que como el «momento revolucionario», más allá del cual se sitúa la «verdadera sociedad humana»:

> El comunismo plantea lo positivo como negación de la negación; es, entonces, el momento real de la emancipación y de la recuperación de sí del hombre, el momento necesario para el desarrollo futuro de la historia. El *comunismo* es la forma necesaria y el principio energético del futuro cercano, pero el comunismo no es, en tanto tal, el objetivo del desarrollo humano —la forma de la sociedad humana.[91]

Habla incluso de la «autoabolición» del comunismo y de su «superación» por la conciencia:

Para abolir la propiedad privada real, es necesaria una acción comunista real. La historia la aportará y ese movimiento, del que ya sabemos *en el pensamiento* que se anula a sí mismo (*sich selbst aufhebende*), pasará en la realidad por un proceso muy duro y extenso. Pero debemos considerar como un progreso real que, a primera vista, hayamos adquirido una conciencia tanto de la limitación como del objetivo del movimiento histórico, y una conciencia que lo supera.[92]

En definitiva, los *Manuscritos* casi no se ocupan del problema de las relaciones entre los obreros y el comunismo, ni del de la revolución emancipadora —excepto bajo el ángulo abstracto de las relaciones proletariado-clase alienada, comunismo-movimiento de desalienación.

Una sola vez se habla de *obreros comunistas*: en el célebre párrafo que describe las reuniones de proletarios franceses:

> Cuando los *obreros* comunistas se reúnen, su objetivo es, en primer lugar, la doctrina, la propaganda, etc. Pero, al mismo tiempo, se apropian de esta manera de una necesidad nueva, la necesidad de la sociedad, y lo que parece el medio se convierte en el objetivo. Se pueden observar los más brillantes resultados de este movimiento práctico cuando uno ve reunidos a obreros socialistas franceses. Fumar, beber, comer, etc., ya no son, allí, pretextos de reunión o medios de unión. La asamblea, la asociación, la conversación que, a su vez, tiene a la sociedad como objetivo les alcanzan; la fraternidad humana no es en ellos una frase vacía, sino una verdad, y la nobleza de la humanidad brilla sobre esas figuras endurecidas por el trabajo.[93]

Esta observación se inspira directamente en... Hegel, que escribía en la *Filosofía del Derecho*: «La asociación en tanto tal es en sí misma el verdadero contenido y el verdadero objetivo, y el destino de los individuos es llevar una vida colectiva».[94] Pero también muestra que, a partir de sus primeros contactos con el movimiento obrero comunista de París, Marx ve en el proletariado la esfera que —de manera opuesta a la burguesía consagrada al individualismo atomístico de los intereses privados— tiende hacia la solidaridad y la asociación, es decir, la clase que ya realiza en germen el modelo de la sociedad futura.

b. «El rey de Prusia y la reforma social» (Vorwärts)

La importancia de las Glosas marginales sobre el artículo «El rey de Prusia y la reforma social, por un prusiano», publicadas por Marx en agosto de 1844 en el diario Vorwärts de París, fue, en general, singularmente ignorada por los «marxólogos». Algunos de ellos (Nikolaievski y Maenchen-Helfen, Mehring) incluso dan la razón a Ruge, en su juicio negativo sobre el levantamiento obrero de Silesia. Ahora bien, en relación con la teoría de la revolución (e incluso desde el punto de vista de la evolución ideológica global de Marx), este artículo presenta una significación crucial: es el punto de partida del itinerario intelectual que lleva a las Tesis sobre Feuerbach y a La ideología alemana. Abre, para decirlo de esa manera, una nueva fase en el movimiento del pensamiento de Marx, fase en la que se constituye su teoría de la autoemancipación revolucionaria del proletariado.

El acontecimiento que «desencadenó» este proceso es, como ya lo señalamos, el levantamiento de los tejedores silesianos. Para comprender la importancia que tenía esta revuelta para Marx, hay que tomar en consideración, no solo las agitaciones que había provocado en Alemania —en la clase obrera, en la burguesía e incluso en el Rey—, sino también la confirmación estridente que aportaba a las tesis de «revolución permanente» de los Anales Franco-Alemanes. En efecto, solo algunos meses después de que Marx hubiera previsto —a partir de un razonamiento más bien abstracto y desmentido por todas las apariencias (ausencia de movimiento obrero en Alemania)— que el proletariado era la única clase revolucionaria de Alemania, un levantamiento tenía lugar, que marcaba la entrada en escena de la historia de la clase obrera alemana. Lo que Georg Jung le escribía desde Colonia (carta del 26/6/1844) correspondía en el fondo a lo que Marx mismo pensaba de ese acontecimiento:

> Los disturbios en Silesia seguramente lo sorprendieron tanto como a nosotros. Son un testimonio estridente de la exactitud de su construcción del presente y del futuro alemanes en *Para una crítica de la Filosofía del Derecho*, en los *Anales*. [...] lo que hace algunos meses era en usted una construcción audaz y completamente nueva se convirtió en algo casi tan evidente como un lugar común.[95]

Se comprende ahora el entusiasmo con el que Marx saludó el movimiento de los tejedores, cuyo carácter «teórico y consciente» destaca con insistencia:

> Que uno se acuerde en primer lugar de la *canción de los tejedores*, ese audaz grito de guerra, donde ni siquiera se hace mención al hogar, a la fábrica, al distrito, sino donde el proletariado clama inmediatamente, de manera brutal, impactante, violenta y tajante, su oposición a la sociedad. La revuelta silesiana *comienza* precisamente por aquello que marca el fin de las insurrecciones obreras inglesas y francesas, la conciencia de la esencia del proletariado. Incluso la acción tiene ese carácter *reflexivo*. No se destruyen solo las máquinas sino también los *libros de comercio*, los títulos de propiedad; y mientras que todos los otros movimientos solo son, en primer lugar, dirigidos contra el *patrón industrial*, el enemigo visible, este movimiento también apunta al banquero, el enemigo oculto. Por último, ningún levantamiento obrero inglés fue conducido con tanta valentía, superioridad y resistencia.[96]

Ya sea que este cuadro sea verídico o exagerado, nuestro estudio somero de los acontecimientos (cf. pp. 115 a 116) parece justificar, más bien, las observaciones de Marx, excepto en lo que se refiere a la superioridad en relación con los levantamientos franceses e ingleses —que es, evidentemente, discutible—; lo esencial es que, para Marx, la revuelta de los tejedores significó la confirmación total de las tesis de *Para una crítica de la Filosofía del Derecho de Hegel. Introducción*, con una excepción: el esquema «pensamiento activo-proletariado pasivo»... En consecuencia, el artículo del *Vorwärts* retoma esas tesis a la luz de los disturbios silesianos, pero, por el contrario, *abandona el esquema feuerbachiano*.

En primer lugar, Marx compara la audacia revolucionaria del proletariado con la *pasividad* de la burguesía liberal —el tema es el mismo que en los *Anales*, pero la calificación como «pasiva» queda reservada aquí a la burguesía—. En respuesta a Ruge, de acuerdo con quien, «como no fueron necesarias más que unas pocas tropas para terminar con los tejedores, la demolición de las fábricas y de las máquinas no inspira el menor "terror" al rey y a las autoridades»,[97] Marx pregunta:

> En un país en el que no hubo necesidad de ningún soldado para aniquilar los deseos de Constitución y de libertad de prensa de *toda* la burguesía liberal; en un país donde la obediencia pasiva está al orden del día; en un país como ese, el empleo impuesto de la fuerza armada contra débiles tejedores ¿no sería un *acontecimiento*, un acontecimiento *aterrador*? Y los débiles tejedores salen vencedores del primer encuentro. Solo fueron derrotados porque, después, las tropas habían recibido refuerzos.[98]

La revuelta de los tejedores muestra incluso que «la tensión y la dificultad de las relaciones entre el proletariado y la burguesía terminan acrecentando el servilismo y la impotencia de esta última».[99] La conclusión confirma claramente la de *Para una crítica de la Filosofía del Derecho de Hegel. Introducción* (excepto, una vez más, en cuanto al rol de la teoría: «Así como la impotencia de la burguesía alemana es la impotencia política de Alemania, las disposiciones del proletariado alemán —incluso haciendo abstracción de la teoría *alemana*— son las *disposiciones sociales* de Alemania»).[100] Por lo demás, el propio Marx remite al lector a su artículo de los *Anales*: «Los primeros elementos para la inteligencia de ese fenómeno los encontrará en mi *Para una crítica de la Filosofía del Derecho de Hegel. Introducción (Anales Franco-Alemanes)*».[101]

Para Ruge, el levantamiento silesiano fracasó porque «toda la cuestión aún no fue vivificada por el alma política que penetra todo»[102] (posición estrictamente hegeliana, que también era la de Marx en 1842). Marx, por el contrario, explica el fracaso de las primeras explosiones del proletariado francés por sus ilusiones políticas, por su «razón (*Verstand*) política», que, en los obreros de Lyon, por ejemplo, «falseaba la conciencia de su verdadero objetivo y contradecía su instinto social».[103] Se introduce así en otro tema de los *Anales*: la superioridad de la revolución social sobre la revolución política. Marx demuestra aquí, en contra de Ruge, la imposibilidad de cualquier solución política para los problemas sociales; emplea el ejemplo histórico de los fracasos de todas las medidas «políticas», las de la Convención, de Napoleón, así como las del Estado inglés contra la miseria.[104] Del mismo modo, mientras que, para Ruge, el motín de los tejedores era un acontecimiento local, parcial, «aislado de la colectividad» y de los «principios sociales»,[105] Marx, al desarrollar premisas ya expuestas en *Sobre la cuestión judía* —carácter «humano», universal de los movimientos sociales, y parcial, limitado, de las revoluciones políticas— afirma aquí que, «por más parcial que sea el motín *industrial*, no dejará de encerrar un alma *universal*. Por más universal que sea el motín *político*, no dejará de esconder, bajo su apariencia *colosal*, un *espíritu estrecho*»;[106] finalmente, Ruge termina su artículo proclamando que «una revolución social sin alma política... es imposible», a lo que Marx responde calificando la revolución socialista como «revolución política con alma social»:

La *revolución* en general, es decir, el *derribamiento* del poder existente y la *desagregación* del antiguo estado de cosas es un *acto político*. Pero, sin *revolución*, el *socialismo* no podría realizarse. Tiene necesidad de ese acto *político*, en la medida en que tiene necesidad de *destrucción* y de *desagregación*. Pero, desde el momento en que comienza su *actividad organizadora* y que se manifiesta, al mismo tiempo que su *objetivo propio*, su *alma*, el socialismo se libera de su envoltura *política*.[107]

Pero, a partir de su análisis de la revuelta silesiana, Marx también llega a una *conclusión nueva* respecto de los *Anales*: descubre que las «disposiciones excelentes del proletariado alemán por el socialismo»[108] pueden manifestarse concretamente, «incluso hecha abstracción» de la filosofía, incluso sin la intervención del «destello del pensamiento» de los filósofos. Finalmente, descubre que el proletariado no es el «elemento *pasivo*» de la revolución; muy por el contrario: «Solo con el socialismo un pueblo filosófico puede encontrar su práctica (*Praxis*) adecuada; y, entonces, solo en el *proletariado* puede encontrar el elemento activo (*tätige Element*) de su liberación». Solo en esta frase se encuentran tres temas nuevos en relación con *Para una crítica de la Filosofía del Derecho de Hegel. Introducción*:

a. El pueblo y la filosofía no son más representados como dos términos separados, el segundo de los cuales «penetra» en el primero: la expresión «pueblo filosófico» traduce la superación de esta oposición;

b. El socialismo no es más representado como una teoría pura, una idea «nacida en la cabeza del filósofo», sino como una praxis;

c. El proletariado se convierte ahora, claramente, en el elemento activo de la emancipación.

Estos tres elementos ya constituyen los primeros jalones de la teoría de la autoemancipación del proletariado; conducen hacia la categoría de la *praxis revolucionaria* de las *Tesis sobre Feuerbach*. También es a la luz del levantamiento de los tejedores que Marx considera las «geniales obras de Weitling», en las que ahora ve la prueba de «la cultura de los obreros alemanes o su aptitud para cultivarse», el «comienzo literario, enorme y brillante, de los obreros alemanes», las «botas de gigante del proletariado en sus albores», y que compara con la «mediocridad tímida» de la literatura política de la burguesía alemana.[109] La idea directriz que se desprende de esto es, en el fondo, la de la tendencia potencial del proletariado hacia el socialismo. Intentamos demostrar el error de aquellos que, como Rubel, opusieron los temas de *Para una crítica...* a la teoría del partido «cerebro de la clase obrera». Ahora debemos ocuparnos de un error opuesto: Georg Mende, en su trabajo sobre la *Evolución de Karl Marx, del demócrata revolucionario al comunista*, quiere atribuir a Marx —precisamente en el momento en que este abandona su esquema del «pensamiento que comprende» al proletariado— la concepción de Kautsky (y de Lenin antes de 1905) sobre la «introducción del socialismo desde afuera en la clase obrera». Mende escribe en su análisis del artículo del *Vorwärts*:

> Otra observación se refiere al problema de la espontaneidad y de la conciencia, al problema de la necesidad de que la conciencia socialista sea introducida desde afuera en el proletariado: «es tan falso que la *miseria social* produzca la razón (*Verstand*) *política* como es verdadero que, por el contrario, el *bienestar social* produce la razón *política*. La razón *política* es espiritualista y es dada a aquel que ya posee, que está confortablemente instalado».[110]

Ahora bien, lo que Marx quiere demostrar por medio de esta observación es precisamente lo contrario, a saber: que el bienestar social de la burguesía produce la razón política (es decir, burguesa), mientras que la miseria social solo puede producir la *razón social* (es decir, el *socialismo*). Por lo demás, lo escribe claramente en el párrafo anterior a la cita: «...¿por qué nuestro anónimo no junta la razón social con la miseria social y la razón política con la miseria política, como lo pretende la simple lógica?». Y, en el párrafo siguiente, explica cómo en Lyon la razón política falseó, en los obreros, «la conciencia de su verdadero objetivo» y mintió a su «instinto social».[111] En otros términos, el «instinto» del proletariado puede llevarlo hacia el socialismo, si la «razón política» no se introduce «desde afuera» para barajar las cartas... Los errores complementarios de Rubel y Mende aportan una demostración, casi «didáctica», de la evolución profunda, del verdadero «salto cualitativo» entre el Marx de *Para una crítica...* y el del *Vorwärts*.

Esta evolución resulta incomprensible si no se toma en consideración lo que se sitúa entre febrero y agosto de 1844: el descubrimiento, por parte de Marx, del comunismo obrero de París, la revuelta de los tejedores, etc.

A partir de estos contactos con el movimiento obrero, a partir de sus estudios económicos, históricos, políticos y sociales, Marx comienza, con el artículo del *Vorwärts*, a salir del universo equívoco del «comunismo filosófico» y del «humanismo» feuerbachiano (cuya prolongación ideológica será el «socialismo verdadero»). La crítica radical y explícita de este universo será llevada a cabo en sus escritos posteriores, de *La Sagrada Familia* a *La ideología alemana*; pero las *Glosas marginales* de agosto de 1844 ya representan la ruptura implícita: basadas en un acontecimiento revolucionario real, no solo ponen en cuestión la filosofía hegeliana del Estado —lo cual ya había sido hecho en los artículos de los *Anales*—, sino también la concepción feuerbachiana de las relaciones entre la filosofía y el mundo, la teoría y la práctica. Al descubrir en el proletariado el *elemento activo* de la emancipación, Marx, sin decir una palabra de Feuerbach o de la filosofía, rompe con el esquema que aún era suyo en *Para una crítica...*: por esta toma de posición *práctica* sobre un movimiento revolucionario, el camino que lleva a las *Tesis sobre Feuerbach* está abierto.

Ruge y varios otros neohegelianos no pudieron comprender el sentido de este artículo. En una carta a Fröbel del 6 de diciembre de 1844, Ruge manifiesta su perplejidad frente al artículo de Marx, que no llega a explicar más que por «el odio y la locura» de su autor:

> Marx, a pesar de mis esfuerzos para mantener nuestras divergencias en límites convenientes, las ha llevado en todas partes hasta el exceso; desparrama injurias contra mí, en términos vulgares; finalmente, hizo imprimir su odio y su rabia sin escrúpulo, ¿y todo esto por qué? [...] por mi parte, no conozco otro motivo más que el odio y la locura de mi adversario.[112]

Ocurre lo mismo con Jung y otros jóvenes hegelianos de Colonia, que no llegan a comprender la significación ideológica de la ruptura entre Marx y Ruge y la atribuyen a razones personales. En una carta a Marx, del 19 de noviembre de 1844, Engels escribía:

> Es así, por ejemplo, que no puedo hacer comprender a Jung y a una multitud de otros que entre Ruge y nosotros hay una diferencia de principios; y siempre se imaginan que se trata únicamente de una desavenencia personal. Cuando se les dice que Ruge no es comunista, no llegan a creerlo y dicen que es siempre lamentable dejar desconsideradamente de lado ¡a una «autoridad literaria» como Ruge![113]

La razón de esta «incomprensión generalizada» se encuentra verosímilmente en el carácter «nuevo» de las *Glosas marginales*, más precisamente en el hecho de que ya se sitúan, implícitamente, por fuera del «campo ideológico» de los jóvenes hegelianos, sin que las implicancias teóricas de esta ruptura sean desarrolladas.

c. *La Sagrada Familia*

La Sagrada Familia es la primera obra común de Marx y Engels; sigue inmediatamente a su encuentro histórico en París de agosto-septiembre de 1844, encuentro en el curso del cual, como escribirá Engels en 1885, «constatamos nuestro completo acuerdo en todas las cuestiones teóricas».[114] No obstante, a pesar de este acuerdo fundamental, que sería absurdo negar, subsisten diferencias, matices específicos de cada uno, aunque más no fuera a causa del origen «inglés» del socialismo de Engels y «francés» del de Marx. Por esta razón (pero sin querer zanjar la inagotable discrepancia acerca de las relaciones entre la filosofía de Marx y el materialismo dialéctico de Engels), nos limitaremos aquí al análisis de los textos del propio Marx, en la medida en que pueden ser claramente distinguidos de los de Engels. Esta distinción es relativamente fácil en *La Sagrada Familia*, cuya parte redactada por Engels —bastante restringida— conocemos, parte en la que, por lo demás, las frecuentes referencias al cartismo dan testimonio, una vez más, del trasfondo inglés de su evolución política.

Uno de los temas centrales de *La Sagrada Familia* es la crítica radical del *Leitmotiv* de la «crítica crítica»: la oposición entre «espíritu» y «masas». El origen de esta problemática se remonta a 1842-1843, es decir, al fracaso de la prensa liberal y neohegeliana, acontecimiento que reveló el desfase entre el «pensamiento alemán» y la «realidad alemana» (es decir, de acuerdo con los jóvenes hegelianos, entre el «espíritu» y la «masa»). A partir de ese momento, se configuran tres posiciones:»

    a. La de «Bruno Bauer y consortes», para los que las «masas» eran el enemigo irreconciliable del «espíritu crítico»;

    b. La de Ruge, para quien la «educación de las masas es la realización de la teoría» y es necesario «poner a las masas en movimiento en el sentido de la teoría»;[115] una variante de esta posición era la tesis de Marx en *Para una crítica de la Filosofía del Derecho de Hegel. Introducción*: el «destello del pensamiento» sobre el «ingenuo campo popular», etc.;

c. La de Marx, desde 1846: reciprocidad dialéctica entre la teoría socialista y el proletariado revolucionario. Frente a esta última, las dos primeras posiciones tienen en común un punto decisivo: solo el espíritu es el elemento *activo* que, para Bauer, debe actuar por encima y por fuera de las masas, mientras que para Ruge y el Marx de febrero de 1844 debe «captarlas» y «ponerlas en movimiento».

Ahora bien, la crítica de Marx en *La Sagrada Familia* no solo está dirigida a la tesis de Bauer propiamente dicha, sino también a esa presuposición que era la suya a comienzos del año; en este sentido, continúa y profundiza las ideas esbozadas en el *Vorwärts* para llegar a una verdadera «autocrítica» de *Para una crítica*...

De acuerdo con Bruno Bauer, «hay que buscar en la masa al verdadero enemigo del espíritu. Todas las grandes acciones de la historia fueron, hasta aquí, anticipadamente fallidas y carentes de éxito porque la masa estaba interesada y entusiasmada por ellas».[116] Marx demuestra, en primer lugar, que esta ideología no es más que «*el acabado crítico y caricaturesco de la concepción de la historia de Hegel*», la que «supone un *espíritu abstracto o absoluto* que se desarrolla de tal manera que la humanidad no es más que una *masa* que lo lleva consciente o inconscientemente»; una concepción como esta no es más que, por su parte, «la expresión *especulativa* del dogma *germano-cristiano* de la oposición del *espíritu* y de la *materia*, de Dios y del *mundo*».[117] Luego de haber revelado, de esta manera, el «sentido *oculto*» de las teorías de Bauer, Marx orienta su crítica hacia el esquema que es su conclusión lógica —*y que no es otro que su propio esquema de febrero de 1844*—: «Está, de un lado, la masa, el elemento pasivo, sin espíritu ni historia, el elemento *material* de la historia; y, del otro lado, está el espíritu, la crítica, Bruno y compañía, el elemento activo de donde parte toda acción histórica».[118] Esta oposición se expresa también bajo otra forma: «Algunos *individuos* elegidos se oponen, en tanto espíritu activo, al resto de la humanidad considerada como la masa *sin espíritu*, la *materia*».[119] Esta ideología es la exclusividad, no solo de neohegelianos como Bauer, sino también de todos aquellos que, como los «doctrinarios» franceses (Guizot, Royer-Collard), «proclamaban la *soberanía de la razón* en oposición a la *soberanía del pueblo*»; fórmula en relación con la cual Marx destaca los vínculos con el individualismo burgués:

> Desde el momento en que la actividad de la humanidad real no es más que la actividad de una masa de individuos humanos, es necesario que la *universalidad abstracta*, la razón, el espíritu posean, por el contrario, una expresión abstracta que sea completamente representada por algunos individuos.[120]

Estas observaciones nos demuestran que la crítica de las tesis de «Bruno Bauer y consortes» es, al mismo tiempo, implícitamente, la crítica de todas las ideologías políticas que oponen una «minoría ilustrada» a la «masa ignorante» —lo cual permite, desde ahora, evaluar la distancia que separa el pensamiento de Marx de las corrientes jacobinas o jacobino-babouvistas del siglo XIX—. En el mismo sentido, cuando Marx escribe que la «teología crítica» de Bauer conduce a «anunciar la llegada del Mesías o del Salvador crítico»,[121] sugiere un vínculo entre esas ideologías y los mitos del «Salvador supremo», y sitúa su teoría del comunismo en oposición radical con esta estructura ideológica. En conclusión, a través de la intermediación de la crítica de las teorías de Bauer, Marx se encamina hacia la idea de la autoemancipación proletaria...

Partiendo de la ruptura con el idealismo joven hegeliano, Marx pasa al extremo opuesto, y funda su comunismo sobre el materialismo francés del siglo XVIII. El tema que sirve de «bisagra» en esta transición es el del «abismo que separa el socialismo y el comunismo de *masa* (*massenhaft*), profanos, del socialismo *absoluto*». Para este último, no se trata más que de una «emancipación puramente teórica», mientras que el primero es el de la «masa que cree necesarias las conmociones materiales y prácticas». Los hombres se transforman; para unos, «transformando su *yo abstracto* en la conciencia»; para los otros, por medio de la «transformación *real de su existencia real*».[122] Marx identifica su comunismo con el de los «obreros comunistas de *masa* que trabajan en los talleres de Manchester o de Lyon, por ejemplo», y que

> no piensan que por medio del *«pensamiento puro»* podrán alguna vez desembarazarse de sus jefes y de su propia miseria práctica. Experimentan dolorosamente la *diferencia* entre *ser* y *pensamiento*, entre *conciencia* y *vida*. Saben que la propiedad, el capital, el dinero, el trabajo asalariado, etc. no son simples creaciones de la imaginación, sino, efectivamente, productos objetivos y prácticos de su alienación (*Selbstentfremdung*), que no pueden ser suprimidos más que de manera práctica y objetiva...[123]

Esta idea clave —hay que cambiar primero condiciones reales, «exteriores», y no la conciencia, el «yo»— no es nueva: ya se encuentra en los materialistas del siglo XVIII, lo cual nos explica, de entrada, por qué Marx, en *La Sagrada Familia*, no solo defiende el materialismo francés contra los ataques de «Bauer y consortes», sino que incluso sostiene que una de las tendencias del siglo XVIII —la rama «no cartesiana» del materialismo— «conduce directamente al *socialismo* y al *comunismo*».[124]

> Cuando se estudian las teorías del materialismo sobre la bondad original y la igual inteligencia de los hombres, sobre el absoluto poder de la experiencia, del hábito, de la educación sobre la influencia de las circunstancias exteriores en los hombres, la alta importancia de la industria, la pertinencia del goce, etc., no hay necesidad de una sagacidad extraordinaria para descubrir lo que los une necesariamente al comunismo y al socialismo. [...] Si el hombre está formado por las circunstancias, hay que formar las circunstancias humanamente.[125]

Marx esboza un esquema histórico donde esta estructura significativa, que encuentra en Condillac —para quien «todo desarrollo de los hombres depende de la educación y de las circunstancias exteriores»—, en Helvétius —que reconoce «el absoluto poder de la educación»— y, en general, en todos los materialistas franceses inspirados por Locke,[126] desemboca directamente en el comunismo de Fourier, Owen, Cabet, el de los babouvistas y, sobre todo, en el de los «comunistas científicos franceses, *Dézamy, Gay*, etc.», que desarrollan «la doctrina del *materialismo* como la doctrina del *humanismo real* y como la *base lógica* del comunismo».[127] En otros términos, para él, el punto de partida teórico, la raíz histórica, el fundamento filosófico del comunismo tienen que ser encontrados en el teorema materialista: «Las circunstancias forman a los hombres; para transformar a los hombres hay que transformar las circunstancias».

Esta opción fundamental lo lleva a ubicarse una vez más —la última— como «feuerbachiano»; después de haber comparado a Feuerbach con los materialistas franceses, Marx concluye: «Del mismo modo que *Feuerbach* en el campo de la *teoría*, el *socialismo* y el *comunismo* francés e inglés representan, en el campo de la *práctica*, el *materialismo* que coincide con el humanismo».[128]

Es inútil subrayar el carácter paradójico de la evolución de la *Crítica de la Filosofía del Estado de Hegel* a *La Sagrada Familia*: ¡el Marx idealista alemán de febrero, así como el Marx materialista francés de fines de 1844, son implícita o explícitamente «feuerbachianos»! Lo cual nos demuestra de entrada la vanidad de las interpretaciones de Marx en función únicamente de la «influencia» de Feuerbach —aquí, como en otros lugares, esta «influencia» no es una recepción pasiva, sino una selección y una reinterpretación por parte del autor «influido»—. Estas operaciones intelectuales pueden cambiar radicalmente en el curso de su evolución ideológica.[129]

El origen de la paradoja se encuentra en el carácter equívoco, ambiguo, desgarrado del mismo Feuerbach: al mismo tiempo «alemán» y «francés», partidario de la «cabeza» y del «corazón», se pronuncia, o bien por la fusión en una filosofía nueva «de sangre galogermánica»,¹³⁰ o bien por el «desarrollo separado de cada facultad»,¹³¹ sin llegar a superar dialécticamente esta contradicción.

Marx permanece encerrado en esta dualidad: en la *Crítica*, se ubica del lado de la «cabeza alemana» y del cambio de los hombres por el «destello del pensamiento»; en *La Sagrada Familia*, del lado del «corazón francés» y del cambio de las «circunstancias» primero.

La Sagrada Familia constituye, en efecto, el momento materialista metafísico del movimiento de su pensamiento: el momento en que lo esencial es la negación de la «identidad mística especulativa del ser y del pensamiento» y de la «*identidad* también mística de la práctica y de la teoría», negación de la tendencia de Bauer que no reconoce «ningún ser diferente del pensamiento, ninguna *energía natural* distinta de la *espontaneidad espiritual* [...], ningún corazón distinto de la cabeza, ningún *objeto* distinto del *sujeto*, ninguna *práctica* distinta de la *teoría*»;¹³² negación que se parece mucho a la crítica que Feuerbach dirige al «hombre místico», «hermafrodita espiritual» (sic) que «identifica inmediatamente, sin ninguna distinción, el principio viril del pensamiento y el principio femenino de la contemplación sensible».¹³³

Este momento «materialista francés», de rechazo de la «identidad mística», de afirmación de la primacía del «corazón», es decir, de lo material, de lo objetivo, de lo práctico, de las «circunstancias», es una etapa de la evolución teórica de Marx, etapa necesaria, que representa la reacción radical a la etapa neohegeliana anterior, pero que sigue siendo parcial, «metafísica», porque es aún incapaz de restablecer la unidad no mística entre el «corazón» y la «cabeza».

Esta etapa será superada por la «negación de la negación», por las *Tesis sobre Feuerbach* donde, a través de la crítica de Feuerbach y del materialismo del siglo XVIII, la unidad entre teoría y práctica será reconstituida. Pero esta vez se tratará de una unidad no especulativa, síntesis dialéctica por la *Aufhebung* de los contrarios: es el momento «monista», materialista y dialéctico, de la praxis revolucionaria en tanto «coincidencia del cambio de los hombres con el cambio de las circunstancias».

La dimensión materialista de *La Sagrada Familia* se vuelve a encontrar también en el nivel del concepto de «comunismo de masa»: *massenhaft* significa, en primer lugar, *material, concreto, práctico,* y, en tanto tal, se opone a lo «espiritual» de Bauer. Pero esta estructura también tiene otra dimensión, no menos importante: es el sentido *«proletario-masivo»* del término, en oposición a la teoría de Bauer que designa a «algunos individuos elegidos» como encarnación del «espíritu crítico». En suma, el «comunismo de masa» aparece como lo inverso del «socialismo crítico» de Bauer, es decir, como un movimiento práctico y material de las masas proletarias revolucionarias.

El proceso histórico concreto en el curso del cual ese comunismo se realiza es el de la autoemancipación del proletariado a través de la toma de conciencia de su miseria, que lo conduce a la acción revolucionaria. La condición proletaria es la pérdida completa del hombre, pero, por la conciencia de esta pérdida, el camino de la reapropiación está abierto:

> La clase proletaria [...] se encuentra, para emplear una expresión de Hegel, en el envilecimiento en *revuelta* contra ese envilecimiento», ella es «la miseria consciente de su miseria moral y física, lo inhumano consciente de su inhumanidad y es por esta razón que intenta suprimirse a sí mismo»; y por todo esto, «el proletario *puede y debe liberarse a sí mismo*» (*sich selbst befreien* — nuestro subrayado—).[134]

Este rol decisivo de la toma de conciencia en tanto fundamento de la revuelta,[135] en tanto «mediación» entre la miseria objetiva y la acción, explica la insistencia de Marx en subrayar la «capacidad espiritual» de las masas obreras, incluso sin intervención desde lo alto:

> La nueva literatura en prosa o en verso que, en Francia y en Inglaterra, es provista por las clases inferiores del pueblo, le pro-

baría [a la crítica, ML] que las clases inferiores del pueblo saben elevarse espiritualmente, sin que por esto sea necesaria la *sombra directa* del *Espíritu Santo* de la *crítica crítica*.

Marx retoma, casi en los mismos términos, la observación que hacía en la carta a Feuerbach de agosto de 1844 (y en los *Manuscritos*), observación inspirada por su experiencia de las asambleas obreras comunistas de París: «Es necesario haber conocido el estudio, la sed de instruirse, la energía moral, el infatigable deseo de desarrollo de los obreros franceses e ingleses para poder hacerse una idea de la nobleza *humana* de ese movimiento».[136] No obstante, Marx no ignora la existencia de niveles diferenciados de la conciencia proletaria: en la observación siguiente —en la que se inspirará Lukács, quien la puso como epígrafe de su capítulo sobre la conciencia de clase en *Historia y conciencia de clase*—, él establece una clara distinción entre la «conciencia de clase» en el sentido psicológico y la «conciencia de la misión histórica» del proletariado:

> No se trata de saber lo que tal o cual proletario, o incluso todo el proletariado, se *representa* momentáneamente como objetivo. Se trata de lo que el proletariado es y de lo que debe hacer históricamente a su ser. Su objetivo y su acción histórica le son indicados, de manera tangible e irrevocable, en su propia situación de existencia, como en toda la organización de la sociedad burguesa actual. No es necesario desarrollar aquí que una gran parte del proletariado inglés y francés *ya tomó conciencia* de su misión histórica y trabaja sin interrupción para desarrollar esta conciencia hasta la claridad completa.[137]

El materialismo «de las circunstancias» se transparenta en la fórmula «su objetivo y su acción histórica le son indicados, de manera tangible e irrevocable»; pero la conclusión del parágrafo sugiere que esta acción no se realice «automáticamente», sino a través de la toma de conciencia, por parte del proletariado, de su rol. Por otra parte, al reconocer que una parte del proletariado ya alcanzó esa conciencia, incluso si aún no la «desarrolló hasta la claridad completa» —lo cual introduce una segunda distinción: la conciencia «primitiva» y la conciencia «clara» de la misión histórica—, Marx reafirma la tendencia histórica del proletariado hacia el socialismo: el rol del teórico ya no es lanzar el «destello del pensamiento» sobre la masa pasiva, sino ayudar al proletariado en su trabajo intelectual, en su evolución de la conciencia todavía vaga e informe hacia el esclarecimiento y la coherencia totales.

¿Cómo sitúa Marx su «comunismo de masas» frente a las otras corrientes socialistas y comunistas de la época? En *La Sagrada Familia*, la línea de demarcación no está trazada entre el socialismo utópico y el socialismo científico, sino entre el comunismo materialista y el «socialismo crítico» —lo cual es coherente con la orientación de conjunto de la obra—. Marx presenta su concepción del comunismo como la continuación, en el nivel filosófico, del materialismo del siglo XVIII. En el nivel político, es en las corrientes «sociales» de la Revolución (en particular, el babouvismo) donde ve la primera manifestación histórica de la ideología comunista:

> El movimiento revolucionario, que comenzó en 1789 en el *Círculo social*; que tuvo como representantes principales, en medio de su evolución, a *Leclerc* et *Roux* y que termina por sucumbir un instante con la conspiración de Babeuf, había hecho eclosionar la idea *comunista*, que *Buonarroti*, el amigo de Babeuf, reintroduce en Francia después de la revolución de 1830. Esta idea, desarrollada de manera consecuente, es la *idea* del *nuevo estado del mundo*.[138]

Pero, incluso en el babouvismo, lo que le interesa es sobre todo el lado «materialista»: «Los *babouvistas* eran materialistas vulgares, incultos, pero incluso el comunismo desarrollado data *directamente* del materialismo francés».[139] ¿Cuáles serían los representantes de ese «comunismo desarrollado»? El fin del mismo párrafo lo sugiere: «Los comunistas científicos franceses, *Dézamy, Gay*, etc., desarrollan, como Owen, la doctrina del *materialismo* como la doctrina del *humanismo real* y como base *lógica* del *comunismo*».[140] Esta observación es extremadamente significativa: mezcla comunistas científicos y utópicos, e identifica, a partir de su único rasgo común —el materialismo como «base lógica del comunismo»— dos universos ideológicos tan radicalmente diversos como los de Dézamy y Owen. Por lo demás, la elección de Owen también está cargada del mismo sentido: es, entre los socialistas utópicos, el partidario más consecuente de la teoría del «carácter formado por las circunstancias», y basa su proyecto socialista en esta presuposición. En los cuadernos inéditos de Marx se encuentra resumido, en alemán, un párrafo tomado del *Book of the new moral World* [El libro del nuevo mundo moral] de Owen, donde este define el socialismo como «la supresión de las influencias perniciosas que rodean actualmente a la humanidad, por medio de la creación de combinaciones completamente nuevas de circunstancias exteriores».[141]

d. Tesis sobre Feuerbach

En su prefacio de 1888 a *Ludwig Feuerbach y el fin de la filosofía clásica alemana*, Engels califica las *Tesis* como el «primer documento donde se haya depositado el germen genial de la nueva concepción del mundo».[142] En efecto, si el Marx de 1842-1844 aún se mueve en el «campo ideológico» del joven hegelianismo, y si el Marx de *La Sagrada Familia* se suma momentáneamente al materialismo del siglo XVIII, las *Tesis sobre Feuerbach* constituyen el proyecto de una *nueva Weltanschauung*. En ese sentido, son, por decirlo de esa manera, el primer texto «marxista» de Marx, es decir, el primer escrito en el que son esbozados los fundamentos de su pensamiento «definitivo», este pensamiento que Gramsci, en sus *Cuadernos de la cárcel*, designa con la feliz expresión de *filosofía de la praxis*.

Las *Tesis* comprenden al menos tres niveles, tres temas estrechamente imbricados, que remiten unos a otros. Se los podría nombrar como nivel «epistemológico», «antropológico» y «político»; pero eso sería falsear el problema, dado que se trata aquí de una ruptura radical con la epistemología, la antropología y la política tradicionales. Desde un punto de vista estrictamente «lógico», el análisis de las Tesis debería hacerse desde lo «abstracto» a lo «concreto», es decir, desde el problema general de las relaciones entre teoría y práctica al problema histórico de la acción revolucionaria. Si tomamos el camino inverso, se debe a que la evolución del propio Marx se hizo en el otro sentido: su punto de partida fueron los análisis políticos del artículo del *Vorwärts*, que lo llevaron, en consecuencia, a revisar sus presuposiciones feuerbachianas en el nivel abstracto.

A partir de sus contactos con el movimiento obrero, a partir de la revuelta de los tejedores, Marx concluye, en el artículo del *Vorwärts*, que el proletariado es el elemento *activo* de la emancipación. ¿De qué actividad se trata? Evidentemente, de la *actividad revolucionaria* de los obreros en lucha contra el «estado de cosas existente»; ahora bien, esta actividad, «objetiva», esta *práctica*, históricamente decisiva, humanamente esencial, está en contradicción flagrante con el esquema de Feuerbach, que no conoce más que dos categorías: la actividad histórica, espiritual, de la «cabeza», y la práctica egoísta, «pasiva», grosera, «judía» (en la medida en que la religión judía era para Feuerbach la expresión acabada del «egoísmo práctico»).[143] Marx descubre así en la praxis *revolucionaria* del proletariado el prototipo de la verdadera actividad humana, que no es ni puramente «teórica», ni egoístamente pasiva, sino *objetiva* y *crítico-práctica*:

> Feuerbach pretende objetos sensibles realmente distintos de los objetos pensados; pero no comprende a la propia actividad humana como actividad *objetiva*. Considera, entonces, en *La esencia del cristianismo*, al comportamiento teórico como el único verdaderamente humano, mientras que la práctica (*Praxis*) solo es captada y fijada bajo su judía y sórdida forma fenoménica. Por esta razón no comprende la significación de la actividad «revolucionaria», «crítico-práctica».[144]

Esta praxis revolucionaria tiene para Marx, en primer lugar, una significación político-social; remoción de la estructura social por la acción de las masas; pero, si pone el término entre comillas, se debe a que le da un sentido más amplio, que incluye la transformación de la naturaleza por la actividad humana: el trabajo. El uso del término *revolutionäre Praxis*, para Marx, es, no obstante, significativo: demuestra el origen directamente «político» de la categoría. Engels, que ignora este origen o que quiere emplear un término más explícito —que engloba claramente las dos significaciones: revolución y trabajo— emplea la expresión *umwälzende Praxis* («praxis subversiva»).[145]

Esta actividad es *objetiva* (*gegenständlich*) porque «se objetiva» en el mundo real, al contrario de la actividad puramente subjetiva del espíritu feuerbachiano. Es *revolucionaria* porque transforma la naturaleza y la sociedad, y, finalmente, es *crítico-práctica* en tres sentidos: en tanto práctica orientada por una teoría crítica, en tanto crítica orientada hacia la práctica y en tanto práctica que «critica» (niega) el estado de cosas existente.

Pero la categoría de la praxis revolucionaria rompe también otro esquema: el de los materialistas franceses que oponen la «omnipotencia de la educación» a la pasividad de los hombres que son «formados por las circunstancias exteriores»:

> La doctrina materialista de la modificación de las circunstancias y de la educación olvida que las circunstancias son modificadas por los hombres y que el propio educador debe ser educado. En consecuencia, debe dividir a la sociedad en dos partes, una de las cuales se eleva por encima de la sociedad. La coincidencia del cambio de las circunstancias y de la actividad humana, o cambio de sí mismo (*Selbstveränderung*), no puede ser captada y comprendida racionalmente más que en tanto *práctica revolucionaria*.[146]

La praxis revolucionaria, que transforma, al mismo tiempo, las circunstancias y a sí misma —o el sujeto de la acción: *Selbstveränderung*— es, en el fondo, *la superación*, la *Aufhebung de la antítesis entre* el *materialismo del siglo XVIII (cambio de las circunstancias) y el joven hegelianismo (cambio de la conciencia)*. Después de haber sido, por vez, idealista alemán y materialista francés, en la *III Tesis sobre Feuerbach*, Marx formula nada menos que el «germen genial de una nueva concepción del mundo», que supera, al «negarlas» y «conservarlas», las etapas anteriores de su pensamiento —y del pensamiento filosófico de los siglos XVIII y XIX—. La *III Tesis* también permite, en el nivel político, superar el dilema del comunismo de los años cuarenta, dividido entre una corriente «babouvista-materialista», que encarga a un grupo «elevado por encima de la sociedad», una élite de «ciudadanos sabios y virtuosos», cambiar las circunstancias —tomando el poder por un «golpe de mano»— y una corriente «utópico-pacifista», que se propone cambiar «a los hombres en primer lugar» y que quiere, por la sola fuerza de la propaganda y de la persuasión, convencer a príncipes, burgueses y proletarios de las virtudes de la vida comunitaria.

Finalmente, la categoría de la praxis revolucionaria es el *fundamento teórico* de la concepción marxista de la autoemancipación del proletariado por medio de la revolución: la coincidencia entre el cambio de las circunstancias y de los hombres significa que, en el curso de su lucha contra el estado de cosas existente, el proletariado se transforma, desarrolla su conciencia y se vuelve capaz de construir una nueva sociedad, proceso que alcanza su punto culminante en el momento de la revolución, en el curso de la cual, al mismo tiempo, las grandes masas «cambian» y toman conciencia de su rol, al cambiar las circunstancias por su acción. Basada en la *III Tesis*, la idea directriz de la autoliberación de la clase obrera por medio de la revolución comunista, de la autoeducación del proletariado por su propia práctica revolucionaria constituye la superación de los diversos «corolarios políticos» del materialismo del siglo XVIII, de las múltiples formas de recurso a una entidad «por encima de la sociedad» —esperanza de los enciclopedistas en el «absolutismo ilustrado», llamado de los socialistas utópicos a la realeza, jacobinismo y jacobino-babuvismo, etc.—. Al mismo tiempo, Marx se separa de todas las corrientes del socialismo «idealista» (como el «socialismo verdadero» alemán) o «pacifistas» antirrevolucionarios (como los «icarios»).

Evidentemente, todo esto no se encuentra más que *in nuce* en la *III Tesis*. Pero en *La ideología alemana* serán esos temas los que se desarrollarán, en una teoría rigurosamente coherente de la *revolución comunista de las masas*.

Las *Tesis VIII, IX* y *X* constituyen, para decirlo de esa manera, la prolongación «sociológica» de la *III Tesis*: el antiguo materialismo ubica al individuo contemplativo (*anschauend*) frente a las «circunstancias sociales», es decir, frente a la «sociedad burguesa» (*bürgerliche Gesellschaft*), en tanto conjunto de leyes sociales y económicas «naturales», independientes de la voluntad o de la acción de los individuos: «El máximo al que llega el materialismo contemplativo, es decir, el materialismo que no comprende la sensibilidad (*Sinnlichkeit*) en tanto actividad práctica, es la contemplación (*Anschauung*) de los individuos tomados aisladamente y de la sociedad burguesa».[147] Para el nuevo materialismo, que parte del hombre que actúa, que transforma las «circunstancias», la sociedad, «toda la vida social es esencialmente *práctica*».[148] Se sitúa en el punto de vista de la «sociedad humanizada», es decir, de la sociedad en tanto red «práctica», concreta, de las relaciones sociales; en tanto estructura creada por los hombres en el curso de su actividad histórica, de su lucha contra la naturaleza, etc.: «El punto de vista del antiguo materialismo es la sociedad burguesa; el punto de vista del nuevo es la sociedad humana o la humanidad socializada».[149] Para la comprensión de esta última tesis, es necesario captar la ambigüedad de los términos «sociedad burguesa» y «sociedad humana»; la *bürgerliche Gesellschaft* es al mismo tiempo la categoría de la sociedad civil, es decir, una manera «individualista» de considerar las relaciones sociales, y la sociedad *burguesa*, es decir, la sociedad capitalista o la burguesía es, o tiende a convertirse en, la clase dominante. De la misma manera, «sociedad humana» significa, por un lado, una concepción «práctica» y «sociológica» de la vida social (actual), por la otra, la sociedad socialista del futuro. Los dos sentidos se superponen, en la medida en que la «sociedad civil» es la ideología de la sociedad burguesa, y la «sociedad humana», la teoría de los revolucionarios que luchan por una sociedad socialista.

Pero los desarrollos más abstractos y generales de la categoría de la praxis revolucionaria se ubican en el nivel de las relaciones entre teoría y práctica, conocimiento y acción.

La «gnoseología» de Feuerbach y del viejo materialismo, tal como la presentan las *Tesis*, considera la realidad social y natural en tanto puro *objeto*, la sensibilidad del sujeto en tanto *contemplación pasiva* y el conocimiento teórico en tanto simple *interpretación* de lo real. Las dos primeras presuposiciones son criticadas por Marx en el comienzo de la *I Tesis* y en la *V Tesis*:

> El defecto principal de todo el materialismo pasado (incluido el de Feuerbach) es que el objeto (*Gegenstand*), la realidad, la sensibilidad (*Sinnlichkeit*) solo son captadas bajo la forma del objeto (*Objekt*) o de la *contemplación; pero* no como *actividad humana sensible*, como *práctica;* no subjetivamente. Por esta razón, el lado *activo* es desarrollado de manera abstracta, en oposición al materialismo, por el idealismo —que, naturalmente, no conoce la actividad real, sensible, como tal— (*I Tesis*).
>
> Feuerbach, insatisfecho con el *pensamiento abstracto*, pretende la *contemplación* (*Anschauung*; versión de Engels: contemplación sensible); pero no comprende la sensibilidad (*Sinnlichkeit*) como actividad humano-sensible *práctica* (*V Tesis*).[150]

El sentido de estos «aforismos» solo se vuelve plenamente comprensible, una vez más, si se toma en consideración la doble significación del término *Sinnlichkeit* en Feuerbach y Marx: por un lado, «lo sensible», el mundo sensible, lo concreto; por el otro, «la sensibilidad», la actividad (o la pasividad...) de los sentidos, su «facultad subjetiva»; la mayoría de los traductores se limitan a la primera posibilidad: «la materialidad», para Molitor; «la realidad concreta y sensible», de acuerdo con Rubel, etc. —lo cual lleva a absurdos manifiestos: ¿el materialismo pasado sería acusado por Marx de no captar el mundo sensible, concreto más que como contemplación o «intuición»?—. Evidentemente, no es *el mundo sensible*, sino la relación entre los sentidos y ese mundo, es decir, la *sensibilidad*, que es pura contemplación en los materialistas «antiguos».

Una vez aportadas estas precisiones, la tesis de Marx debe ser igualmente desdoblada: «la *Sinnlichkeit* es actividad humana sensible, práctica», lo cual significa:

a. El mundo concreto, social y natural, es actividad, práctica, o producto de la praxis humana. Esta temática será desarrollada en *La ideología alemana*, donde Marx demuestra que la sociedad es un conjunto de relaciones de producción y que el mismo medio natural es profundamente transformado por el trabajo humano;

b. La sensibilidad no es contemplación pura, sino actividad humana; por un lado, porque se ejerce a través del trabajo y de la praxis social; por el otro, porque la propia percepción sensible ya es *actividad*.[151]

Pero la ruptura decisiva, en el nivel del «problema del conocimiento», entre Marx y la filosofía del siglo XVIII (o toda la «filosofía anterior») se da con la *XI Tesis*: «Los filósofos simplemente *interpretaron* el mundo de manera diferente; de lo que se trata es de *transformarlo*».[152] Para comprender en toda su riqueza las implicancias de esta frase lapidaria, es necesario ir más allá de las interpretaciones corrientes, que se quedan, de cierta manera, en la «superficie». El sentido atribuido por las vulgarizaciones más superficiales opone teoría y práctica como alternativas mutuamente excluyentes: «Los filósofos interpretaron el mundo, Marx lucha para transformarlo; el marxismo es una práctica revolucionaria opuesta a la especulación abstracta, etc.». Este género de razonamiento —contra el que Lenin se erigía en su célebre eslogan «no hay práctica revolucionaria sin teoría revolucionaria»— es desmentido formalmente, no solo por... la inmensa obra teórica de Marx, sino ya por las propias *Tesis sobre Feuerbach*, donde se establece claramente que el mundo debe ser «*tanto comprendido en su contradicción* como revolucionado en la práctica», «aniquilado en *teoría* y en práctica»; debe encontrar su solución racional «en la práctica humana y *en la conceptualización (Begreifen) de esta práctica*»;[153] el propio término «actividad crítico-práctica» sugiere esta síntesis que actúa entre el pensamiento y la praxis, entre el «interpretar» y el «transformar».

Es en este nivel donde permanece la mayoría de los exegetas «no vulgares» de la *XI Tesis*: de acuerdo con esta versión, más refinada, la tesis opone, a la interpretación «pura», sin consecuencias prácticas, la interpretación revolucionaria, acompañada por una práctica correspondiente. Esta versión olvida que incluso la interpretación pretendida como «pura» tiene consecuencias prácticas: contribuye, directa o indirectamente, consciente o inconscientemente, a la *conservación del statu quo*, justificándolo, atribuyéndole un carácter «natural» o, simplemente, negándose a cuestionarlo. En otros términos, la oposición sugerida por la *XI Tesis* se sitúa entre una interpretación que contribuye a la perpetuación del estado de cosas existente, y una interpretación *crítica* vinculada a una praxis revolucionaria.

En el fondo, ni siquiera se trata de una interpretación «vinculada» o «acompañada» con una práctica, sino de una actividad humana *total*, actividad *crítico-práctica*, en la que la teoría *ya es* praxis revolucionaria, y la práctica está *cargada de significación teórica*.[154] En *La Sagrada Familia*, Marx luchaba contra la identidad mística entre teoría y práctica: había que demostrar, «contra Bruno Bauer y consortes», que existe una práctica diferente de la pura especulación filosófica. En las *Tesis*, el momento «materialista francés», puramente negativo, es superado: Marx restablece la unidad entre pensamiento y acción, unidad dialéctica, «crítico-práctica» revolucionaria.

De la insurrección de los tejedores (junio de 1844) a las *Tesis sobre Feuerbach* (hacia marzo de 1845), se desarrolla el proceso de constitución de la *Weltanschauung* marxista, el gran giro ideológico en la evolución del joven Marx. El levantamiento de Silesia — así como el movimiento comunista de París— le plantea concretamente el problema de la praxis revolucionaria de las masas proletarias. En el artículo del *Vorwärts*, Marx descubre en el proletariado el elemento *activo* de la emancipación; pero aún no extrae las consecuencias filosóficas de este descubrimiento. Algunas semanas más tarde, esboza, en *La Sagrada Familia*, un primer ensayo de solución teórica del problema: cree poder captar la acción revolucionaria —que escapa visiblemente al universo de pensamiento joven hegeliano— por medio de las categorías del materialismo francés del siglo XVIII; pero, muy rápido, se da cuenta de que la praxis revolucionaria de las masas no puede insertarse en el marco estrecho de la «teoría de las circunstancias»: es la ruptura con el «viejo materialismo», que se extiende de entrada a todos los niveles. Las *Tesis sobre Feuerbach* develan la «esencia práctica» de la historia y de la vida social, de la «sensibilidad» y de la teoría, de las relaciones de los hombres con la naturaleza y entre ellos, y esbozan finalmente un conjunto coherente, una estructura significativa global: la *filosofía de la praxis* —fundamento teórico general de la idea de la autoemancipación revolucionaria del proletariado.

e. *La ideología alemana*

Redactada entre septiembre de 1845 y mayo de 1846, *La ideología alemana* es la obra conjunta de Marx y Engels, y es probable que el aporte del segundo sea aquí más importante que en *La Sagrada Familia*. Dada la imposibilidad de distinguir los textos de uno y otro, consideraremos el conjunto como expresión del pensamiento de Marx, lo cual nos parece tanto más justificado cuanto que casi todos los manuscritos incluyen correcciones o agregados de su pluma, y que el propio Engels escribe que,

> cuando nos encontramos en Bruselas en la primavera de 1845, Marx ya había construido completamente su teoría materialista de la historia. Este descubrimiento, que conmociona la ciencia histórica y que esencialmente es, como se ve, la obra de Marx y respecto del que no puedo atribuirme más que una pequeña parte, era de una importancia directa para el movimiento obrero.[155]

La ideología alemana es, de cierta manera, el punto de llegada de la evolución que seguimos desde 1842 y, en particular, el resultado del giro inaugurado por el artículo del *Vorwärts* de agosto de 1844. Por esta razón, la obra presenta un carácter de *autocrítica*: a través de la crítica de los «ideólogos alemanes», Marx también apunta a las etapas anteriores de su itinerario filosófico, y las supera definitivamente. Es en este sentido que hay que interpretar la célebre observación del Prefacio a la *Contribución a la crítica de la economía política* (1859):

> Cuando, en la primavera de 1845, [Engels] también vino a establecerse a Bruselas, resolvimos trabajar en común para despejar el antagonismo existente en nuestra manera de ver y la concepción ideológica de la filosofía alemana; *en realidad, para ajustar cuentas con nuestra conciencia filosófica de antaño*. Este propósito fue realizado bajo la forma de una crítica de la filosofía poshegeliana [...]. Abandonamos el manuscrito a la roedora crítica de los

ratones tanto más voluntariamente cuanto que habíamos alcanzado *nuestro objetivo principal, ver claro en nosotros mismos*.[156]

Esto es particularmente evidente en relación con los artículos de los *Anales Franco-Alemanes*, en los cuales, destacan los autores de *La ideología alemana*, «uno aún usaba la fraseología filosófica», y cuyas categorías teóricas centrales —espíritu, corazón— ahora son rechazadas como «nociones abstractas».[157] Por el contrario, no hay ninguna solución de continuidad entre ese manuscrito y las *Tesis sobre Feuerbach*, cuyos temas esenciales desarrolla a través de la crítica de las corrientes «materialistas» (Feuerbach) e idealistas (Bauer, Stirner, Grün) del neohegelianismo, crítica que desemboca en una estructuración rigurosa y precisa de la teoría de la revolución comunista.

En primer lugar, la crítica de Marx y Engels se dirige contra el postulado fundamental del idealismo joven hegeliano: «modificar la conciencia», «interpretar de manera diferente lo que existe» sin combatir «de ninguna manera el mundo existente realmente». Este postulado se encuentra en Bruno Bauer, que «cree en el poder de los filósofos y comparte su ilusión de que una modificación de la conciencia... podría hacer que se desmorone el mundo entero que tenemos delante de los ojos», y en «San Max» (Stirner), que piensa destruir realmente las condiciones existentes «liberándose de la falsa idea que se hacía de ellas».[158] Ahora bien, para el comunista se trata, por el contrario, «de revolucionar el mundo existente, de atacar de manera práctica y de modificar las cosas que encontró».[159] Este tema, uno de los *Leitmotive* de *La ideología alemana*, ya se encuentra en *La Sagrada Familia*: pero aquí conduce a una conclusión política clara, expresada en una fórmula tajante: «El comunismo no es para nosotros un *estado* que debe ser establecido, ni un *ideal* a partir del cual la realidad debe actuar. Denominamos comunismo al movimiento real que suprime el estado de cosas actual».[160] Contra el «socialismo verdadero», que considera el comunismo como una «teoría abstracta», un «principio»; contra Feuerbach, que «piensa poder transformar en una simple categoría el término comunista que, en el mundo existente, ya designa al que adhiere a un partido revolucionario determinado»,[161] Marx destaca que el «comunismo es un movimiento extremadamente práctico, que persigue fines prácticos con medios prácticos».[162] Para evaluar toda la distancia recorrida desde 1842, es necesario comparar estos textos con la célebre observación del artículo sobre el comunismo de la *Gaceta Renana* —«no son los *ensayos prácticos* sino las *ideas* comunistas lo que constituyen el verdadero peligro»—, con los artículos de los *Anales Franco-Alemanes*, profundamente impregnados del «comunismo filosófico» del tipo del de Moses Hess, e incluso con los *Manuscritos de 1844*, donde se hace más referencia a la futura sociedad comunista que al movimiento obrero revolucionario.

No obstante, Marx no se queda en ese nivel, que es el de *La Sagrada Familia*: como en las *Tesis sobre Feuerbach*, también critica el materialismo del siglo XVIII, en particular la «teoría de las circunstancias»; incluso caracteriza como «reaccionaria» la «manera denominada objetiva de escribir la historia» que concibe «las condiciones históricas como separadas de la actividad» y demuestra que, por el contrario, las condiciones de la actividad «son producidas por esta propia actividad».[163] De la misma manera, se burla de aquellos que separan totalmente «la transformación del estado de cosas» y «los hombres», olvidándose de que este estado de cosas fue siempre el de los hombres, y nunca pudo ser modificado sin que los hombres se «modificaran».[164] Esta identidad entre cambio de circunstancias y cambio de sí mismo se realiza en todas las esferas de la vida humana, empezando por la actividad productiva, el trabajo: «Los hombres que desarrollan su producción material y su comercio (*Verkehr*) material modifican, al mismo tiempo que esa realidad que les es propia, su manera de pensar y los productos de su manera de pensar».[165] En el nivel de la historia política moderna, esta convergencia se objetiva a través de la revolución comunista, en la que coinciden la transformación del «estado de cosas» social y el de la conciencia de la masa de la humanidad, es decir, del proletariado. Alcanzamos aquí el corazón mismo de la teoría marxista de la autoemancipación revolucionaria del proletariado, que se basa en dos ideas clave, que se implican una con otra:

1. La corrección de las alienaciones solo puede hacerse sobre un modo no alienado; el carácter de la nueva sociedad está determinado por el proceso mismo de su constitución:

   La apropiación está condicionada, por lo demás, por el modo y la manera en que debe ser efectuada. No puede ser efectuada más que por la unión que, en razón del carácter del proletariado, solo puede ser en sí misma universal, y por una revolución en la que, por una parte, el poder del viejo modo de producción, de comercio y de organización social debe ser derribado y en la que, por otra, el carácter universal y la energía necesaria del proletariado para la realización de la apropiación se desarrollan, de modo tal que el proletariado se despoje, al mismo tiempo, de todo lo que todavía le queda de su antigua posición social.[166]

La última oración ya introduce el segundo tema:

2. La revolución no solo es necesaria para destruir el antiguo régimen, las barreras «exteriores», sino también para que el proletariado pueda superar sus barreras «internas», transformar su conciencia y volverse capaz de crear la sociedad comunista:

   Para la producción masiva (*massenhaft*) de esta conciencia comunista como para la realización de la cosa misma, es necesario un cambio masivo de los hombres, que no puede operarse más que en un movimiento práctico, en una *revolución*; la revolución no solo es necesaria, en consecuencia, porque no hay otro medio de derribar a la clase *dominante*, sino también porque la clase *subversiva* (*stürzend*) solo puede lograr liberarse de todo el viejo fárrago por medio de una revolución y volverse capaz, de esta manera, de efectuar una nueva fundación de la sociedad [...]. Stirner cree aquí que los proletarios comunistas que revolucionan la sociedad y ubican las condiciones de producción y la forma de comercio sobre una nueva base, es decir, sobre ellos mismos en tanto son nuevos, sobre su nueva manera de vivir, siguen siendo los «antiguos». La propaganda incansable que hacen esos proletarios, las discusiones que entablan todos los días entre ellos prueban suficientemente que de ninguna manera quieren seguir siendo los «antiguos» y que, de una manera general, tienen muy poco interés en que todos los hombres sigan siendo «los antiguos». Solo seguirían siendo «los antiguos» si, con San Max, «buscaran la falta en sí mismos»; pero saben suficientemente que no dejarán de ser «los antiguos» más que si se cambian las condiciones; en consecuencia, están resueltos a cambiar las condiciones ante la primera oportunidad. *En la actividad revolucionaria, el cambio de sí mismo coincide con la modificación de las condiciones.*[167]

Es inútil insistir en la importancia extraordinaria de la teoría de la revolución esbozada por estas observaciones, y en su oposición radical a las concepciones jacobinas, mesiánicas, utópicas o reformistas. Solo subrayamos que allí se trata de un aspecto del pensamiento de Marx singularmente ignorado por la mayoría de los intérpretes.[168] Esto es tanto más grave cuanto que no se trata de un accidente en la obra de Marx, sino del fruto de una larga evolución ideológica (que hemos seguido paso a paso). Esta teoría tampoco es un elemento marginal, aislado, artificialmente introducido en las *Tesis sobre Feuerbach* y *La ideología alemana*, sino que, por el contrario, está estrechamente imbricado en los temas «filosóficos» centrales de esas obras.

Una vez que se ha establecido en estas líneas generales la naturaleza de la revolución comunista, Marx intenta responder la pregunta fundamental: ¿por qué y cómo el proletariado se vuelve revolucionario?

En primer lugar, Marx retoma una de las tesis de *Para una crítica de la Filosofía del Derecho de Hegel. Introducción*, la que funda el rol emancipador del proletariado en el carácter *radical* y *universal* del sufrimiento de esta clase «que tiene que soportar todas las cargas de la Sociedad, sin disfrutar de ninguno de sus beneficios» y que «ya no tiene interés especial de clase para hacer prevalecer contra la clase dominante».[169] Solo que, en *La ideología alemana*, este sufrimiento perdió toda significación pasiva: el término pasión (*Leidenschaft*) es incluso empleado en un sentido revolucionario y activo: «La inquietud florece con su forma más pura en el buen burgués alemán [...] mientras que el desamparo (*Not*) del proletariado toma una forma violenta y aguda, lo lleva a una lucha a muerte, lo vuelve revolucionario y no produce entonces la "inquietud", sino la pasión».[170]

No obstante, si bien es verdad que el carácter revolucionario del proletariado se desprende de la condición social concreta de esta clase, este carácter aparece más bien como una tendencia, una potencialidad, que solo se convierte en «acto» a través de la *práctica histórica* de la propia clase. Marx plantea aquí la tesis de *Para una crítica...* en los términos de la teoría de la praxis, para la que «el ser de los hombres es su verdadero proceso vital», lo cual significa, en el nivel económico social, que «lo que son coincide con su producción»[171] y, en el nivel del problema de la revolución, que el proletariado solo se vuelve revolucionario por su propia praxis revolucionaria. Esta aparente paradoja se vuelve más comprensible si se la escalona en tres etapas:

1. El proletariado solo se convierte en una clase en el sentido pleno del término por medio de su lucha contra la burguesía: «Los diversos individuos no constituyen una clase más

que si tienen que mantener una lucha común contra otra clase».[172]

2. En el curso de esta lucha, el proletariado está obligado a emplear procedimientos revolucionarios, incluso si, al comienzo, su acción no pone en cuestión al régimen:

> Incluso una minoría de obreros que se une por una suspensión del trabajo se ve muy rápido obligada a conducirse de manera revolucionaria, hecho del que él (Max Stirner) podría haberse dado cuenta por la insurrección inglesa de 1842, y, ya antes, por la insurrección de Gales en 1839, año en que la agitación revolucionaria entre los obreros por primera vez recibió una amplia expresión en el «mes santo» que fue proclamado al mismo tiempo que el armamento general del pueblo.[173]

3. A través de esta práctica revolucionaria nace y se desarrolla, en la masa obrera, la conciencia comunista. Siempre coherente con la teoría de la praxis, Marx destaca que la conciencia no puede ser «otra cosa más que la conciencia de la práctica existente», lo que significa, en relación con el proletariado, que «para la producción masiva de esta conciencia comunista, así como para la realización de la cosa misma, es necesario un cambio masivo de los hombres, que solo puede operarse en un movimiento práctico, en una *revolución*».[174] Nuestra paradoja se resuelve, entonces, mirándola bien, en la coincidencia, a través de la praxis revolucionaria, del «cambio de las circunstancias» con el «cambio de la conciencia».

Estas observaciones ya nos demuestran que Marx ahora concibe el problema de las relaciones entre el proletariado y las ideas revolucionarias en términos completamente diferentes a aquellos de *Para una crítica de la filosofía del derecho de Hegel. Introducción*: en ese artículo de los *Anales*, escribía que «la revolución comienza en la cabeza del filósofo» —tema característico del «comunismo filosófico», que será retomado por su heredero teológico, el «socialismo verdadero»—, mientras que, en *La ideología alemana*, insiste en el hecho de que «el comunismo de ninguna manera surgió del § 49 de la *Filosofía del Derecho de Hegel*».[175] ¿Cuál es, entonces, el origen de las ideas comunistas? La respuesta de Marx es clara:

> La existencia de ideas revolucionarias en una época determinada ya presupone la existencia de una clase revolucionaria.
>
> En la época moderna, esta clase es evidentemente el proletariado, clase que tiene que soportar todas las cargas de la Sociedad, sin disfrutar de sus beneficios; que, rechazada por la Sociedad, es relegada a la oposición más clara respecto de todas las otras clases; una clase que constituye la mayoría de todos los miembros de la Sociedad y *de la que parte (ausgeht) la conciencia de la necesidad de una revolución radical (gründlich), la conciencia comunista*, que, naturalmente, puede formarse igualmente en las otras clases, gracias a la comprensión de la situación de esta clase.[176]

Evidentemente, esta conciencia comunista no es el fruto de una reflexión teórica abstracta de los obreros, sino del proceso concreto y práctico de la lucha de clases; es la oposición entre la burguesía y el proletariado lo que engendró las ideas comunistas y «socialistas».[177]

Desde el punto de vista de esta nueva concepción del vínculo histórico entre las teorías comunistas y el proletariado critica Marx a los «socialistas verdaderos», que «ven en la literatura comunista del extranjero, no la expresión y el producto de un verdadero movimiento, sino escritos puramente teóricos», que separan «los sistemas, las críticas y los escritos polémicos comunistas [...] del movimiento real, del que no son más que su expresión, y los ubican luego en una relación arbitraria con la filosofía alemana».[178] Esta crítica es, una vez más, una *autocrítica* de la manera en que Marx consideraba el problema, en la *Rheinische Zeitung* y en los *Anales Franco-Alemanes*, así como de las posiciones de Moses Hess, Engels y todos los «comunistas filosóficos» de los años 1842-1844. Una parte de ellos evolucionó en el mismo sentido que Marx, mientras que el resto terminó en el «socialismo verdadero»:

> Era completamente necesario que una multitud de comunistas alemanes, tomando la filosofía como punto de partida, llegaran y lleguen aún al comunismo por una transición como esa, mientras que otros, incapaces de desprenderse de las ataduras de la ideología, continuaron hasta su muerte predicando ese socialismo verdadero.[179]

Pero si Marx rechaza radicalmente la idea de que «la revolución comienza en la cabeza del filósofo» —punto de vista que ahora caracteriza como el del *idealista*, para el cual «todo movimiento que conmocione al mundo no existe primitivamente más que en la cabeza de un predestinado»[180]— y si proclama claramente que la conciencia comunista *nace en el proletariado* (lo que nos demuestra de entrada la oposición entre las tesis de Kautsky y las de *La ideología alemana*), la posibilidad del desarrollo de las ideas comunistas por parte de miembros de otras clases no es de ninguna manera excluida por él. Por el contrario, afirma que la conciencia comunista «naturalmente puede formarse igualmente en las otras clases gracias a la comprensión de la situación de esta clase (el proletariado)»;[181] los individuos que alcanzaron esta comprensión pueden convertirse en los *representantes teóricos (theoretische Vertreter) del proletariado* y tienen un rol decisivo que desempeñar en el fortalecimiento y clarificación de la conciencia comunista:

> En realidad, están, por un lado, los reales propietarios privados y, por el otro, los proletarios comunistas sin propiedad. Esta oposición se vuelve más aguda cada día y nos lleva a una crisis. Si los representantes teóricos de los proletarios quieren obtener, entonces, un resultado cualquiera por medio de su actividad literaria, es necesario que insistan ante todo para que sean

apartadas todas las frases que debilitan la conciencia de la fuerza de esta oposición, todas las frases que ocultan esta oposición o incluso proveen a los burgueses la oportunidad de acercarse, en virtud de sus sueños filantrópicos y en interés de la seguridad, a los comunistas.[182]

La ideología alemana es el primer texto de Marx en el que el término *partido* comunista es empleado; es verdad que no se encuentra allí ningún análisis preciso de los problemas de organización, pero la palabra está cargada de un sentido concreto, que la distingue del «partido» literario o filosófico de los jóvenes hegelianos. En un párrafo del capítulo contra el «socialismo verdadero», Marx opone los partidos comunistas y obreros reales a los pseudopartidos de los ideólogos alemanes:

> Tenemos, aquí, por un lado, el partido comunista realmente existente en Francia y su literatura, y, por el otro, a algunos semieruditos alemanes que intentan comprender filosóficamente las ideas de esta literatura. Estos semieruditos pasan, así como los primeros, por un «partido principal de la época»; en consecuencia, por un partido que es de una importancia infinita no solo para su contrario inmediato, los comunistas franceses, sino también para los cartistas y los comunistas ingleses, los *national reformers* norteamericanos y, en general, todos los otros partidos «de la época». Desde hace mucho tiempo, entra en la manera de los ideólogos alemanes que cada una de sus fracciones literarias, sobre todo la que se imagina «ir más lejos», no solo se considera como un «partido principal», sino francamente como «el principal partido del tiempo». Tenemos así, entre otros, «el importante partido» de la crítica crítica, «el importante partido» del egoísmo consciente y, ahora, «el importante partido» de los socialistas verdaderos.[183]

Esta observación establece una primera lista, bastante significativa, de los partidos proletarios; allí se encuentran grupos o corrientes propiamente comunistas (ingleses y franceses) y partidos obreros sin ideología clara (el cartismo y los *National Reformers*);[184] a este grupo hay que agregar, evidentemente, el partido comunista alemán, en vías de formación: «Va de suyo que, desde la creación de un real partido comunista en Alemania, los socialistas verdaderos se limitarán cada vez más, como público, a los pequeñoburgueses».[185]

El desarrollo histórico de los partidos comunistas reales debe eliminar progresivamente, según Marx, no solo las fracciones literarias, del género de los «socialistas verdaderos», sino también las sectas y sistemas utópicos, que correspondían al nivel ideológico de los comienzos del movimiento obrero:

> En lo que se refiere, por lo demás, a los sistemas, casi todos nacieron al comienzo del movimiento comunista y servían entonces a la propaganda bajo la forma de novelas populares que respondían absolutamente a la conciencia aún no desarrollada de los proletarios que, justamente, se ponían en movimiento. [...] A medida que el partido se desarrolla, estos sistemas pierden toda su importancia y a lo sumo se conserva de ellos el nombre a título de propaganda. Quién cree, entonces, en Francia, en la Icaria o, en Inglaterra, en los planes de Owen [...][186]

El contraste con *La Sagrada Familia* es impresionante: ya no se opone aquí el «comunismo materialista» al «comunismo crítico», Owen a Bauer, sino el partido proletario real, comunista u obrero, a las diversas sectas literarias, filosóficas y utópicas —incluida allí la de Owen.

III. LA TEORÍA DEL PARTIDO (1846-1848)

1. Marx y el Partido Comunista (1846-1848)

¿Por qué razón la actividad política de Marx y Engels en el seno del movimiento obrero no empieza —de manera sistemática y organizada— más que a partir de 1846? Algunas observaciones de Engels en su esbozo de historia de la Liga de los Comunistas sugieren la respuesta:

> Cuando nos encontramos en Bruselas en la primavera de 1845, Marx ya había construido completamente, sobre los principios anteriores, su teoría materialista de la historia, y nos pusimos a desarrollar en los detalles y en las más diversas direcciones nuestra nueva concepción. [...] Pero nuestra intención de ninguna manera era murmurar, en medio de gruesos volúmenes, esos nuevos resultados científicos a los oídos del mundo erudito. [...] Teníamos la obligación de dar a nuestra concepción una base científica. Pero no nos importaba menos conquistar para nuestra convicción al proletariado europeo, empezando por el de Alemania. Desde el momento en que hubimos tenido esto en claro, nos pusimos a trabajar.[1]

En efecto, no es por azar que su actividad orgánica en tanto corriente comunista comienza después de la redacción de las *Tesis sobre Feuerbach* y de la esencial *La ideología alemana*: solo es a partir de ese momento que vieron «con claridad en ellos mismos», que tuvieron una visión de conjunto coherente, una teoría revolucionaria que fuera, al mismo tiempo, la expresión y la superación de las tendencias reales del movimiento obrero europeo.

Por otra parte, la acción de Marx durante el período 1846-1848 es precisamente la actividad crítico-práctica preconizada por las *Tesis sobre Feuerbach*: cada decisión práctica, así como cada carta, circular o discurso son *teóricamente significativos*.

Esta actividad tiene un objetivo definido: formar una vanguardia comunista, liberada del socialismo utópico, «verdadero», conspirativo, artesanal o «sentimental»; constituir a escala internacional, y en primer lugar en Alemania, un partido comunista revolucionario y «científico», que debe ser teóricamente coherente sin convertirse en una secta cortada de las masas proletarias.

La concepción del partido de Marx que se desprende de su acción a la cabeza del Comité de correspondencia de Bruselas y de la Liga de los Comunistas, así como de sus principales trabajos teóricos del período 1846-1848, es una concepción nueva, tanto en relación con las fases anteriores de su evolución política —fases en las que el problema organizacional aún no se planteaba— como en relación con las organizaciones obreras existentes. También aquí Marx trabaja en el sentido de una síntesis que incorpora, superándola, la experiencia de las sociedades secretas francesas y del movimiento de masas inglés. No por casualidad la Liga de los Comunistas fue el primer embrión de una organización como esta: nacida en París, desarrollada en Londres, constituida por alemanes, pudo acumular la experiencia de la vanguardia revolucionaria de los principales países europeos.

a. El Comité de correspondencia comunista

El Comité de correspondencia comunista, constituido en Bruselas en febrero de 1846, es la *primera organización política* creada por Marx y Engels. ¿Por qué razón eligieron, para esta organización, el nombre de *Kommunistisches Korrespondenzkomitee*? De acuerdo con Riazanov, como recuerdo de los Comités de correspondencia jacobinos de la Revolución —medio de relación entre los clubes jacobinos de las diferentes ciudades—, o también de las *Corresponding societies*, sociedades revolucionarias inglesas del siglo XVII.[2] Desde nuestra perspectiva, el carácter de «comité de correspondencia» del primer «partido marxista» se debe a un conjunto de condiciones objetivas:

a. Carácter internacional del proyecto: establecer un contacto entre los comunistas europeos;

b. Dispersión de los comunistas alemanes —intelectuales o artesanos—, objeto inmediato del trabajo ideológico y organizativo de Marx y Engels;

c. El simple hecho de que Bruselas estaba al margen de los grandes centros del movimiento obrero y comunista. Los objetivos esenciales del Comité eran, por un lado, apresurar la formación de un partido comunista organizado en Alemania e incluso a escala internacional; por el otro, conquistar la vanguardia comunista y obrera para las nuevas concepciones de Marx, por medio de un combate teórico intransigente contra el «socialismo verdadero», el socialismo utópico, etc.

Ya durante el año 1845, Marx había establecido contactos internacionales: en el curso de su viaje por Inglaterra con Engels (julio de 1845), entró en relación con la sección local de la Liga de los Justos y con el ala izquierda del cartismo (G.J. Harney); y, a partir de agosto de 1845, comienza a escribirse con Ewebeck en París; no obstante, solo con la creación, en febrero de 1846, del Comité de correspondencia, estos vínculos son «institucionalizados».

El centro motor del Comité central era, evidentemente, el grupo de Bruselas, orientado directamente por Marx y Engels y compuesto por refugiados alemanes; allí se encontraban sobre todo intelectuales, escritores y periodistas como L. Heilberg, F. Wolf, W. Wolf, S. Seiler, G. Weerth; pero también algunos artesanos, como el tipógrafo S. Born y algunos belgas como P. Gigot, E. von Westphalen, cuñado de Marx, y Wilhelm Weitling participaron allí, aunque durante poco tiempo. Inmediatamente después de su creación, el Comité de Bruselas entabló un combate intelectual y político despiadado contra la penetración del «socialismo verdadero» y la persistencia del «comunismo artesanal» en el movimiento obrero alemán: la ruptura con Weitling y la circular contra Kriege son las primeras etapas de esta lucha.

Durante la reunión del Comité de Bruselas de marzo de 1846 se consumó la escisión entre Weitling y los «marxistas». Estaban presentes Marx, Engels, Gigot, von Westphalen, Weydemeyer, Seiler, Heilberg, Annenkov y el propio Weitling, cuya defensa solo tomaron, en cierta medida, Heilberg y Seiler. Los informes de esta reunión tempestuosa son relativamente contradictorios: el de Weitling, en una carta a Hess,[3] del 31/3/1846, es particularmente poco confiable, pero una parte de las afirmaciones que atribuye a Marx es bastante verosímil — por ejemplo, la crítica del «comunismo artesanal» y del «comunismo filosófico» o «sentimental», así como la exigencia de una depuración del partido comunista[4] —. En definitiva, es en los recuerdos de Annenkov, publicados en Rusia en 1880, donde se encuentra la descripción más detallada y probablemente más verídica de esta confrontación histórica; una de las frases del discurso contra Weitling de Marx, tal como la transmite Annenkov, nos da de entrada la significación teórica y práctica de la ruptura: «Dirigirse, en Alemania, a los obreros sin tener ideas rigurosamente científicas y una doctrina concreta equivale a hacer propaganda, sin fundamento y sin conciencia, suponiendo, por un lado, a un apóstol entusiasta y, por el otro, a simples imbéciles que lo escuchan boquiabiertos».[5]

Para comprender el rigor de estas críticas, no hay que olvidarse de que el Weitling de 1846 no era más el de *Las garantías de la armonía y de la libertad* (1842); sus posiciones teóricas estaban ahora — bajo la influencia de «socialistas verdaderos» como Kriege y de neocristianos como el «profeta» Albrecht— rezagadas en relación con este escrito; y, más aún, después de su ruptura con la Liga de los Justos de Londres, se había puesto prácticamente al margen del movimiento comunista alemán.

Los dos informes que citamos demuestran que la ruptura con Weitling se inserta en el marco del trabajo ideológico del Comité de correspondencia comunista para liberar al comunismo alemán de las tendencias utópicas, artesanales, neocristianas, así como de los falsos «profetas» y de los «nuevos Mesías», y para dar a la lucha proletaria una doctrina rigurosa, científica y concreta.

En este mismo marco hay que incluir la circular contra Kriege de mayo de 1846.

Hermann Kriege era un «socialista verdadero» alemán, emigrado a Nueva York, donde era redactor del periódico *Der Volks-Tribun* (El tribuno del pueblo), órgano de la Social Reform Association, rama alemana de la National Reform Association; esta última, creada en octubre de 1845, en el curso de un Industrial Congress organizado por la asociación secreta de obreros y artesanos Young America, era la expresión del movimiento obrero naciente en Norteamérica.

El contenido de la circular de Bruselas con respecto a Kriege, por un lado, y con respecto a la National Reform Association, por el otro, es extremadamente significativo: nos muestra en Marx —quien redactó la circular— una intransigencia radical frente a los doctrinarios pequeñoburgueses alemanes, que se pretenden «comunistas», y, por el contrario, una gran tolerancia y una profunda confianza hacia el movimiento obrero auténtico «de masas».[6]

Esta actitud se traduce, durante los años 1846-1848, en una gran consideración por el cartismo y, por el contrario, en una crítica despiadada de los ideólogos pequeñoburgueses, de los «socialistas verdaderos» al estilo de Proudhon. Su posición frente a la Liga de los Justos se ubica a mitad de camino entre los dos: en la circular, es calificada como «liga esenia secreta», pero la ironía de Marx se orienta más rápidamente contra Kriege que contra la propia Liga.

En verdad, de acuerdo con el testimonio posterior de Marx y de Engels, el trabajo político en dirección a la Liga era uno de los principales objetivos del Comité de correspondencia comunista.[7] Como, desde 1839, el centro vital de la Liga se había desplazado hacia Inglaterra, a través del diálogo Londres-Bruselas se jugó lo esencial de las relaciones entre los «Justos» y los marxistas.[8] Las reservas de Marx en el curso de ese diálogo no se debían solo a la confusión ideológica de la Liga, a sus complacencias hacia el «comunismo sentimental», a su carácter artesanal limitado, sino también a la estructura organizativa estrecha y «conspirativa» de la Liga de los Justos, que no correspondía de ninguna manera a su concepción del partido comunista. Volveremos sobre el problema de las condiciones que Marx y Engels plantearon en el plano teórico y organizativo para adherir a la Liga de los Justos.

Mientras continuaba el diálogo con Londres, el Comité de correspondencia comunista intentaba conquistar las secciones parisinas de la Liga para sus posiciones, en primer lugar por medio de una correspondencia mantenida con Ewerbock. Pero, dada la debilidad teórica de este y sus constantes vacilaciones políticas,[9] se decidió enviar a París, en agosto de 1846, nada menos que al propio Friedrich Engels. Como los partidarios de Weitling habían sido eliminados de la Liga por los esfuerzos de Ewerbock, el combate esencial que debía llevar a cabo Engels estaba dirigido contra la influencia de los «socialistas verdaderos» y de Proudhon. Las cartas de Engels demuestran que el desafío principal del debate era precisamente *el problema de la revolución*: «Lo esencial era demostrar la necesidad de la revolución violenta y mostrar que el socialismo verdadero de Grün, que había encontrado una nueva vitalidad en la panacea de Proudhon, era antiproletario, pequeñoburgués, artesanal».[10]

La actividad del Comité de correspondencia de Bruselas para constituir un verdadero partido comunista alemán no se limitaba solo al trabajo político en dirección hacia la Liga de los Justos y de los exiliados alemanes, sino todo lo contrario. Varios contactos fueron establecidos, incluso en Alemania, con individuos y grupos comunistas que organizaron, por diversos lugares, comités de vínculo regular con Bruselas.[11]

¿Este conjunto fluido y desarticulado ya constituía un *partido*? Las frecuentes referencias al «partido» que se encuentran en esta correspondencia entre Alemania y los bruselenses parecen sugerirlo. Por ejemplo, Weydemeyer, en sus cartas de 1846 a Marx, habla de las «personas de nuestro Partido», de los «intereses del Partido», del «dinero del Partido», de los «objetivos del Partido», etc.[12] No obstante, en una carta de agosto de 1846, Bernays, ex periodista del *Vorwärts*, amigo y discípulo de Marx, refugiado en Francia, le plantea una angustiante pregunta, que muestra el carácter vago e indeterminado de ese «partido»: «...Pero ¿qué somos? ¿Qué constituye el núcleo de nuestro Partido?».[13] Finalmente, la carta de Marx a Annenkov, de diciembre de 1846, indica que, para él, el «partido» no era aún algo organizado y preciso, sino simplemente la expresión del comunismo alemán en tanto corriente política muy heterogénea y contradictoria: «Y en cuanto a nuestro propio partido, no solo es pobre, sino que una gran fracción del partido comunista alemán me odia porque me opongo a sus utopías y declamaciones».[14]

Una de las tareas esenciales, para Marx y el Comité de Bruselas, es precisamente ayudar al comunismo alemán a superar ese estado informe de simple corriente de ideas —como el «partido» del «socialismo verdadero» y los otros «partidos» filosóficos— para convertirse en una organización estructurada y activa. ¿Cómo lograrlo?

La circular del Comité de correspondencia comunista a G.A. Köttgen, fechada el 15 de junio de 1846 y firmada por Marx, Engels, Gigot, F. Wolf —cuyo autor fue sin duda el primero de estos—, nos muestra, por primera vez, cómo Marx concibe el proceso de constitución de un partido comunista. En primer lugar, la circular constata la ausencia, en Alemania, de un «partido comunista fuerte y organizado»; y, como respuesta a la sugerencia de Köttgen, sobre la realización de un congreso, formula la siguiente proposición:

> Consideramos que un congreso comunista sería aún prematuro. Solo cuando se hayan constituido en toda Alemania asociaciones comunistas y hayan reunido medios de acción, los delegados de las diversas asociaciones podrán reunirse en un congreso, con posibilidades de éxito. Esto no podrá realizarse antes del año próximo.[15]

La significación de este proyecto es completamente clara: Marx comprende el camino de la construcción de un partido comunista como un movimiento que va *desde abajo hacia arriba, de la base a la cima, de la periferia al centro*. Es verdad que este programa organizativo solo se refiere a la situación en Alemania, en 1846, y que es necesario cuidarse de las generalizaciones apresuradas; no obstante es cierto que este es el primer texto en el que Marx considera, en términos concretos y precisos, los problemas de la organización del partido comunista alemán, y las soluciones que propone no son contradictorias con sus concepciones generales sobre la revolución y el comunismo, sino todo lo contrario.

Si bien es verdad que el objetivo esencial del Comité de correspondencia comunista era la estructuración del comunismo alemán, no es menos exacto que, desde el comienzo se proponía un trabajo a escala internacional: el establecimiento de un vínculo regular y de un intercambio de puntos de vista entre la vanguardia socialista de Francia, Alemania e Inglaterra.

En Francia, el «interlocutor válido» elegido fue P.J. Proudhon, por cuya obra Marx tenía, desde 1842, un interés muy grande: el 5 de mayo de 1846, una carta firmada «Charles Marx» —con posdatas de Gigot y de Engels— le era dirigida para invitarlo a ser el corresponsal francés del Comité. En esta carta, la tarea de «poner a los socialistas alemanes en relación con los socialistas franceses e ingleses» era presentada, incluso, como «el objetivo principal de nuestra correspondencia». En esta época, Marx creía poder conquistar a Proudhon para sus posiciones, en particular en relación con su lucha contra el «socialismo verdadero»: la posdata de Gigot, que le advierte contra las actividades de Grün, da testimonio de esta ilusión.[16]

Ahora bien, la respuesta de Proudhon muestra el abismo que separa sus nuevas concepciones de las de Marx: en primer lugar, recusa «la acción *revolucionaria* como medio de reforma social» — medio respecto del cual confiesa haber sido partidario — y se propone ahora «quemar la Propiedad a fuego lento»... Entonces, no comprende de ninguna manera el sentido de la lucha de Marx contra el «socialismo verdadero», lucha que califica de «pequeñas divisiones del socialismo alemán».[17]

Algunos «proudhonianos modernos» se entregan al fácil juego de las comparaciones entre los elogios concedidos por Marx a Proudhon durante los años 1842-1844 y sus críticas virulentas de 1846-1847.[18] Olvidan que no solo Marx, sino también Proudhon evolucionaron profundamente de 1842 a 1847... en el sentido contrario. El Proudhon de *Deuxième mémoire sur la propriété* [Segunda memoria sobre la propiedad] (1841) escribía: «Incito a la revolución por medio de todos los medios que están en mi poder»; el de la carta a Marx (mayo de 1846) rechaza la acción revolucionaria como un «llamado a la fuerza, a lo arbitrario; en suma, una cotradicción».[19]

Si el intento de colaboración con Proudhon se interrumpió bruscamente, los esfuerzos de Bruselas para establecer el vínculo con el ala izquierda del cartismo estuvieron, por el contrario, coronados de éxito.

El primer contacto directo de Marx con dirigentes cartistas tuvo lugar en agosto de 1845, en el curso de una reunión en Londres de demócratas y revolucionarios de diversos países; allí se aprobó una proposición de Engels que sugería la creación de una asociación democrática internacional.[20] Engels conocía al jefe del ala radical del cartismo, George Julian Harney, desde 1843, y colaborará después de septiembre de 1845 en el órgano dirigido por este último, *The Northern Star*. ¿Cuál era la situación del cartismo en 1846? Después de una cierta decadencia en 1843-1845, el movimiento parecía retomar un nuevo impulso. Dos acontecimientos capitales prometían un desarrollo decisivo: por una parte, la abrogación de las Corn-Laws en junio de 1846 representaba el triunfo de la burguesía liberal sobre la aristocracia rural y, en consecuencia, llevaba el conflicto entre el proletariado y la burguesía al primer plano; por otra, la victoria del dirigente cartista O'Connor en las elecciones «a mano alzada» de julio de 1846 aparecía como la primera victoria popular en esta nueva fase de la lucha de clases en Inglaterra.

En estas condiciones, el interés que Marx dirige al cartismo en los años 1846-1847 y su esfuerzo por establecer los vínculos con el ala revolucionaria del movimiento son comprensibles. Por lo demás, las posiciones del dirigente más consecuente de esta ala, G. J. Harney, estaban bastante próximas de las de Marx, al punto de que algunos historiadores del cartismo ven en Harney a un precursor del marxismo.[21]

La organización que servía de «base» a la izquierda cartista fue, de 1837 a 1839, la London Democratic Association, que reclutaba entre los obreros más pobres y era simétrica, al interior del cartismo, a la Working Man Association de W. Lovett, más moderada y constituida por artesanos y obreros de «élite». Engels, en un artículo publicado en 1846 en los *Rheinische Jahrbucher*, sobre la «fiesta de las naciones» realizada en Londres en septiembre de 1845, escribía que esta «fracción más radical» estaba compuesta por «cartistas, proletarios, lo cual va de suyo, pero que claramente preveían el objetivo del movimiento cartista y se esforzaban en apresurarlo», y que sus miembros eran, «no solo republicanos, sino comunistas». En cuanto a Harney, Engels lo califica como «proletario auténtico» y afirma que es «completamente lúcido acerca del objetivo del movimiento europeo y que está completamente "*à la hauteur des principes*" (en francés en el texto), incluso si no conoce nada de la teoría alemana sobre el socialismo verdaderoismo».[22]

Aun después de su adhesión a la Liga de los Comunistas, Marx permaneció en contacto con los cartistas revolucionarios —Harney y Ernest Jones— a través de la asociación de los *Fraternal Democrats*, en la que participaba la izquierda del cartismo, la Liga de los Comunistas y varios grupos de exiliados europeos en Londres. Así, durante su estancia en Inglaterra, de noviembre a diciembre de 1847, Marx aparece no solo en el congreso de la Liga, sino también en reuniones de los Fraternal Democrats: el 29 de noviembre pronuncia un discurso durante una conmemoración de la revolución polaca organizada por los Fraternal Democrats, y propone en esta oportunidad la realización de un congreso democrático internacional.[23]

Para comprender bien el sentido de esta actividad «democrática», es necesario conocer la significación que Marx, Engels y Harney atribuían al término «democracia». Engels, en su artículo sobre la «fiesta de las naciones», escribía textualmente que «la democracia es hoy el comunismo [...]. La democracia se convirtió en principio proletario, principio de masas».[24] En la carta a O'Connor, Marx y Engels afirman que obreros y demócratas «son hoy casi idénticos». De la misma manera, en su discurso sobre Polonia, pronunciado en el mitin internacional de los Fraternal Democrats en Londres, Marx habla abiertamente en tanto comunista: en ese discurso, se trata de «abolir el régimen actual de la propiedad», de «victoria del proletariado sobre la burguesía», etc. Finalmente, el Memorial de los Fraternal Democrats a la Asociación democrática de Bruselas (diciembre de 1847), redactado probablemente por Harney, constituye, en el fondo —bajo el pretexto de «fraternidad democrática»— un llamado a la unión internacional del proletariado: «Pero corresponde al interés de los proletarios, oprimidos en todos lados por la misma especie de amos, y despojados de los frutos de su industria por la misma especie de saqueadores; corresponde a su interés unirse».²⁵

Desde el punto de vista organizativo, hay que observar que los Fraternal Democrats, cuyo centro vital era la fracción comunista del cartismo, siempre dudaron en constituir una estructura orgánica, un «partido». Una declaración de Harney sobre el carácter de la asociación define esta actitud: «Rechazamos la idea de la organización de un partido cualquiera junto a aquellos que ya existen en Inglaterra. No queremos competir con ellos, sino únicamente ayudar a todos aquellos que se organizaron para la realización de la libertad popular».²⁶ ¿Cuáles son las razones de semejantes precauciones? Un discurso de Jones, publicado en el *Northern Star* del 5 de febrero de 1848, nos da la respuesta:

> En el momento de la creación de la Unión reinaba una leve desconfianza en relación con los Fraternal Democrats; se suponía que era un intento para reemplazar el movimiento cartista por otro, para crear un partido dentro del partido. En el presente, se sabe que cualquier miembro de esta Unión debe ser, ante todo, cartista y que ser cartista es una condición para ser admitido en la Unión.²⁷

Esta situación de los Fraternal Democrats al interior del cartismo es, sin ninguna duda, la base concreta de las concepciones del *Manifiesto Comunista* sobre las relaciones entre comunistas y partidos obreros: los comunistas no son un partido especial frente a los otros partidos obreros; son la fracción más decidida de los partidos obreros de todos los países, etc.

b. La Liga de los Comunistas

El pasaje formal de la dirección de la Liga de los Justos a Londres solo se hará en 1846, pero prácticamente, desde el fracaso de la insurrección parisina de 1839, la metrópolis inglesa se había convertido en el centro político de la organización.

Enriquecidos con la experiencia del comunismo francés, los artesanos de la Liga, emigrados a Londres, también van a asimilar la del movimiento obrero inglés, sobre todo después del establecimiento, en 1844, de contactos regulares con el cartismo, para la constitución de la asociación de los «Democrats Friends of All Nations». Bajo la influencia de estos contactos y de las condiciones sociales de Inglaterra, el grupo londinense de la Liga conoce la evolución profunda y comienza a considerar al comunismo y las luchas del proletariado industrial de una manera radicalmente opuesta a la de Weitling, por ejemplo, cuyo universo ideológico está al nivel de los pueblitos de artesanos de Suiza.[28] Algunos documentos permiten seguir paso a paso esta transformación: la circular de la asociación obrera alemana del 21/8/1844, el protocolo de las discusiones entre Weitling y la dirección londinense de la Liga (febrero de 1845-enero de 1846), las circulares del comité central de la Liga, de noviembre de 1846 y de febrero de 1847, y, finalmente, la *Revue communiste* de septiembre de 1847.

La circular de la asociación obrera alemana de Londres, firmada, entre otros, por Schapper y Moll, tiene como objeto la apertura de una suscripción a favor de los obreros silesianos. Este escrito muestra que el fracaso de 1839 orientó a los artesanos comunistas hacia el socialismo utópico y «pacifista» de Cabet, Owen, etc. En efecto, el documento rechaza la revuelta silesiana como un «sublevamiento parcial», en lugar del cual propone la «organización del trabajo», y un esfuerzo para salir de la miseria, «no por medio de la violencia, sino por medio de nuestra propia instrucción y de una buena educación de nuestros hijos».[29]

Las discusiones de 1845-1846 con Weitling muestran a la Liga encerrada en el tradicional dilema del movimiento obrero de los años cuarenta: cambiar a los «hombres» o las «circunstancias», emplear la violencia o la «educación». Dos posiciones se dibujan bastante claramente —por un lado, Schapper, que rechaza las revoluciones y no habla más que de *Aufklärung* y de «propaganda esclarecedora»; por el otro, Weitling, para quien «predicar la instrucción a los hambrientos es absurdo», dado que «sin haber ni bebido ni comido, ninguna instrucción es posible»—. Weitling insiste en la necesidad de medios revolucionarios, pero también en la de un «dictador que dirija sobre todo» y cita como ejemplo... a Napoleón —lo cual nos permite comprender su apoyo a Napoleón III en 1853-1855—. No obstante, algunos de los dirigentes de la Liga, que parecen ser, por lo demás, los más representativos, intentan escapar al falso dilema: así, por ejemplo, Bauer, después de cinco meses de discusión, sugiere que «la instrucción (*Aufklärung*) prepara siempre las nuevas revoluciones», y, como respuesta a una observación de Weitling, de acuerdo con la cual el comunismo podría ser instituido por príncipes o ricos, exclama: «¡No!, son los obreros quienes lo harán».[30]

La circular de noviembre de 1846 ya marca un cierto progreso en relación con 1844-1845, en la medida en que condena la «manía de los sistemas» (*Systemkrämerei*) en general, y el de Fourier en particular. Pero es en la de febrero de 1847 que la influencia de Marx se vuelve sensible —el comunismo «sentimental» es vigorosamente condenado como «llana idiotez amorosa» (*seitche Liebesdüselei*)— así como la de los cartistas, que son presentados como «un ejemplo a seguir».[31]

Finalmente, la *Revue communiste* de septiembre de 1847 es prácticamente un órgano «marxista» —incluso si Marx no escribió allí—. Bajo el título, se había inscripto una nueva consigna, que tomaba el lugar de «Todos los hombres son hermanos» (la vieja consigna de la Liga de los Justos): «Proletarios de todos los países, ¡uníos!». Asimismo, el artículo principal de la revista, «La dieta prusiana y el proletariado en Prusia como en Alemania en general», cuyo autor no hemos podido identificar con exactitud (¿Engels o W. Wolf?), afirma claramente que «a nosotros, proletarios, nadie quiere o puede emanciparnos, si no lo hacemos *nosotros mismos*».[32]

Al comienzo de esta evolución, Marx y Engels seguían siendo reticentes en relación con la «liga esenia»; solo aceptaron adherir después de que Moll, el emisario comisionado en Bruselas por los dirigentes de los «Justos», les hubo asegurado que «estaban convencidos de la exactitud absoluta» de las concepciones de Marx, y que tenían necesidad de la colaboración de los dos amigos para «luchar contra los elementos caducos y recalcitrantes» de la Liga.[33] Incluso después de las conversaciones con Moll, su vacilación continúa y se manifiesta en el extenso plazo entre el acuerdo formal de adhesión establecido con el emisario del Comité central (febrero de 1847) y la constitución, por parte de Marx, del Círculo bruselense de la Liga (agosto); solo después de los resultados positivos obtenidos por Engels en el 1er. Congreso de la nueva Liga de los Comunistas (junio de 1847) su participación en la organización se volvió efectiva.

En efecto, en el curso de ese Congreso fueron elaborados, a partir del proyecto de Engels, los nuevos estatutos de la organización. Como ya lo destacamos, las divergencias organizativas de Marx y Engels con la Liga de los Justos eran al menos tan importantes como su discrepancia teórica. Entonces, de acuerdo con Engels, el acuerdo con Moll no solo fue posible después de que este hubo reconocido la necesidad de «apartar a la Liga de las viejas formas y tradiciones de conspiración» y de «reemplazar la organización caduca de la Liga por una organización nueva, tal como lo exigían la época y el objetivo perseguido».[34] El propio Marx afirmará, varios años más tarde, que «la primera adhesión de Engels y mía a la sociedad comunista secreta solo tuvo lugar bajo la condición de que fuera eliminado de los Estatutos todo lo que fomentaba la superstición autoritaria».[35]

Ahora se ve la importancia que tenía para ellos la transformación de los estatutos de la Liga y la luz que puede arrojar un análisis de los nuevos estatutos, adoptados definitivamente por el II Congreso —en presencia de Marx— sobre sus concepciones organizativas, sobre la manera en que consideran la estructura interna de un partido comunista.

Una comparación entre los estatutos de la Liga de los Justos, que datan de alrededor de 1838, y los de la Liga de los Comunistas, de noviembre de 1847, muestra algunas diferencias decisivas, cuyo conjunto permite reconstruir, aproximadamente, el sentido general de esas concepciones:

1. El objetivo de la organización no se deja más «en lo impreciso» —los estatutos de los Justos hablaban de «realización de los principios contenidos en los Derechos del hombre y del ciudadano»—, sino que afirma de manera clara y rigurosa: «El objetivo de la Liga es el derrocamiento de la burguesía, la dominación del proletariado, la supresión de la antigua sociedad burguesa fundada en las oposiciones de clases y la creación de una nueva sociedad sin clases y sin propiedad privada» (Artículo § 1). Aquí se trata más bien del reflejo, en los estatutos, de las transformaciones ideológicas de la Liga antes que de una modificación propiamente organizativa.

2. La organización tiene, al menos implícitamente, un carácter internacional: el artículo de los antiguos estatutos (§ 1), de acuerdo con el cual la Liga «está compuesta por alemanes, es decir, por hombres que pertenecen a las costumbres y a la lengua alemanas», es suprimido.

3. Todos los rasgos estrechamente conspirativos de la organización de los Justos son eliminados: la importancia exagerada del secreto —el artículo § 2 de los antiguos estatutos que define a la Liga como «una asociación esencialmente secreta» es suprimido y se considera la propaganda pública por medio de manifiestos—, los rituales místicos para la admisión, típicos de las sectas secretas inspiradas por la Carbonería, etc.

4. Se priva al Comité central de una serie de poderes discrecionales —también característicos de los grupos conspirativos de los años 1830-1840— tales como: cooptación de miembros, derecho de establecer ordenanzas «según su conciencia», sin consultar a las bases, privilegios que le eran garantizados en los estatutos de los Justos (§ 27, 34).

5. Los antiguos estatutos no preveían ninguna instancia en la que las decisiones pudieran ser democráticamente discutidas por representantes de las diversas comunas locales. Estas decisiones debían ser tomadas en cada comuna, a partir de las sugerencias del Comité central —o de sugerencias de los miembros, comunicadas por el Comité central— y la mayoría de las comunas legislaban para la Liga (§ 33, 34). En los estatutos de los Comunistas, se introduce una novedad esencial: el poder legislativo de la organización pertenece a un Congreso elegido por sistema de representación proporcional, que debe reunirse anualmente y ante el cual es responsable el Comité central. Este Congreso también es la última instancia de las sanciones disciplinarias y, finalmente, *last but not least*, él debe publicar, después de cada sesión anual, un manifiesto en nombre del partido... (§ 21, 32, 36, 39).[36]

Engels describe esta transformación estatutaria como el pasaje de una organización orientada hacia las «veleidades de conspiración que exigen una dictadura» a una asociación «absolutamente democrática, con dirigentes electos y siempre revocables», centrada —«al menos para los tiempos de paz ordinarios»— en la propaganda.[37]

¿Cuál era el carácter de esta Liga de los Comunistas, nacida en 1847? ¿Cuáles son los rasgos distintivos de este primer esbozo de «partido marxista» en relación con las otras organizaciones comunistas —o consideradas como tales— de la época?

En primer lugar, la Liga intenta —sin lograrlo completamente— superar la contradicción entre los límites nacionales del comunismo alemán y el carácter internacional de la lucha proletaria. Así, a pesar del hecho de que la mayoría de los miembros de la organización sean alemanes, esta ya es una «asociación internacional», no solo a causa de la dispersión de los emigrados comunistas alemanes en Europa, sino sobre todo por la ausencia, en esos estatutos, de cláusulas restrictivas en cuanto a la nacionalidad y por el carácter internacionalista del *Manifiesto* del partido y de su principal consigna: «¡Proletarios de todos los países, uníos!».

La Liga de los Comunistas también intenta superar otra contradicción, típica del movimiento obrero de los años cuarenta: la que se da entre las sociedades revolucionarias conspirativas y las organizaciones de «propaganda pacífica». La lucha para superar el dilema ideológico babouvismo-cabetismo se entabla ahora sobre el campo organizativo: a la nueva teoría marxista de la revolución debe corresponder evidentemente un nuevo tipo de partido.

Finalmente, la Liga quiere superar la división del socialismo alemán entre los «partidos filosóficos» («socialismo verdadero», etc.) y las sectas artesanales limitadas, uniendo en una sola organización la vanguardia comunista de la intelligentsia y de la clase obrera. Un análisis de la composición socioprofesional de la Liga de los Comunistas, de 1847 a 1852, sugiere que esta fusión se realizó (al menos parcialmente) —nos provee, al mismo tiempo, indicios sobre la primera base social del marxismo.

Entre 65 miembros de la Liga (1847-1852) —no se trata aquí de una muestra, sino de todos los adherentes cuya profesión pudimos determinar—,[38] se encuentran 33 *intelectuales* y *miembros de profesiones liberales*,[39] así como 32 *artesanos y obreros*.[40]

Este cuadro requiere varias observaciones:

a. El primer grupo —intelectuales y profesionales liberales— está «sobrerrepresentado» dado que constituye más de la mitad del total. Es verdad que este fenómeno se debe en parte al hecho de que los nombres y las actividades de los escritores y periodistas pasan a la posteridad más fácilmente que los de la «base obrera» anónima de la Liga. Pero también es verdad que se trata, en este caso, de un rasgo característico de ciertos grupos de vanguardia desde los comienzos del movimiento obrero.

b. El sector socioprofesional más numeroso de la Liga es el de los escritores y publicistas: además de los diez escritores mencionados, varios otros miembros de la organización ejercieron, al menos temporalmente, ese tipo de actividad: F. Anneke, K. Bruhn, H. Becker, C.J. Esser, H. Ewerbeck, A. Gottschalk, K. Schramm, S. Seiler, W. Wolf y otros. El origen probable de la radicalización de ese grupo tiene raíces históricas: el fracaso de la prensa liberal y neohegeliana, a causa de la capitulación de la burguesía en 1842-1843. La evolución política de Marx es típica de esta categoría.[41]

c. Las categorías profesionales predominantes en el grupo obrero parecen pertenecer al artesanado tradicional: sastres, zapateros, carpinteros. No obstante, el desarrollo de las manufacturas en Alemania ya provocaba en esa época una profunda crisis del artesanado: maestros y oficiales artesanos se estaban convirtiendo muy rápidamente en «artesanos-proletarios desposeídos» (*besitzlose Handwerksproletarier*);[42] ahora bien, las tres categorías mencionadas eran precisamente las más alcanzadas por esta crisis: el informe anual de la Cámara de Comercio de Colonia — tomamos esta ciudad como ejemplo porque era el principal feudo alemán de la Liga— para el año 1847 destaca la «clara caída de los salarios», el desempleo y la decadencia de los maestros artesanos (obligados a convertirse en asalariados, principalmente entre los carpinteros, los zapateros y los sastres...).[43] ¿Por qué la primera vanguardia comunista de Alemania surgió en este «artesanado proletarizado» antes que entre los proletarios de las grandes industrias y manufacturas? Probablemente porque esta capa social tenía un nivel cultural y una tradición de organización y de lucha superiores que los obreros de fábrica, entre los cuales había una gran parte que era de origen campesino, recientemente emigrados a la ciudad. Por otra parte, el artesanado proletario había sufrido un verdadero proceso de «degradación social»: de la «aristocracia» obrera que era el artesanado tradicional, había caído, a causa del desempleo y de la crisis de los oficios, incluso más abajo que los obreros de las industrias modernas. Es muy evidente que el comunismo de esta capa es más el de Weitling que el de Marx, y que los grupos que —más o menos— se convirtieron al marxismo son los que vivieron en las grandes ciudades industriales y manufactureras de Europa: Londres y París.

En síntesis, la Liga de los Comunistas fue, para Marx, un primer ensayo práctico para superar la contradicción entre la organización nacional e internacional del proletariado, y para superar la división del movimiento comunista entre la conspiración y la «propaganda pacífica», por medio de la creación de un partido que no fuera ni una secta artesanal limitada, ni un pseudopartido de filósofos pequeñoburgueses. Este ensayo tuvo un éxito muy parcial, pero preparó el camino para la aparición, doce años después de la disolución de la Liga, de la Asociación Internacional de los Trabajadores.

2. LOS COMUNISTAS Y EL MOVIMIENTO PROLETARIO (1847-1848)

Si bien es verdad que *Miseria de la filosofía* y el *Manifiesto Comunista* abren una nueva fase en la obra de Marx, fase cualitativamente diferente de la que conduce a *La ideología alemana*, dado que los temas económicos e históricos reemplazan la crítica de los filósofos neohegelianos, no es menos cierto que la «teoría del partido comunista», desarrollada en estos dos escritos, es coherente con las premisas filosófico-políticas esbozadas en 1845-1846. En otras palabras, las concepciones de Marx sobre la relación entre los comunistas y el movimiento obrero y entre el partido comunista y el partido proletario, elaboradas en 1847-1848, solo son completamente comprensibles a condición de insertarlas en la totalidad más amplia constituida por la teoría de la revolución de las *Tesis sobre Feuerbach* y de *La ideología alemana*.

En efecto, como la revolución comunista solo podrá ser obra de las masas obreras mismas, la relación entre los comunistas y el proletariado solo puede ser la practicada por las sectas utópicas o jacobino-babouvistas.

Por un lado, el rol de los comunistas no consiste en quedarse, como los «icarios», al margen del movimiento obrero, predicando la verdad al pueblo por la pura «propaganda pacífica», sino en participar estrechamente en el proceso de la lucha de clases, ayudando al proletariado a encontrar, en el curso de su propia práctica histórica, el camino de la revolución comunista.

Por otra parte, el partido comunista tampoco puede desempeñar el rol de jefe jacobino o de la sociedad conspirativa babouvista; dicho de otra manera, no puede erigirse por encima de las masas y «hacer la revolución» en su lugar.

Como ya lo destacamos en nuestra Introducción, el «interés general», la totalidad es alienada por los jacobinos y por Buonarroti en la persona de un «dictador incorruptible» o de una «minoría ilustrada», ubicados por encima de las masas, en sí condenadas al interés privado o al particularismo. Para Marx, por el contrario, el proletariado se orienta hacia la totalidad, a través de su práctica de la lucha de clases, gracias al rol de *mediador* que ejerce su vanguardia comunista. El partido comunista tal como lo define el *Manifiesto* no es la cristalización alienada de la totalidad; es la mediación teórica y práctica entre esta totalidad (el objetivo final del movimiento obrero) y cada momento parcial del proceso histórico de la lucha de clases.

En suma, el partido comunista de Marx no es heredero del «salvador supremo» burgués y utopista; es la *vanguardia* del proletariado que lucha para emanciparse; es el *instrumento* de la toma de conciencia y de la acción revolucionaria de las masas. Su rol no es actuar en lugar o «por encima» de la clase obrera, sino *orientar* a esta hacia el camino de su autoliberación, hacia la revolución comunista «de masas».

a. Miseria de la filosofía[44]

Vimos el interés que Marx profesaba, desde el período del Comité de correspondencia comunista (1846), a los nuevos partidos obreros que se constituían en Inglaterra y en los Estados Unidos. En *Miseria de la filosofía* (1847), encontramos un primer análisis del proceso de organización política del proletariado, inspirado sobre todo en el ejemplo del movimiento obrero inglés.

Este análisis comienza por las *coaliciones*, «primeros intentos de los trabajadores para *asociarse* entre ellos»,[45] que no solo son condenadas por los economistas burgueses, sino también por los «socialistas» — probablemente Marx designa con este término tanto a los socialistas utópicos como a Proudhon y los «socialistas verdaderos»—, los cuales «quieren que los obreros dejen de ocuparse de la vieja sociedad para poder entrar de mejor manera en la sociedad nueva que ellos les prepararon con tanta previsión». Y Marx agrega: «A pesar de unos y otros, a pesar de los manuales y las utopías, las coaliciones no dejaron de andar y de agrandarse con el desarrollo y el crecimiento de la industria moderna».[46] En suma, «cuando se trata de dar cuenta exacta de las huelgas, de las coaliciones y de las otras formas en las que los proletarios realizan ante nuestros ojos su organización como clase, se apodera de unos (los burgueses) un temor real; los otros (los utopistas) hacen alarde de un desdén *trascendental*».[47]

Para Marx, el ejemplo significativo de ese proceso de «organización del proletariado como clase» —expresión que tiene el mismo sentido que la «constitución del proletariado en clase» de Flora Tristán: organización centralizada y permanente de la clase obrera a escala nacional— es el movimiento obrero inglés:

> En Inglaterra no se limitaron a coaliciones parciales, que no tenían más objetivo que una huelga pasajera y que desaparecían con ella. Se formaron coaliciones permanentes, *trade-unions* que sirven como amparo para los obreros en sus luchas contra los empresarios. Y, en la actualidad, esas *trade-unions* encuentran un punto de unión en la *National Association of Trade Union*, cuyo comité central está en Londres y ya cuenta con 80 000 miembros. El desarrollo de estas huelgas, coaliciones, *trade-unions* se desplegó simultáneamente a las luchas políticas de los obreros, que constituyen ahora un gran partido político bajo el nombre de *Cartistas*.[48]

Esta es la conclusión general que Marx deriva de esta experiencia histórica: *no hay, necesariamente, solución de continuidad* entre la resistencia local contra el capitalista y la lucha política, entre la coalición y el partido proletario. El proceso de la lucha de clases eleva constantemente las formas de organización a niveles más altos, a conjuntos más amplios.[49]

En otros términos,

> la dominación del capital creó a esta masa (de trabajadores) una situación común, intereses comunes. Así, esta masa ya es una clase respecto del capital, pero aún no para sí misma. En la lucha,

algunas de cuyas fases hemos señalado, esta masa se reúne, se constituye en clase para sí misma.[50]

La expresión «*en la lucha*» es la clave de esta frase célebre, que nos lleva a los temas de *La ideología alemana*: es por su propia práctica, en el curso de su lucha histórica contra la burguesía, que el proletariado se vuelve consciente y organizado, que se transforma de masa vinculada por un situación común en *clase para sí*.

Los grandes errores de los utopistas —y, sobre todo, de sus discípulos en 1847— fue la ignorancia o el «desdén trascendental» de esta praxis autónoma del proletariado. Esos socialistas utopistas que, «para obviar las necesidades de las clases oprimidas, improvisan sistemas y corren detrás de una ciencia regeneradora», «no ven en la miseria más que la miseria, sin ver en ella el lado revolucionario, subversivo, que derribará a la vieja sociedad».[51] Esta falta es comprensible en una época en la que «la lucha misma del proletariado con la burguesía aún no tiene un carácter político»; pero, «a medida que la historia avanza y que, con ella, la lucha del proletariado se dibuja más claramente, ya no tienen necesidad de buscar ciencia en su espíritu; solo tienen que darse cuenta de lo que ocurre delante de sus ojos y de hacerse el órgano de eso»; así se constituye una nueva ciencia que, «producida por el movimiento obrero, y asociándose a él con pleno conocimiento de causa, dejó de ser doctrinaria; llegó a ser revolucionaria».[52]

Estos textos muestran que, para Marx, el rol del teórico comunista es el de convertirse en «el órgano de lo que ocurre». En un artículo de la *Deutsche Brüsseler Zeitung* (28/10/1847) contra Karl Heinzen, Marx retoma esta idea en una fórmula lapidaria: «El escritor puede servir de órgano de un movimiento histórico, pero va de suyo que no podría crearlo».[53] Por esta razón, la *ciencia revolucionaria* de este teórico difiere radicalmente tanto de la ciencia doctrinaria de los utopistas —elaborada al margen del movimiento obrero— y de la «filosofía revolucionaria» predicada por la *Crítica de la Filosofía del Estado de Hegel*: es una actividad *crítico-práctica*, en el sentido de las *Tesis sobre Feuerbach*: producida a partir de una práctica histórica, se convierte en la expresión crítica, coherente y consecuente de esta práctica, y se asocia a ella conscientemente, en tanto instrumento y guía de la acción revolucionaria.

b. El Manifiesto del Partido Comunista

Los dos temas de *Miseria de la filosofía* que hemos analizado —constitución del partido proletario y rol de los escritores comunistas— son retomados y desarrollados en el *Manifiesto*.

El célebre esbozo histórico del proceso que lleva del ludismo a la organización política[54] —que se inspira sobre todo en la experiencia del movimiento inglés (y tal vez en Flora Tristán)— demuestra la importancia decisiva que Marx atribuía al proceso de *autoorganización* del proletariado y al rol de la lucha de clases en la constitución del partido político obrero —proceso y rol ignorados o despreciados por las sectas utopistas y conspirativas.

La nueva teoría comunista, que parte de esta praxis proletaria real, es cualitativamente diferente de las doctrinas dogmáticas del socialismo «crítico-utópico»:

> Las concepciones teóricas de los comunistas no se basan, de ninguna manera, sobre ideas, sobre principios inventados o descubiertos por tal o cual reformador del mundo.
> Solo son la expresión general de las condiciones efectivas de una lucha de clases que existe, de un movimiento histórico que se opera delante de nuestros ojos.[55]

En cuanto a los escritores comunistas de origen burgués, Marx no plantea el problema en términos de una *alianza entre dos grupos* —los que piensan y los que sufren— como lo hacía en 1843, sino en términos de la *adhesión de algunos individuos a la clase revolucionaria*:

En las épocas, finalmente, en que la lucha de clases se acerca al momento decisivo [...], una débil fracción de la clase dominante se separa de esta clase y se suma a la clase revolucionaria, la clase que tiene el futuro en sus manos. Del mismo modo que, en otro tiempo, una parte de la nobleza se pasó a la burguesía, una parte de la burguesía pasa ahora, entonces, al proletariado, principalmente una parte de los ideólogos burgueses que, a fuerza de trabajo, se elevaron hasta la inteligencia teórica del conjunto del movimiento histórico.[56]

Pero el *Manifiesto Comunista* no se limita a desarrollar los temas de *Miseria de la filosofía*; aporta precisiones fundamentales sobre un problema nuevo: el *partido comunista* y sus relaciones con el movimiento proletario.[57]

El punto de partida del concepto marxista de partido comunista es la crítica radical de los socialistas utópicos, de su actitud frente al movimiento obrero autónomo y a las organizaciones políticas del proletariado:

1. Los inventores de los sistemas crítico-utópicos (así como sus discípulos) «no perciben, del lado del proletariado, *ninguna espontaneidad* (*Selbsttätigkeit*) histórica, ningún movimiento político que le sea propio»; «el proletariado existe para ellos únicamente bajo el aspecto de la clase más sufriente»[58] (como para Marx en 1842-1843...).

2. En el lugar de la «organización progresiva del proletariado en clase» ponen «una organización social especialmente imaginada».[59]

3. «No dejan de apelar a toda la sociedad, sin distinción, e, incluso preferentemente, a la clase dirigente».[60]

4. «Rechazan, entonces, cualquier acción política, *principalmente cualquier acción revolucionaria*; quieren alcanzar su objetivo

a través de vías pacíficas e intentan, por medio de pequeñas experiencias, naturalmente destinadas al fracaso, y por medio de la fuerza del ejemplo, abrir el camino al nuevo evangelio social».[61]

5. Consecuencia organizativa de esta tendencia sectaria: los utopistas «se oponen obstinadamente a cualquier movimiento político obrero, que solo podía tener su fuente en una ciega falta de fe en el nuevo evangelio»; así, por ejemplo, los owenistas en Inglaterra rechazan el cartismo.[62]

Detrás de esta crítica uno ve que se traza claramente entre líneas la concepción de Marx, que es precisamente lo opuesto del sectarismo utopista. Para él, la acción del partido comunista debe basarse justamente sobre la *Selbsttätigkeit* histórica del proletariado, sobre su organización progresiva en clase; debe integrarse en el movimiento político obrero para orientarlo hacia la acción revolucionaria.

Es necesario interpretar las dos frases enigmáticas del *Manifiesto* que definen la relación organizativa entre los comunistas y el partido proletario a partir de estas premisas:

> Los comunistas no forman un partido distinto (*Besondere*) frente a otros partidos obreros.[63]
>
> Prácticamente, los comunistas son, entonces, la fracción (*Teil*) más decidida de los partidos obreros de todos los países, la que siempre empuja hacia delante; teóricamente tienen la ventaja, sobre el resto de la masa, de comprender las condiciones, la marcha y los resultados generales del movimiento proletario.[64]

¿Esto significa que los comunistas no constituyen un partido? Evidentemente no, dado que:

a. El texto se titula: *Manifiesto del* Partido Comunista, y en la introducción se trata de «oponer, a la leyenda del espectro comunista, un manifiesto del propio *partido*».[65]

b. En el mismo capítulo, encontramos esta expresión: «Los comunistas no se diferencian de los otros (*übrigen*) partidos proletarios más que en dos puntos»;[66] por lo tanto, el partido comunista es un *partido proletario* entre *otros* partidos proletarios.

c. La Liga de los Comunistas, de la que Marx era miembro y para la que era escrito el Manifiesto, constituía realmente un partido comunista.

¿Cómo resolver esta contradicción? Rubel, quien es uno de los pocos autores que examinan francamente el problema, propone la siguiente hipótesis: los comunistas no son un *partido obrero*, sino una *élite intelectual*: «Los comunistas, según Marx, son una especie de élite intelectual: "En el plano de la teoría, tienen, sobre el resto de la masa proletaria la ventaja de comprender las condiciones, la marcha de los resultados generales del movimiento proletario" (*Manifiesto Comunista*)».[67]

Ahora bien, una concepción como esta no solo está en contradicción con las *Tesis sobre Feuerbach* y la «filosofía de la praxis» —y no es por casualidad que Rubel cita, para apoyar su hipótesis, una frase de Marx de la *Crítica de la Filosofía del Estado de Hegel* (1844): «La teoría se transforma en fuerza material cuando se apodera de las masas...».[68] En efecto, Rubel solo cita la segunda mitad de un párrafo del *Manifiesto*, «dejando de lado» la primera parte, a saber: «Prácticamente, los comunistas son, entonces, la fracción más decidida de los partidos obreros de todos los países, lo que la lleva siempre hacia delante».[69] La lectura de todo el párrafo muestra claramente que, para Marx, los comunistas son una vanguardia *teórica y práctica*, y ambas cosas son, por lo demás, desde su punto de vista, inseparables.

De acuerdo con nuestro criterio, la solución al problema solo se puede derivar de un análisis concreto de la relación entre los comunistas cercanos a Marx y el movimiento obrero en 1847-1848.

El «partido comunista» del que habla el *Manifiesto* es un partido internacional cuyos embriones son la Liga de los Comunistas y los Fraternal Democrats; es decir, por un lado, una organización compuesta sobre todo por alemanes, pero dispersa en toda Europa; por otro lado, una organización concentrada en Londres, pero compuesta por representantes exiliados de grupos obreros y comunistas de varios países del continente. Como no existía partido obrero en Alemania, el problema se planteaba sobre todo en Inglaterra, bajo la siguiente forma práctica: ¿cuáles deben ser los vínculos entre los Fraternal Democrats, organización comunista de la que formaba parte la sección londinense de la Liga, y el gran partido proletario cartista? Sabemos que el 13 de diciembre de 1847 —es decir, precisamente en el momento en que Marx se encontraba en Londres—, los Fraternal Democrats habían decidido, después de prácticamente dos años de vacilación, organizarse formalmente, por medio de la adopción de estatutos y por la elección de un secretariado compuesto por Harney (Inglaterra), Schapper (Alemania), Jean Michelot (Francia), Peter Holm (Escandinavia), Nemetz (Hungría), A. Schabelitz (Suiza), Oborski (Polonia).[70] A partir de ese momento, los Fraternal Democrats se habían convertido, prácticamente, en un «partido dentro del partido» cartista.

La misma conclusión se desprende de un análisis de las declaraciones de Harney y Jones, que ya hemos considerado. Harney, cuando escribía sobre los Fraternal Democrats, afirmaba: «Rechazamos la idea de la organización de un partido cualquiera *junto* a los que ya existían en Inglaterra»; Jones, el otro dirigente «marxista» del cartismo, escribía, en febrero de 1848: «Se suponía que era (la Unión de los Fraternal Democrats) una tentativa para *reemplazar el movimiento cartista por otro, para crear un partido en el partido*».[71] Es muy evidente que «reemplazar el movimiento cartista por otro» y «crear un partido en el partido» no solo son dos políticas diferentes, sino radicalmente opuestas; por lo demás, la descripción que Jones hace (en el mismo texto) de la unión de los Fraternal Democrats, es claramente la de un «partido en el partido» cartista: «En el presente, sabemos que todo miembro de esta Unión debe, ante todo, ser cartista y que ser cartista es una condición para ser admitido en la Unión».[72]

Retomemos ahora las frases del *Manifiesto*: «Los comunistas no forman un partido distinto frente a otros partidos obreros». «Prácticamente, los comunistas son, entonces, la fracción más decidida de los partidos obreros», etc. Vemos ahora que esas frases resumen la táctica organizativa que Marx elaboró en común acuerdo con la sección londinense de la Liga y con el ala «marxista» del cartismo: el partido comunista no debe organizarse *al lado* o *en el lugar*, sino en el partido proletario, en tanto la «fracción» más decidida y más consciente; en otros términos, los comunistas deben constituir un partido en el partido obrero, lo que nos permite comprender por qué el *Manifiesto* habla de *partido comunista*, al mismo tiempo que niega el hecho de que constituya un «partido distinto frente a otros partidos obreros»...

Esta situación no solo era la de los Fraternal Democrats en el cartismo, sino también la de los comunistas alemanes emigrados a Norteamérica en la National Reform Association —la segunda organización considerada como «partido proletario» por el *Manifiesto*—. En efecto, al constituir una Social Reform Association, los comunistas alemanes de Nueva York formaron precisamente, también ellos, un «partido en el partido».[73]

Al proponer la organización de la vanguardia al interior del movimiento de masas, la constitución del partido comunista al interior del partido obrero, Marx quería evitar a la vez los escollos del sectarismo utópico, aislado y al margen de las luchas obreras, y los de la disolución pura y simple de los comunistas en la masa proletaria.

En el análisis de estas fórmulas del *Manifiesto* conviene distinguir, entonces, la idea esencial —la organización de la vanguardia comunista, de manera tal de escapar tanto del sectarismo estéril como del «seguidismo» oportunista—, de la forma coyuntural y adaptada a las condiciones históricas del momento que tomó en 1848: estructuración del partido comunista en tanto fracción en el seno del partido proletario de masas.

En el siglo XX existió una situación semejante en algunos países, durante los años que precedieron y siguieron a la formación de la III Internacional: en Alemania, de 1917 a 1919, la Liga Espartaco (comunista) permaneció al interior del partido socialdemócrata independiente («centrista»); en Inglaterra, hacia 1919-1920, Lenin proponía la adhesión del partido comunista al Labor Party.

Ahora queda por determinar lo que acerca y lo que diferencia, de acuerdo con Marx, en 1848, al partido comunista del partido obrero.

El *Manifiesto* define así el terreno común a los dos partidos:

«El objetivo inmediato de los comunistas es el mismo que el de todos los otros partidos proletarios: constitución del proletariado en clase, derrocamiento de la dominación burguesa, conquista del poder político por parte del proletariado».[74] Los dos únicos partidos que son considerados como «proletarios» por el *Manifiesto* son el cartismo y los National Reformers.[75] En su artículo contra Heizen de octubre de 1847, Marx presenta a estos partidos en los siguientes términos:

> De la misma manera que en Inglaterra los obreros constituyen un partido político bajo el nombre de cartistas, los obreros constituyen, en América del Norte, un partido político bajo el nombre de National Reformer; y su grito de guerra no es en absoluto: monarquía o república, sino dominación de la clase obrera.[76]

El juicio de Marx no era erróneo: tanto los cartistas como los National Reformers luchaban abiertamente para conquistar el poder político para el proletariado; ya lo vimos para los cartistas. En cuanto a la National Reform Association, su congreso de fundación (octubre de 1845) se proponía «dirigir la organización de las masas para que los obreros pudieran finalmente oponerse al capital y hacer ellos mismos las leyes».[77] No obstante, Marx era plenamente consciente de las limitaciones ideológicas de esos dos movimientos, limitaciones cuyo síntoma más flagrante era su «programa agrario», que consideraba el retorno de los obreros a la tierra, por medio de la compra de pequeñas «propiedades».[78] Además, solo el ala izquierda de esos partidos comprendía la importancia de la unión internacional del proletariado. En consecuencia, la diferenciación de la vanguardia comunista al interior del partido obrero era tan necesaria como su participación en la organización política del proletariado.

¿Qué es lo que distingue al partido comunista de los partidos obreros? Marx responde esta pregunta en un pasaje decisivo del *Manifiesto*, que será retomado, casi palabra por palabra, en el programa de la III Internacional:

> Ellos (los comunistas) no tienen intereses separados de los de todo el proletariado:
> No establecen principios particulares sobre los que querrían modelar el movimiento proletario.
> Los comunistas no se diferencian de otros partidos proletarios más que a partir de dos puntos: por un lado, en las diversas luchas nacionales de los proletarios, proponen y destacan los intereses comunes de todo el proletariado e independientes de la nacionalidad; y, por otro lado, en las diversas fases que atraviesa la lucha entre el proletariado y la burguesía, representan constantemente el interés del movimiento total.[79]

De este texto se desprende claramente que la distinción entre el partido comunista y el partido proletario no es en absoluto de la misma naturaleza que la que opone las sectas utópicas al movimiento obrero. Marx se refiere a esas sectas cuando habla de modelar el movimiento proletario por medio de «principios particulares»; por lo demás, Engels, en la edición de 1888, reemplaza la palabra «particulares» por «sectarios».⁸⁰ Ahora bien, los comunistas se ubican, en relación con el movimiento de masas, precisamente en el polo opuesto de las sectas: representan, en ese movimiento, no un principio *particular*, sino sus objetivos más generales y *universales*. La estructura de ese pasaje del *Manifiesto* es la misma que la del texto de *Para una crítica de la Filosofía del Derecho de Hegel. Introducción*, en la que el proletariado es definido, no como una clase *particular* de la sociedad burguesa, que reclama derechos particulares, sino como una esfera *universal* por su sufrimiento, etc.

El partido comunista es, entonces, el representante de los intereses históricos del proletariado internacional, es decir, de la totalidad; frente a cada movimiento particular, puramente local o nacional, ideológicamente confuso, estrechamente reivindicativo, no consciente de los objetivos finales de la lucha de clases, desempeña el rol decisivo de *mediador de esta totalidad*.

El partido comunista es la vanguardia del movimiento obrero, la fracción del proletariado consciente de su misión histórica. Pero no es una «minoría ilustrada» encargada de realizar esta misión en lugar de las masas proletarias:

> Todos los movimientos, hasta ahora, fueron realizados por minorías o siguiendo los intereses de minorías. *El movimiento proletario es el movimiento autónomo de la inmensa mayoría en interés de la inmensa mayoría.*⁸¹

IV. PARTIDO, MASAS Y REVOLUCIÓN. MARX DESPUÉS DE 1848

La teoría de la autoemancipación revolucionaria del proletariado no es un «episodio de juventud», un momento transitorio, abandonado por el Marx de la «madurez». Permanece, durante todo el período que va desde 1848 hasta la muerte de Marx, como una de las presuposiciones fundamentales de su actividad política; ilumina y contribuye a dar su verdadera significación a sus grandes combates políticos y político-ideológicos: la revolución alemana de 1848-1850, la lucha contra Lassalle y contra Bakunin, la Comuna de París, la crítica del oportunismo en la socialdemocracia alemana.

Por supuesto, no se trata de ninguna manera de llevar adelante aquí el estudio detallado y preciso del período 1848-1883, sino solo de trazar el programa de un estudio como ese, dirigiendo la atención hacia algunos textos clave, en los que la teoría de la revolución autoemancipatoria está claramente implicada.

a. La Declaración del Consejo central a la Liga (marzo de 1850)

Ya observamos (cap. 1) el paralelismo sorprendente entre la evolución de Marx desde la *Gaceta Renana* (1842-1843) hasta *Para una crítica de la Filosofía del Derecho de Hegel. Introducción* (1844), y la que conduce de la *Nueva Gaceta renana* (1848-1849) a la *Declaración del Consejo central a la Liga* (1850). En los dos casos, la capitulación de la burguesía liberal frente al poder feudal conduce a Marx a la idea de la revolución permanente, aún abstracta y «filosófica» en 1844, pero rigurosa y concreta en 1850; y, tanto en 1850 como en 1844, Marx cree que la señal de la revolución proletaria será dada por el «canto del gallo galo», es decir, por la clase obrera francesa.[1]

La idea central de la Declaración es «hacer la revolución permanente» hasta la toma del poder por parte de la proletariado, sacando del poder, una después de la otra, a las clases poseedoras;[2] este tema no está en contradicción con el *Manifiesto*, que sugiere también una continuidad del proceso revolucionario —la revolución burguesa como preludio inmediato de una revolución socialista—. La diferencia esencial en relación con 1848 es que, ahora, Marx ya no habla de «ubicarse al lado de la burguesía», «desde el momento en que esta toma una actitud revolucionaria», por la simple razón de que ya no cree que la burguesía sea capaz de tomar una «actitud revolucionaria».

La Declaración es, sin ninguna duda, una previsión genial de las revoluciones socialistas del siglo XX, empezando por la de 1917, y está en contradicción flagrante con el mito arraigado según el cual Marx nunca habría considerado una revolución proletaria en un país capitalista y semifeudal.

Uno de los críticos burgueses del marxismo, George Lichtheim, sugiere que este esquema de «revolución ininterrumpida» de Marx se inspira en el desarrollo de la Revolución Francesa desde 1789 hasta 1794 y que es, en consecuencia, esencialmente *jacobino*. Lichtheim denomina a la *Declaración* de marzo de 1850 como una «breve aberración jacobino-blanquista» de Marx...[3]

Ahora bien, si bien es verdad que la teoría de la revolución esbozada en la Declaración se nutre, entre otras, de la experiencia de la Gran Revolución, es completamente falso caracterizarla como «jacobina» o «jacobino-blanquista»; y esto por dos razones fundamentales:

1. El objetivo del proceso revolucionario predicado por la *Declaración* —la toma del poder por parte del proletariado— se ubica precisamente *más allá* de la «democracia pequeñoburguesa», es decir, del jacobinismo;

2. El carácter de ese proceso no es ni jacobino, ni jacobino-blanquista, sino esencialmente *autoemancipador*.

En efecto, basta con una lectura atenta de la *Declaración* para constatar que a cada momento el sujeto de la acción revolucionaria no es la Liga de los Comunistas o una minoría de estilo jacobino, sino los *obreros*. Esto no significa, por supuesto, que la Liga no tenga un rol que desempeñar, en tanto vanguardia comunista, ni que el proletariado no tenga necesidad de organizarse en un partido; el rol de la Liga es precisamente luchar para la organización del partido obrero de masas, al interior de lo que será la fracción más consciente y más activa, según las concepciones organizativas del *Manifiesto*:

> En lugar de rebajarse a servir una vez más de claque de los demócratas burgueses, los obreros y, sobre todo, la Liga deben trabajar para constituir, junto a los demócratas oficiales, una organización autónoma, secreta y pública, del partido obrero, y para hacer de cada comuna el centro y el núcleo de agrupamientos de obreros en los que la posición y los intereses del proletariado serán discutidos independientemente de influencias burguesas.[4]

¿Qué formas debe tomar la lucha revolucionaria y autoliberadora de las masas proletarias? De acuerdo con la *Declaración*, los proletarios deben constituir su propio poder frente al poder burgués, por medio de la constitución de consejos obreros:

> Es necesario que, junto a los nuevos gobiernos oficiales, establezcan al mismo tiempo sus propios gobiernos obreros revolucionarios, o bien bajo la forma de municipalidades o de consejos municipales, o bien por medio de clubes o de comités obreros, de tal manera que los gobiernos democráticos burgueses no solo pierden en seguida el apoyo de los obreros, sino que se sienten, de buenas a primeras, controlados y amenazados por autoridades que tienen, detrás de ellas, a toda la masa de los obreros.[5]

Destaquemos, de paso, la extraordinaria similitud entre este programa y los acontecimientos de 1917: organización de los soviets, dualidad del poder, etc. Evidentemente, el poder de esos consejos no puede ejercerse sin el armamento de los obreros, sin la formación de una «guardia roja»; en consecuencia,

> es necesario hacer inmediatamente lo necesario para que el proletariado se arme con fusiles, cañones y que tenga municiones; y es necesario, por el contrario, oponerse al restablecimiento de la antigua guardia nacional dirigida contra los obreros. Allí donde ese restablecimiento no pueda impedirse, los obreros deben intentar organizarse como guardia proletaria autónoma, con jefes elegidos por ellos mismos y su propio estado mayor igualmente elegido por ellos, y bajo las órdenes, no del poder público, sino de los consejos revolucionarios formados por los obreros.[6]

En conclusión, los obreros alemanes

> deben contribuir ellos mismos a su victoria final tomando conciencia de sus intereses de clase, estableciéndose tan rápido como sea posible como partido independiente y, a pesar de los discursos hipócritas de los pequeñoburgueses, no perdiendo ni un solo instante de vista la organización autónoma del partido del proletariado. Su grito de guerra debe ser: ¡La revolución permanente![7]

En el fondo, la *Declaración* retoma, bajo una forma *práctica, precisa* y *concreta*, los principales temas revolucionarios de las obras de juventud: la teoría de la revolución permanente de 1844, la teoría de la revolución comunista proletaria de 1845-1846, la teoría del partido obrero de 1847-1848. Las retoma a la luz de una experiencia histórica real —la revolución alemana de 1848-1850— y el conjunto, con sus desarrollos estratégicos y tácticos, constituye la más extraordinaria prefiguración de las revoluciones socialistas del siglo XX.

b. Contra el «socialismo de Estado» de Lassalle

Los historiadores burgueses o socialdemócratas frecuentemente presentan el conflicto entre Marx y Lassalle como una pelea personal o una simple divergencia táctica; un análisis más desarrollado del problema muestra, por el contrario, que su divergencia es fundamental y se sitúa en el nivel de las presuposiciones esenciales de su actividad política.[8]

En efecto, la estructura del pensamiento de Lassalle es, típicamente, la del socialismo «desde lo alto», por la gracia de un Salvador; ella se ubica, en consecuencia, en oposición radical a la teoría marxista de la revolución autoemancipadora.[9]

El punto de partida de este pensamiento es la filosofía de Hegel, que el joven Lassalle había estudiado en Berlín, y de la que sobre todo retendrá la concepción del Estado y del rol decisivo de los *welthistorische Individuen*. Una de sus primeras obras, el drama histórico *Franz von Sickingen*, considera las grandes luchas político-religiosas de la Reforma desde el ángulo de la acción de los «Grandes Hombres».

Pero es en el curso de su actividad de agitación política de los años 1862-1864 cuando sus ideas sobre la liberación de los trabajadores por medio de la intervención del Estado o de un «individuo histórico» pasarán al terreno práctico. Convocado para la dirección de la Asociación general de los obreros alemanes, Lassalle lanza la consigna de «constitución de cooperativas de producción con la ayuda del Estado»; es para él el proceso capaz de conducir a la instauración del socialismo. Al mismo tiempo, «coquetea» públicamente con el gobierno imperial y mantiene conversaciones secretas con Bismarck, a quien le promete el apoyo de la Asociación obrera a cambio de una intervención «social» del Estado prusiano.

Por otra parte, íntimamente convencido de su rol mesiánico de «Gran Liberador» de los obreros, Lassalle concentra en sus manos todos los poderes de la Asociación; impone una estructura organizativa ultracentralista, autoritaria, antidemocrática, incluso dictatorial, que suprime toda iniciativa, toda actividad, toda autonomía a los miembros y a las secciones locales.[10]

El vínculo íntimo entre su mesianismo, la organización autoritaria de la Asociación general de los obreros alemanes y su apelación a Bismarck —tres elementos que se articulan en una estructura coherente de «socialismo desde lo alto»— aparece claramente en la carta de Lassalle al «Canciller de Hierro», con fecha del 8 de junio de 1863. En esta misiva, Lassalle envía como anexo los estatutos de la Asociación general, que denomina «la constitución de mi reino» y que presenta a Bismarck como una prueba de la «tendencia instintiva de la clase obrera a la dictadura», y de la posibilidad, para los trabajadores, de aceptar a la monarquía como «el portador natural de la dictadura social».[11]

La crítica de Marx, cuyas concepciones esenciales son rigurosamente contradictorias con las tendencias de Lassalle, no solo se dirige contra la táctica de este, sino también contra los fundamentos mismos de su actividad política.

Parece que su primera polémica tuvo lugar en 1859, a propósito del drama de Lassalle, *Franz von Sickingen*. En una carta del 19 de abril de 1859, Marx acusa a Lassalle de haberse identificado con su héroe y de haber «colocado la oposición noble-luterana por encima de la plebeyo-*Münzeriana*».[12] Algunos años más tarde, Marx compara el rol de Lassalle, que quiere «obligar» a Bismarck a anexar el Schleswig-Holstein con el de «su propio Sickingen», que quiere obligar a Carlos V a «ponerse a la cabeza del movimiento».[13]

En una carta a Kugelmann, del 23/2/1865, Marx compara igualmente a Lassalle con el marqués de Posa, personaje de Schiller que «defiende al pueblo» junto a Su Majestad Felipe II: «Lassalle quería actuar como el marqués de Posa del proletariado con el Felipe II de Uckermack (el rey de Prusia); y Bismarck debía servir de intermediario entre la monarquía prusiana y él».[14] Lassalle y Bismarck, von

Sickingen y Carlos V, marqués de Posa y Felipe II: el «gran jefe» que quiere persuadir al rey de que libere al pueblo; esa es la actitud que la ironía corrosiva de Marx condena.

Para Marx, no es la intervención «socialista» de la monarquía prusiana, ni la «ayuda del Estado» lo que podrá emancipar a los trabajadores, sino la acción autónoma y revolucionaria del movimiento obrero. En una carta a Schweitzer (discípulo de Lassalle, dirigente de la Asociación general de los obreros alemanes), Marx observa que el «punto central de la agitación» de Lassalle era «ayuda del Estado contra acción autónoma», es decir, la misma consigna que «Buchez, jefe del socialismo francés *católico*, había pronunciado en 1843 y en los años siguientes contra el movimiento obrero real en Francia».[15] En la *Crítica del Programa de Gotha* (1875), Marx escribe:

> En lugar de desprenderse del proceso de transformación revolucionaria de la sociedad, «la organización socialista del conjunto del trabajo» se deriva de la «ayuda del Estado», ayuda que el Estado provee a las cooperativas de producción que él mismo (y no el trabajador) «*suscitó*». Creer que se puede construir una sociedad nueva por medio de subvenciones del Estado tan fácilmente como se construye un nuevo ferrocarril ¡es algo muy digno de la presunción de Lassalle![16]

Estos textos ubican el verdadero desafío del conflicto entre Marx y el «lassallismo»: por un lado, *la ayuda del Estado, la intervención de la monarquía prusiana*; por el otro, la acción autónoma del movimiento obrero real y la *transformación revolucionaria* de la sociedad.

En la carta a Kugelmann mencionada antes, Marx compara las maniobras de Lassalle con la *Realpolitik* de Miquel y de los otros dirigentes del National Verein, partido burgués, unido a la monarquía prusiana. Pero al mismo tiempo demuestra que, si bien un compromiso como ese es normal para la burguesía, no tiene sentido para el proletariado que, «por la naturaleza misma de las cosas, debe ser sinceramente revolucionario».¹⁷ Este mismo tema se encuentra en una carta del 13 de febrero de 1865 a Schweitzer. Marx comprueba allí que «el partido burgués se desacreditó lamentablemente creyendo que, con "la era nueva" de Bismarck, el gobierno, por la gracia de un príncipe regente, le había caído del cielo»; pero, agrega, «el partido obrero se desacreditará *aún mucho más* imaginándose que, gracias a la era bismarckiana o a una era prusiana cualquiera, las alondras, por la gracia del rey, le caerán completamente asadas en la boca»; porque —al contrario de la burguesía— «la clase obrera es *revolucionaria* o no es nada».¹⁸

Estas tomas de posición de Marx no fueron expresadas solo en su correspondencia. En dos declaraciones públicas de febrero de 1865 publicadas en el *Sozialdemokrat*, órgano de la Asociación general de los obreros alemanes, firmadas por Marx y Engels, las maniobras de los discípulos de Lassalle que dirigían la Asociación son condenadas. En la primera, la crítica todavía es indirecta: Marx habla del proletariado parisino «siempre irreconciliable frente al bonapartismo», y el cual se niega a vender por un plato de lentejas «su derecho de primogenitura histórica como representante de la revolución»; agrega: «Recomendamos este modelo a los obreros alemanes».¹⁹ La segunda declaración consagra la ruptura formal entre Marx, Engels y la redacción del *Sozialdemokrat*; rechaza firmemente el «socialismo gubernamental real prusiano»; el artículo de Marx en la *Deutsche Brüsseler Zeitung* sobre el comunismo del *Rheinischer Beobachter* (12/9/1847) es citado como aquello que expresa «opinión de los abajo firmantes» sobre la alianza del proletariado con el gobierno.²⁰ En ese artículo, Marx afirmaba que «los comunistas no pueden aliarse con el gobierno, por la simple razón de que los comunistas son los más revolucionarios entre los partidos revolucionarios de Alemania»; y agregaba: «Se imagina que el proletariado quiere que lo ayuden; no se piensa que no espera más ayuda que de sí mismo».²¹

Finalmente, Marx también critica dos aspectos de la actividad de Lassalle, que lo acercan al socialismo utópico premarxista: el mesianismo y el sectarismo. En la carta a Kugelmann, Marx escribe que Lassalle se presentaba a los obreros como un «salvador charlatán que les prometía hacerlos pasar de un solo salto a tierra santa»,[22] y, en una carta a Schweitzer, del 13/10/1868, muestra que,

> como todo individuo que pretende poseer en su cartera una panacea para los sufrimientos de los obreros, (Lassalle) dio de buenas a primeras a su agitación un carácter sectario religioso. [...] Cayó en el error de Proudhon al buscar la base real de su agitación, no en los elementos reales del movimiento de clase, sino queriendo prescribir a este último su marcha de acuerdo con cierta receta doctrinaria...[23]

c. La Primera Internacional

Marx definió el sentido que atribuía a la Internacional en el primer considerando del preámbulo a los Estatutos de la Asociación: «La emancipación de los trabajadores debe ser la obra de los propios trabajadores». En nombre de este principio se opuso con intransigencia a todas las tendencias que, al interior de la Asociación internacional de los trabajadores, buscaban constituir sectas utópicas, dogmáticas o conspirativas, al margen del movimiento obrero real.

En una carta del 29/11/1871 a Bolte, Marx resume la significación de las luchas internas de la 1ra. Internacional:

> La Internacional fue fundada para reemplazar la organización efectiva de la clase obrera por la lucha, las sectas socialistas o semisocialistas. Los estatutos primitivos, así como la Declaración inaugural, lo revelan al primer golpe de vista. Por una parte, la Internacional no habría podido afirmarse si la marcha de la Historia ya no hubiera hecho pedazos el régimen de las sectas. El desarrollo de las sectas socialistas y el del movimiento obrero real

están constantemente en relación inversa. Mientras estas sectas se justifiquen (históricamente), la clase obrera aún no está madura para un movimiento histórico autónomo. Desde el momento en que haya alcanzado esta madurez, todas las sectas son reaccionarias por esencia. No obstante, en la historia de la Internacional se ha visto que se repitiera lo que la historia muestra en todas partes. Lo que envejeció intenta reconstituirse y mantenerse al interior mismo de la forma recientemente adquirida. Y la historia de la Internacional fue una *lucha continua del Consejo general* contra las sectas y las tentativas de aficionados que, en el marco de la Internacional, buscaban afirmarse contra el movimiento real de la clase obrera.

Como ejemplos de estas «sectas reaccionarias», Marx cita a los proudhonianos mutualistas franceses, a los lassallianos alemanes y la Alianza de la democracia socialista de Bakunin.[24]

El mismo tema vuelve a aparecer en la Circular contra Bakunin del Consejo general de la A.I.T., *Las pretendidas escisiones en la Internacional* (1872), en la que Marx destaca la diferencia esencial entre el «movimiento sectario» —que Bakunin quería restablecer por medio de múltiples asociaciones secretas— y «la organización real y militante» del proletariado:

> La primera fase en la lucha del proletariado contra la burguesía está marcada por el movimiento sectario. Tiene su razón de ser en una época en la que el proletariado todavía no está bastante desarrollado para actuar como clase. Pensadores individuales critican los antagonismos sociales y dan para ellos soluciones fantásticas que la masa de los obreros no tiene más que aceptar, propagar, poner en práctica. Por su naturaleza misma, las sectas formadas por esos iniciadores son abstencionistas, extrañas a cualquier acción real, a la política, a las huelgas, a las coaliciones; en una palabra, a todo el movimiento de conjunto. La masa del proletariado aún sigue siendo indiferente o, incluso, hostil a su propaganda. [...] Frente a las organizaciones poco realistas y antagonistas de las sectas, la Internacional es la organización real

y militante de la clase proletaria en todos los países, vinculados unos con otros, en su lucha común contra los capitalistas, los propietarios de tierras y su poder de clase organizado en el Estado.[25]

Por otra parte, para Marx, autoemancipación y revolución eran dos caracteres inseparables de la lucha proletaria. Y, si bien combatió las tendencias sectarias que se olvidan del primero, también rompió con las tendencias oportunistas que rechazaban el segundo: por ejemplo, los trade-unionistas ingleses Lucraft y Odger, que no quisieron solidarizarse con la Comuna de París.

Los autores burgueses que, como Lichtheim, quieren oponer el «realismo» de Marx en 1864 a su «utopismo» de 1871,[26] no comprendieron el verdadero sentido de la actividad política de Marx. Lo que ellos denominan el «equívoco» es, precisamente, la unidad indisoluble —cuyos fundamentos filosóficos discernimos en las obras de juventud— entre la revolución comunista y la autoemancipación de los trabajadores, tanto en la teoría como en la práctica.

d. La Comuna de París

Para Marx, la Comuna de París no fue nada menos que la primera manifestación histórica y concreta de esta revolución comunista «de masas» que había definido en sus obras de juventud como primer momento del proceso en el que coincide el cambio de los hombres y de las circunstancias:

> La clase obrera no esperaba milagros de la Comuna. Esta no tiene utopías ya armadas para introducir por decreto del pueblo. Sabe que para realizar su propia emancipación y, con ella, esta forma de vida más elevada a la que irresistiblemente tiende la sociedad actual por su propio desarrollo económico, tendrá que pasar por largas luchas, por toda una serie de procesos históricos, que transformarán completamente las circunstancias y a los hombres.[27]

La Comuna no había sido, efectivamente, la obra de una minoría «ilustrada» o de una secta secreta, sino de las *masas obreras* de París: «Ya no era posible para los hombres de la defensa reducirla a algunos esfuerzos aislados de las fracciones revolucionarias más conscientes de la clase obrera de París».[28] Como respuesta a las calumnias de la reacción, que presentaban a la Comuna como una conspiración tramada por la Internacional, Marx escribía:

> El entendimiento burgués, completamente impregnado de espíritu policial, se figura naturalmente a la Asociación Internacional de los Trabajadores como una especie de conjura secreta, cuya autoridad central ordena, de vez en cuando, explosiones en diferentes países. Nuestra Asociación no es otra cosa, en efecto, que el vínculo internacional que une a los obreros más avanzados de los diversos países del mundo civilizado. En algún lugar, bajo alguna forma y en algunas condiciones en las que la lucha de clases tome consistencia, es muy natural que los miembros de nuestra Asociación se encuentren en el primer rango.[29]

La Comuna no era ni una conspiración, ni un «golpe de mano»: era «el pueblo que actuaba por sí mismo y para sí mismo».[30] El corresponsal del *Daily News* en París no encontró allí ningún jefe que ejerciera la «autoridad suprema», lo cual provoca un comentario irónico de Marx: «Eso contraría al burgués, que tiene una inmensa necesidad de ídolos políticos y de "grandes hombres"».[31]

En efecto, el poder instalado por esta revolución autoemancipadora no podía ser un poder de tipo jacobino; era y no podía ser más que «esencialmente *un gobierno de la clase obrera*», un «gobierno del pueblo por el pueblo», «la recuperación por el pueblo y para el pueblo de su propia vida social».[32] Y esto era evidente desde su primer decreto: la supresión del ejército permanente y su reemplazo por el pueblo en armas. Y, mientras que los jacobino-blanquistas concebían la toma del poder como la simple conquista del aparato del

Estado, Marx muestra, a partir de la experiencia de la Comuna, que la revolución comunista, obra de los propios trabajadores, no puede más que *romper* ese aparato —adecuado para la dominación parasitaria sobre el pueblo— y sustituirlo por instituciones adecuadas al autogobierno popular. Este se desprende claramente de la célebre carta a Kugelmann (12/3/1871) que habla de destruir la «máquina burocrática y militar» como «condición primera de toda revolución popular sobre el continente», así como del primer ensayo de redacción de *La Guerra civil en Francia*, donde Marx escribía: «La Comuna se libera totalmente de la jerarquía política y reemplaza a los amos altaneros del pueblo por servidores siempre revocables... constantemente bajo el control del pueblo».[33] El texto definitivo de la circular también habla de «esta nueva Comuna, que rompe el poder de Estado moderno» y de los «simples obreros», que, «por primera vez, se atreven a tocar el privilegio gubernamental de sus "superiores naturales", los poseedores».[34]

Si Marx sostuvo, ayudó y defendió la Comuna, a pesar de su convicción de que estaba condenada al fracaso, a pesar de sus divergencias ideológicas con las corrientes que predominaban allí (proudhonianos, blanquistas, etc.); a pesar de la oposición de los sindicalistas ingleses miembros de la Internacional, se debe a que veía allí la primera manifestación real de esta autoemancipación revolucionaria y comunista del proletariado cuya forma había prefigurado desde 1846.[35]

e. Marx, Engels y la socialdemocracia alemana

La interpretación bastante corriente que identifica a Marx y Engels con la dirección del partido socialdemócrata alemán de los años 1875-1883 no resiste un análisis de los acontecimientos, por poco profundo que sea este.

En efecto, desde la fundación del Partido en 1875 —por la fusión entre el grupo de Eisenach (Liebknecht, Bebel, etc.) y los lassalleanos— Marx y Engels llevaron adelante juntos una lucha política vigorosa e intransigente contra las tendencias oportunistas, reformistas y pequeñoburguesas que se manifestaron en la socialdemocracia alemana, tendencias a las que sus propios colaboradores más cercanos (Liebknecht y Bebel) hicieron graves concesiones.

Si dejamos de lado la cuestión del programa de Gotha, que aún se relaciona con la lucha contra el lassallismo, el episodio más representativo de las divergencias entre Marx, Engels y los sectores reformistas del Partido es el combate entablado hacia 1877-1880 contra los intelectuales «contrarrevolucionarios» (grupo de Zúrich) y el ala derecha de la fracción parlamentaria, combate que casi termina con la ruptura formal y pública con la dirección del P.S.D. alemán.

En una carta del 19 de octubre de 1877, a F.A. Sorge, Marx se queja de que «en Alemania prevaleció un espíritu "corrupto" en nuestro Partido, no tanto en la masa como entre los jefes». Critica en particular el compromiso de los «jefes» con «toda una banda de estudiantes sin madurez y de doctores demasiado eruditos que quieren dar al socialismo un giro "ideal más elevado"». El representante típico de la «banda» es, según Marx, el doctor Höchberg, que edita en Zúrich el periódico *Zukunft* (Futuro) —que Marx califica como «miserable».[36]

El propio Höchberg publica, en 1879, en el *Jahrbuch für Sozialwissenschaft und Sozialpolitik* —que edita bajo el pseudónimo de «Dr. Ludwig Richter»— un artículo redactado por él, C.A. Schramm y E. Bernstein (ya...), artículo que propone una «revisión» de la política del Partido, el abandono de su carácter «estrechamente obrero», de sus tendencias demasiado revolucionarias, etc.

Hacia la misma época, un diputado socialdemócrata, Max Kayser, pronuncia en el Reichstag un discurso favorable a las leyes proteccionistas de Bismarck. Como este discurso fue severamente criticado por un amigo de Marx y Engels, Hirsch, en su periódico *La Lanterne*, la fracción parlamentaria y la dirección del Partido se declararon solidarias con Kayser.

Frente a estos dos síntomas graves del «espíritu corrupto» del Partido, Marx y Engels deciden que es oportuno pronunciarse, exigiendo del grupo de Leipzig (Bebel, Liebknecht, Bracke, etc.) la condena de las tendencias reformistas —en particular el *Jahrbuch* de Höchberg— o, llegado el caso, negando públicamente la dirección del Partido. En una carta a Engels, del 10 de septiembre de 1879, Marx escribía:

> Comparto completamente tu punto de vista en relación con que no se puede perder tiempo para hacer saber, brutalmente y sin consideraciones, nuestra opinión sobre el desvarío del *Jahrbuch*, es decir, *pro nunc* «notificar» de esta, por escrito, a la gente de Leipzig. Si siguen de la misma manera con su «órgano del Partido», debemos condenarlos públicamente. En estas cosas termina toda la bonhomía.[37]

Una semana después, Marx y Engels enviaban a Bebel y a los otros dirigentes de Leipzig una carta-circular, que expone «negro sobre blanco» su punto de vista. Este escrito, que pertenece a la categoría de los documentos olvidados del marxismo,[38] presenta un interés considerable: las tendencias que allí se critican son precisamente las que caracterizarán a la socialdemocracia reformista del siglo XX —y por casualidad el pionero del revisionismo, Bernstein, es expresamente cuestionado allí...—. Desde nuestro punto de vista, la circular de septiembre de 1879 es decisiva: se ve allí a Marx, en una de las últimas batallas políticas de su vida, defender, con claridad e intransigencia, los mismos principios políticos que habíamos puesto en evidencia en sus obras de juventud: revolución socialista y auto-emancipación del proletariado.

En primer lugar, la carta-circular aborda el caso Kayser; después de haber manifestado su acuerdo con las críticas de Hirsch, Marx y Engels afirman que esas críticas no perdieron nada de su valor; muy por el contrario, dado que la fracción parlamentaria se solidarizó con

Kayser. Y preguntan a sus amigos de Leipzig: «¿La socialdemocracia alemana está realmente infectada por la enfermedad parlamentaria y cree que, gracias al sufragio universal, el Espíritu Santo se derrama sobre los elegidos, transformando la sesiones de las fracciones en concilios infalibles y las resoluciones de las fracciones en dogmas inviolables?» [39]

Pero, sin duda, la parte más significativa del documento es la que se refiere a la cuestión Höchberg-Bernstein-Schramm. Resumiendo irónicamente las tesis del artículo del *Jahrbuch*, Marx y Engels escriben:

> Si se cree a estos señores, el partido socialdemócrata no debe ser un partido exclusivamente obrero sino un partido universal, abierto a «todos los hombres plenos de un verdadero amor por la humanidad». Lo probará ante todo abandonando las vulgares pasiones proletarias y ubicándose bajo la dirección de burgueses instruidos y filántropos «para prodigar el buen gusto» y para «aprender el buen tono» [...].
>
> El socialismo alemán «se preocupó demasiado por conquistar a las *masas*, dejando de hacer una propaganda enérgica (¡!) en las capas denominadas superiores de la sociedad». Pues al partido «aún le faltan hombres capaces de representarlo en el parlamento». No obstante, es «deseable y necesario confiar los mandatos a hombres que disponen de tiempo suficiente para familiarizarse plenamente con los principales temas. El simple obrero y el pequeño artesano... muy rara vez tienen el tiempo libre necesario».
>
> ¡Votad, entonces, por los burgueses!
>
> En suma, la clase obrera, por sí misma, es incapaz de abrirse paso. Debe pasar, entonces, bajo la dirección de burgueses «instruidos y acomodados» que son los únicos que «tienen la oportunidad y el tiempo» de familiarizarse con los intereses de los obreros. Así, no hay que combatir a la burguesía, de ninguna manera, sino, por el contrario, hay que *conquistarla* para una propaganda enérgica.
>
> Si se quieren conquistar las capas superiores de la sociedad o, al menos, sus elementos bienintencionados, de ninguna manera

hay que espantarlos. Los tres zuriqueses creen haber hecho un descubrimiento tranquilizador:

El Partido muestra ahora, precisamente, bajo el peso de la ley antisocialista que *no está dispuesto* a tomar el camino de la Revolución violenta, sangrienta, sino... el camino de la legalidad, es decir, de la *Reforma*.

[...] Si Berlín era, una vez más, demasiado inculta para hacer un 18 de marzo (1848), los socialdemócratas, en lugar de tomar parte en la lucha como «pordioseros apasionados de barricadas» (p. 88), deberían tomar más bien el «camino de la legalidad», ordenar las barricadas y, si resulta necesario, marchar con el magnífico jefe supremo del ejército contra las masas estrechas, rudas, incultas. O, si estos señores afirman que no quisieron decir eso, ¿qué quisieron decir? [...]

El programa no será *abandonado* sino, simplemente, puesto al día —por un tiempo indeterminado—. Se lo adopta, no por sí mismo y para el presente, sino a título póstumo, como un legado destinado a las generaciones futuras. Mientras tanto, se emplea toda su fuerza y «toda su energía» en todo tipo de bricolajes y de remiendos de la sociedad capitalista, para hacer creer que ocurre algo y para que la burguesía no se atemorice con eso.[40]

La circular termina con una verdadera profesión de fe de Marx y Engels y por una amenaza no velada de ruptura:

En cuanto a nosotros, de acuerdo con nuestro pasado, nos queda abierto un único camino. Desde hace alrededor de cuarenta años hemos identificado a la lucha de clases como el más decisivo motor de la historia y hemos designado a la lucha de clases entre la burguesía y el proletariado como la gran palanca de la revolución social moderna. No podemos, entonces, de ninguna manera, asociarnos con personas que quisieran suprimir del movimiento obrero esta lucha de clases. Formulamos, en el curso de la creación de la Internacional, el lema de nuestro combate: la emancipación de la clase obrera será la obra de la clase obrera misma. No podemos, en consecuencia, compartir el camino con gente que declara abiertamente que los obreros son demasiado incultos para liberarse a sí mismos, y que deben ser liberados desde arriba, es decir, por grandes y pequeñoburgueses filántropos. Si el nuevo órgano del Partido toma una actitud que se corresponde con la opinión de estos señores (Höchberg y compañía); si se vuelve burgués y no proletario, solo nos queda, por más penoso que pueda serlo, declararnos públicamente en contra y romper la solidaridad gracias a la cual hemos representado al Partido alemán de cara al extranjero.[41]

Observemos de paso que el parlamentarismo reformista de Höchberg y Bernstein, por más que aparentemente sea el opuesto exacto del jacobino-babouvismo, comparte con este un rasgo decisivo: emancipación de los trabajadores, no por sí mismos, sino «desde arriba», gracias a una minoría ilustrada. Para los discípulos de Buonarrotti, esta minoría es la secta conspirativa y los «dictadores sociales»; para los prerrevisionistas de 1879, son los «burgueses cultivados» y los diputados del Reichstag...

Contra la «banda» de Höchberg y Bernstein, Marx y Engels se afirman, en la circular de 1879, resueltamente revolucionarios (ni siquiera desestiman las tradicionales barricadas...) e irreductiblemente fieles a la divisa de la Internacional —que resueltamente denominan como «la divisa de nuestro combate»—, es decir, al principio de la autoemancipación proletaria. Esta resolución y esta fidelidad son manifestadas «brutalmente y sin consideraciones», incluso corriendo el riesgo de una ruptura con sus mejores amigos y discípulos en Alemania.

En una carta a Sorge, escrita dos días después de la circular, Marx retoma las ideas principales de esta. Acerca de la actitud de la dirección del Partido en el caso Kayser, escribe particularmente:

> Puedes ver hasta qué punto el parlamentarismo ya los rebajó, entre otros aspectos, por esto: hicieron a Hirsch un gran crimen

—¿de qué?—. De haber, en su *Lanterne*, rebajado un poco a Kayser —a causa de su discurso en relación con la ley aduanera de Bismarck [...]—. Sea como fuere, desde ahora están tan alcanzados del idiotismo parlamentario que creen estar *por encima de la crítica*, que fulminan la crítica como un crimen de lesa majestad.[42]

En cuanto al grupo de Zúrich (Hochberg, Bernstein, Schramm, Viereck, Singer), los define como personas que,

> cero en teoría, inútiles en la práctica, quieren arrancar los dientes al socialismo (que acomodan a su uso de acuerdo con las recetas de la Universidad) y, sobre todo, al partido socialdemócrata; ilustrar a los obreros o, como dicen, proveerles de «elementos de educación» por su confusa semiciencia y, ante todo, volver respetable el Partido a los ojos de los burgueses conformistas (*Spiessbürger*). Son pobres rumores de lengua contrarrevolucionaria.[43]

El jefe de la «banda», Höchberg, es presentado por Marx como «un hombre de evolución "pacífica", que "espera la emancipación proletaria, para decirlo de manera adecuada, únicamente de los "burgueses cultivados", es decir, de sus pares». En cuanto a su artículo en el *Jahrbuch*, Marx considera que «nunca se imprimió nada tan deshonroso para el Partido».[44]

En conclusión, «podría ocurrir que Engels y yo fuéramos obligados a dar a conocer una "declaración pública" contra la gente de Leipzig y los zuriqueses, sus aliados...».[45]

El conflicto se prolongó hasta 1880, en la medida en que Marx y Engels se negaron a colaborar con el nuevo órgano central del Partido, el *Sozialdemokrat*, mientras participaran allí las tendencias oportunistas, a pesar de los llamados repetidos e insistentes de Bebel y Liebknecht. Aún en noviembre de 1880, Marx escribía a Sorge para quejarse de la «manera miserable» en que era conducido el así llamado órgano del Partido, el *Sozialdemokrat* de Zúrich».[46]

Notas

Prefacio a la reedición. ¿Marx ha muerto? (1997)

1. Gramsci: *Il materialismo storico*, Editori Riuniti, Turín, 1979, pp. 115-116.
2. Intenté dar cuenta de este movimiento con mi amigo Robert Sayre, en nuestro libro *Révolte et Mélancolie. Le romantisme à contre-courant de la modernité*, Payot, París, 1994.

Introducción

1. K. Mannheim: *Idéologie et Utopie*, Marcel Rivière, París, 1956, p. 213 [Trad. al castellano: Mannheim, K.: *Ideología y utopía. Introducción a la sociología del conocimiento*. Trad. de Eloy Terron. Aguilar, Madrid, 1958]. Para Mannheim, la superación del marxismo sería realizada por una «síntesis dinámica» de los puntos de vista opuestos, realizada por la «inteligencia sin ataduras» (*freischwebende Intelligenz*); no obstante, los intelectuales que se creen «sin ataduras» ¿no son precisamente aquellos que están atados a la pequeña burguesía? ¿Puede su síntesis ser otra cosa, acaso, que un justo medio ecléctico entre las grandes concepciones del mundo en conflicto, justo medio estructuralmente idéntico a la posición «intermedia» de su grupo social? Estas preguntas no encuentran respuesta en Mannheim y sus críticos marxistas vuelven contra él los reproches que dirige al socialismo. (Cf. G. Lukács: *La Destruction de la Raison*, L'Arche, París, 1959, p. 212; cf. también L. Goldmann: *Sciences humaines et Philosophie*, Presses Universitaires de France, París, 1952, pp. 38-39).
2. G. Lukács: *Histoire et Conscience de classe*, Ed. de Minuit, París, 1960, pp. 85, 95 [Trad. al castellano: Lukács, G.: *Historia y conciencia de clase. Estudios de dialéctica marxista*. Trad. de M. Sacristán. Introd. y notas de Eduardo Sartelli. RyR, Buenos Aires, 2009]. No obstante, al mismo tiempo que se afirma el carácter «insuperable» del marxismo en nuestra época, Lukács plantea el problema de su superación futura en una sociedad sin clases (Cf. op. cit., p. 263); tema que también se encuentra en Gramsci, para quien, en la medida en que el marxismo es la toma de conciencia de las contradicciones del «reino de la necesidad», solo podrá ser superado en el «reino de la libertad». (Cf. *Il Materialismo storico e la filosofia de Benedetto Croce*, G. Einaudi, Turín, 1948, p. 94).
3. Esto tampoco quiere decir que el pensamiento de Marx «pertenece al siglo XIX» Marx descubrió, a través de la realidad social del siglo XIX, las

características esenciales del capitalismo, del proletariado, y de la revolución socialista.

4. L. Goldmann: *Recherches dilalectiques*, Gallimard, 3ra. edición, París, 1959, p. 42.
5. El pasaje al comunismo en 1843-1844, la nueva teoría de la revolución en 1845-1846, etc.
6. Por ejemplo, el concepto de «partido» en 1846-1848 (cf. cap. III).
7. La estructura social condiciona la estructura significativa de la obra; pero, para captar la evolución de la obra, su nacimiento, su desarrollo, sus cambios y reorientaciones, es necesario tomar en consideración los *acontecimientos* históricos de la sociedad global, del grupo al que pertenece el pensador o de la clase con la que se identifica. La coyuntura histórico-social, y no solo la estructura abstracta, es el marco del pensamiento: para comprender la trayectoria política de Marx no basta con ponerla en relación con «el proletariado», en tanto posición en el proceso de producción, sino que también es necesario acercarla al desarrollo concreto del movimiento obrero —huelgas, levantamientos, evolución de los sindicatos, de los partidos, etc..
8. L. Goldmann: *Sciences humaines et Philosophie*, p. 93.
9. El grado de esta autonomía es evidentemente variable, desde la independencia total (o casi) de las ciencias naturales, hasta la dependencia más estrecha de las doctrinas políticas.
10. Louis Althusser: *Lire le Capital*, vol. I, II, Maspero, París, 1965 y *Pour Marx*, Maspero, París, 1965.
11. Karl Marx: *Le dieciocho Brumaire de Louis Bonaparte*, Ed. sociales, París, 1948, p. 201 [Trad. al castellano: Marx, K.: *El dieciocho Brumario de Luis Bonaparte*. En: *Trabajo asalariado y capital*. Trad.: Ediciones Progreso. Planeta-De Agostini, Buenos Aires, 1985, pp. 135-225].
12. Gramsci: *Il materialismo storico...*, pp. 24-27; A. Child: «The Problem of imputation resolved», *Ethics*, vol. 54, 1944, p. 107; C.W. Mills: «Language, Logic and Culture», *American* Sociological Review, IV, no. 5, 1939, p. 675.
13. Lukács: *Histoire et Conscience de classe*, p. 73.
14. Lukács: *op. cit.*, p. 73.
15. George Gurvitch: *La Sociologie de Karl Marx*, 1960, CDU, París, pp. 39, 56, 28.
16. M. Rubel: *Essai de biographie inetellectuelle de Karl Marx*, Marcel Rivière, París, 1957, pp. 216, 218, 220.
17. L. Goldmann: *Recherches dialectiques*, p. 300: «Él [Marx] no "mezcla" un juicio de valor con un análisis objetivo, sino que hace, como lo hace en todos los otros lugares de su obra, una análisis dialéctico en el que comprensión, explicación y valorización son rigurosamente inseparables». J. Hyppolite: *Études sur Marx et Hegel*, Marcel Rivière, París, 1955, p. 154: «Su ciencia (la

de Marx) no es solo una ciencia de la realidad social; contribuye, al tomar conciencia de ella, a crear esta realidad misma, o, al menos, a modificarla profundamente [...]. Vemos en qué medida toda interpretación puramente *objetivista* del marxismo debe ser dejada de lado. Sin duda, la realidad sienta las bases de la clase social emancipadora, pero es necesario que esta tome conciencia de sí misma y de su rol universal en el curso mismo de su lucha. Sin esta toma de conciencia creadora, la liberación histórica del hombre sería imposible». C. Lefort: «Reflexions sociologiques sur Machiavel et Marx: la politique et le réel», *Cahiers internationaux de sociologie*, vol. XXVIII, PUF, París, p. 123: «Que la realidad sea praxis significa, en ese nivel, que el presente es aprehendido como aquello a lo que se llegó por la acción de los hombres y convoca a una tarea; que el conocimiento de nuestro mundo no puede ser separado del proyecto de transformarlo».

18. El análisis del «objetivismo» de Durkheim por L. Goldmann: en *Sciences Humaines et Philosophie*, pp. 19-25.
19. M. Rubel: *Biographie intellectuelle de K. Marx*, p. 14.
20. G. Gurvitch: *La sociologie de K. Marx*, pp. 1, 50, 56.
21. Nuestra obra se compuso a partir de una tesis de doctorado que presentamos en la Sorbona en 1964, es decir, antes de la aparición de los principales escritos de Althusser, con excepción de su excelente artículo sobre el joven Marx, de 1960, cuya concepción general de las obras de juventud de Marx como una «larga marcha» teórica compartimos.

    También compartimos con L. Althusser la hipótesis de un «corte epistemológico» (y también, desde nuestra perspectiva, *político*) que se ubicaría a la altura de las *Tesis sobre Feuerbach* y de *La ideología alemana*. Dicho esto, es muy claro que nuestra «lectura» de Marx no es en absoluto la de los autores de *Lire le Capital*.
22. Lalande: *Vocabulaire technique et critique de la philosophie*, Presses Universitaires de France, París, 1951, p. 647.
23. R. Barthes: *Mythologie*s, Éd. Seuil, París, 1957, p. 250.
24. C. Lefort: *op. cit.*, p. 133: «Así, la burguesía encuentra normalmente la imagen de su propia unidad, ubicada fuera de ella; así, no se postula como sujeto histórico más que por la mediación de un poder que trasciende el orden de las actividades en el que ella se constituye como una clase económica». K. Marx: «La question juive», en *Œuvres philosophiques*, I, p. 177: «Allí donde el Estado político llegó a su verdadero esplendor, el hombre lleva, no solo en el pensamiento sino en la realidad, en la vida, una existencia doble, celeste y terrestre, la existencia en la comunidad política, donde se considera un ser general, y la existencia en la sociedad civil, donde trabaja como simple particular, ve en los otros hombres simples medios, se rebaja a sí mismo al rol de simple medio y se convierte en el juguete de poderes extraños. El Estado político es, respecto de la sociedad civil, tan espiritualista como el cielo lo es respecto de la tierra».

25. Marx: *Thesen über Feuerbach* (1845), Tesis III, en Marx, Engels, *Werke*, Dietz Verlag, Berlín, 1959, p. 6.
26. Marx: «La question juive», en *Œuvres Philosophiques*, I, pp. 197-198 [Trad. al castellano: Marx, K. y Engels, F.: *La cuestión judía (y otros escritos)*, Planeta-Agostini, Barcelona, 2006].
27. Engels: *Anti-Dühring*, Éd. Sociales, París, 1950, p. 296.
28. E. Labrousse: *Le Mouvement ouvrier et les théories socialistes en France de 1815 à 1848*, Centre de Documentation Universitaire, París, pp. 70-89.
29. Engels: *Anti-Dühring*, p. 50.
30. Engels: «La guerre des paysans», en *La Révolution démocratique et bourgeoise en Allemagne*, Éd. sociales, París, 1951, pp. 46-53.
31. T.C. Pease: *The Leveller Movement*, The University of Chicago, 1916, p. 360; D.M. Wolfe: *Leveller Manifestoes of the Puritan Revolution*, T. Nelson and Sons, Nueva York, 1944, p. 98; V. Gabriel: *Introducción a Puritanismo e Liberta*, Einaudi, 1956, pp. L, LI.
32. D. Guérin: *La lutte de classes sous la première République. Bourgeois et «bras nus» (1793-1797)*, Gallimard, París, 1946, p. 84. Reimpresión: 1969.
33. Lukács: *Histoire et conscience de classe*, pp. 96-97; A. Gorz: *La Morale de l'histoire*, Éd. du Seuil, París, 1959, p. 175; R. Luxemburg: «Masses et chefs», en *Marxisme contre dictature*, Éd. Spartacus, 1946, p. 37.
34. F. Engels: *Introduction (1895) a Luttes de classes en France 1848-1850*, Éd. sociales, París, 1948, p. 34 [Trad. al castellano: Marx, K.: *Las luchas de clases en Francia entre 1848 y 1850*, en: *Trabajo asalariado y capital*, pp. 37-134].
35. Marx: *Lettre à Ruge*, en *Œuvres philosophiques*, tomo V, p. 210.
36. C. Lefort: *op. cit.*, p. 117.
37. Lenin: *Que faire?*, Éditions en Langues étrangères, Moscú, 1958, p. 90 [Trad. al castellano: Lenin, V.I.: *¿Qué hacer?*, Anteo, Buenos Aires, 1972]: «El socialdemócrata no debe tener como ideal al secretario del sindicato, sino al *tribuno popular*, que sabe reaccionar contra cualquier manifestación de arbitrariedad y de opresión, dondequiera que se produzca, cualquiera sea la clase o capa social que tenga que padecerla; que sabe generalizar todos estos hechos para componer con ellos un cuadro completo de la violencia policial y de la explotación capitalista; que sabe aprovechar la menor ocasión para exponer *delante de todos* sus convicciones socialistas y sus reivindicaciones democráticas. Para explicar a *todos* y a cada uno el alcance histórico y mundial de la lucha emancipadora del proletariado».

I. El pasaje al comunismo (1842-1844)

1. Bruno Bauer: *Der Aufstand und Fall des deutschen Radikalismus von Jahre 1842*, Berlín, 1850 (2da. ed.), p. 5; A. Cornu: *Karl Marx et Friedrich Engels*, tomo I, Presses Universitaires de France, París, 1958, p. 165.
2. J. Droz: *Le libéralisme rhénan, 1815-1848*, Sorlot, París, 1940, pp. 223-225.
3. A. Cornu: *Karl Marx et Friedrich Engels*, tomo II (1958), pp. 8-9.
4. Karl Marx: *Chronik seines Lebens in Einzeldaten* (abreviatura: *Chronik*), Marx-Engels-Lenin Institut, Moscú, Marx Engels Verlag, 1934, p 10.
5. A. Cornu: *op. cit.*, II, p. 34.
6. Marx estaba directamente relacionado con la Universidad de Bonn, para la que, aún en enero de 1842, preparaba una reedición ampliada de su tesis, con el objetivo de obtener su calificación para la enseñanza superior. *Chronik*, p. 10.
7. Expresiones usadas por Marx en su artículo contra la *Gaceta de Colonia* del 14 de julio de 1842, en *Œuvres philosophiques*, vol. V, Éd. Costes (tr. Molitor), París, 1948, p. 98.
8. Marx: Prefacio a la *Contribution à la critique de l'économie politique*, Éd. Sociales, París, 1957, p. VII [Trad. al castellano: Marx, K.: *Contribución a la crítica de la economía política*, 4ta. edición. Trad. de Carlos Martínez y Floreal Mazía, Estudio, Bs. As., 1975].
9. A. Cornu: *op. cit.*, II, p. 95.
10. Lenin: «Karl Marx», en *Œuvres*, tomo 21, p. 75.
11. Marx, *Œuvres philosophiques*, V, pp. 71, 73; Marx, Engels: *Werke*, Band 1, Dietz Verlag, Berlín, 1961, pp. 65, 67; N.B.: Emplearemos la traducción Molitor de los escritos de Marx, introduciendo en esta (numerosas) correcciones necesarias; cada vez que se corrige una falta, agregaremos en las notas la referencia al texto original, en la edición *Werke*-Dietz Verlag y, si es necesario, los términos alemanes mismos.
12. *Œuvres philosophiques* (abreviatura: *Œuvres*), V, p. 73; *Werke*, 1, p. 67.
13. *Œuvres*, V, pp. 88, 90; *Werke*, 1, pp. 75, 76.
14. *Œuvres*, V, p. 137; *Werke*, p. 120.
15. *Œuvres*, V, p. 139.
16. Ibíd., p. 147.
17. Ibíd., p. 155.
18. *Marx Engels Gesamtausgabe* («MEGA»), Marx Engels Archiv, Band 1, Erster Halbband, Frankfurt a. M., 1927, pp. 326, 332, 334, 335.
19. M. Rubel: *Karl Marx, Essai de biographie intellectuelle*, pp. 42-43.
20. Ibíd., p. 49.
21. «Débats sur la liberté de la presse et publications des discussions de la diète», *Œuvres*, V, p. 61.

22. «La loi sur les vols de bois», *Œuvres*, V, p. 185; *Werke*, 1, p. 147.
23. Hegel: *Grundlinden der Philosophie des Rechts*, Berlín, 1821; ed. fr. *Principes de philosophie du droit*, Gallimard (tr. A. Kaan), París, 1940.

    § 288: La propiedad y el interés privado de las esferas particulares «deben ser subordinados al interés superior del Estado» (p. 226);

    § 289: «La conservación del interés general del Estado y de la legalidad en medio de los derechos particulares, la reducción de estos a aquellos exigen una vigilancia por parte de los representantes del poder gubernamental [...]» (p. 226);

    § 258: «No se debe confundir el Estado con la sociedad civil, ni destinarlo a la seguridad y a la protección de la propiedad y de la seguridad personales» (p. 190).

    Este esquema también es adoptado por Ruge, Feuerbach, etc. Es a partir de él que Ruge criticará a los artesanos comunistas de París en 1844 y la revolución de los tejedores de Silesia: el sufrimiento de los artesanos es un mal privado, una «herida parcial», y el movimiento de los tejedores carece de «espíritu político». (Ver: carta a Fleischer, del 9/7/1844, en Ruge: *Briefwechsel und Tagebuchblätter 1825-1880*, Weidmannsche Buchhandlung, Berlín, 1886, I, p. 359). De cierta manera, la ruptura de Marx con Ruge en 1844 también es su ruptura final con la *Filosofía del Estado* de Hegel.

24. Hegel: *op. cit.* (§ 185, 195, 243, 245), pp. 154, 160, 183, 184.
25. Hegel: *op. cit.* (§ 245), p. 184: «El medio más directo que se reveló contra la pobreza, así como contra la desaparición del honor y del pudor, bases subjetivas de la sociedad, y contra la prensa y el despilfarro que engendran la plebe fue, sobre todo en Escocia, dejar a los pobres librados a su destino y hacerlos depender de la mendicidad pública».
26. «Rechtfertigung + + des Korrespondenten von der Mosel», *Werke*, 1, pp. 189-190.
27. *Œuvres*, V, p. 67, *Werke*, 1, p. 64.
28. Artículo sobre los robos de leña; *Œuvres*, V, p. 128. Marx evidentemente se refiere a los siervos de la gleba y no al proletariado industrial.
29. Ibíd., p. 135.
30. Ibíd., p. 126, *Werke*, 1, p. 115.
31. Con excepción del corresponsal, Marx solo menciona como verdaderos defensores de la libertad de prensa en los debates de la Dieta a algunos diputados campesinos o al «cuarto estado». Cf. *Œuvres*, V, pp. 84, 88.
32. «Rechtfertigung des + + Korrespondenten von der Mosel», *Werke*, 1, pp. 188, 190, 183.
33. Prefacio a la *Contribution à la Critique de l'économie politique*, p. 111.
34. El artículo «A propos du communisme», *Œuvres*, V, p. 115, *Werke*, 1, p. 108; Nota de redacción, *Rheinische Zeitung*, 7/1/1843, en *MEGA*, 1, 1/2, pp. 141-142.

35. *Œuvres*, V, p. 123: «Si toda violación de la propiedad, sin distinción ni determinación más precisa, se denomina robo, ¿no sería robo toda propiedad? ¿No excluyo, por medio de mi propiedad privada, a un tercero de esta propiedad? ¿No daño, de esa manera, su derecho de propiedad?».
36. F. Mehring: *Geschichte der Deutschen Sozial-demokratie*, Dietz Verlag, Berlín, 1960, I p. 140.
37. «Nachwort zu einer Korrespondenz aus München», en *MEGA* I, 1/1, p. 314; la frase de Dézamy: «Que el Señor Cabet tenga valor: con tantos títulos, no puede dejar de obtener pronto sus inválidos», está extraída del libro *Calomnies et politique de M. Cabet*, París, 1842, p. 7.
38. *MEGA*, I, 1/2, pp. 141-142; sobre «La Fraternité», cf. Volguine, «Idées socialistes et communistes dans les sociétés secrètes, 1835-1840», *Questions d'Histoire*, 1954, t. 2, pp. 27-28.
39. *Œuvres*, V, p. 115.
40. Ibíd., p. 114: «¿Sin eso habría dejado pasar usted el hecho sorprendente de que los principios comunistas no son propagados en Alemania por los liberales, sino por sus amigos reaccionarios?».

    «¿Quién habla de *corporaciones obreras*? Los reaccionarios [...]. ¿Quién polemiza, entonces, contra la *parcelación de la propiedad de tierras*? Los reaccionarios. En un escrito feudalista publicado recientemente (Kosegarten, la parcelación), se llegó a decir que la *propiedad privada* es un *privilegio*. Es el principio de Fourier. Desde el momento en que uno está de acuerdo acerca de los principios, ¿no se puede discutir acerca de las consecuencias y de las aplicaciones?».
41. *Œuvres*, V, pp. 112, 115.
42. Marx a Ruge, 30/11/1842, en *MEGA*, I, 1/2, p. 287: «Explicaba que considero la introducción de contrabando de dogmas socialistas y comunistas, es decir, una nueva concepción del mundo, en críticas de teatro accesorias, etc., como desplazada, e incluso inmoral, y que pido por el contrario una discusión profunda del comunismo, si debe ser discutido».
43. *Œuvres*, V, pp. 115-116 (traducción completamente errónea); *Werke*, 1, p. 108: «Tenemos la firme convicción de que lo que constituye el verdadero *peligro* no es el *ensayo práctico*, sino el *desarrollo teórico* de las ideas comunistas. En los ensayos prácticos, aunque fueran hechos *en masa*, se puede responder a cañonazos, desde el momento en que se vuelven peligrosos; pero las *ideas* que nuestra inteligencia venció, que nuestra opinión conquistó, frente a las que la razón forjó nuestra conciencia, son cadenas de las que uno no se puede liberar sin desgarrar su corazón, son demonios que el hombre no puede dominar sino sometiéndose a su influencia. Pero la *Augsburger Zeitung* probablemente nunca conoció los trastornos de conciencia que provoca en el hombre la rebelión de sus aspiraciones subjetivas contra los juicios objetivos de su propia razón, porque no tiene ni razón propia, ni juicios propios, ni siquiera conciencia propia».

44. *Carta a Ruge*, 30/11/1842, *MEGA* I, 1/2, p. 287.
45. *Œuvres*, V, pp. 111, 112, 115; la referencia a los cañonazos demuestra que se trata, efectivamente, de revoluciones y no de intentos pacíficos de práctica del comunismo (colonias, etc.).
46. Carta de Bauer a Marx, 31/3/1841, MEGA, 1, 1/2, p. 250: «Sería absurdo de tu parte querer asumir una carrera práctica. Es la teoría lo que constituye ahora la más fuerte actividad práctica, y aún no podemos prever en qué grado tomará ese carácter».
47. Ruge: «La philosophie hégélienne et la philosophie de la Gazette générale d'Augsburg», *Annales allemandes*, 12/8/1841, en A. Cornu: *K Marx et F. Engels*, I, p. 234: «Los pensamientos son libres y la acción está, a fin de cuentas, determinada por el pensamiento. Esto implica que es necesario, de su plena voluntad, reflexionar sobre las grandes cuestiones políticas y teológicas, para no ser superado y sumergido por los pensamientos del mundo presente y del futuro. Los pensamientos son las armas más seguras para vencer, las baterías inexpugnables. Lo único que queda es la verdad que se reforma a sí misma y que se desarrolla. No hay otra historia más que la del movimiento que va hacia el futuro y que determina el espíritu pensante». Comparar la imagen de las ideas «baterías inexpugnables» con la de Marx, que afirma la superioridad de las ideas sobre los intentos prácticos, que pueden ser «vencidos por el cañón».
48. Moses Hess: «Sozialismus und Kommunismus», 21 *Bogen aus der Schweiz* (1843), en *Sozialistische Aufsätze 1841-1847*, Welt-Verlag, Berlín, 1921; también será la posición de los «verdaderos socialistas» que Marx criticará en *La ideología alemana*, porque «no ven en la literatura comunista del extranjero la expresión y el producto de un verdadero movimiento, sino escritos puramente teóricos que, absolutamente como lo creen de los sistemas filosóficos alemanes, surgieron del pensamiento puro». *L'Idéologie allemande*, en *Œuvres*, tomo IX, p. 121 [Trad. al castellano: Marx, Karl y Engels, Friedrich: *La ideología alemana. Crítica de la novísima filosofía alemana en las personas de sus representantes Feuerbach, B. Bauer y Stirner, y del socialismo alemán en las de sus diferentes profetas*. Trad. de Wenceslao Roces, Pueblos Unidos, Bs. As., 1985.
49. *MEGA* I, 1/1, p. 131.
50. Ibíd., p. 64.
51. Ibíd., p. 65.
52. *Œuvres*, V, p. 95, *Werke*, 1, p. 97.
53. Hegel: *Principes de philosophie du droit*, p. 31 [Trad. al castellano: Hegel, G.W.F.: *Principios de la Filosofía del Derecho*. Trad. de Juan Luis Vermal. Edhasa, Barcelona, 1988].
54. *Œuvres*, V, pp. 95-96, *Werke*, 1, pp. 97-98.
55. *Œuvres*, I, p. 93.

56. J. Droz: *Le libéralisme rhénan 1815-1848*, Sorlot, París, 1940, pp. 259, 260.
57. Carta a Oppenheim, 25/8/1842, *MEGA*, I, 1/2, p. 280.
58. Carta del comerciante de Colonia R. Peill a Mevissen (enero de 1843), en Droz, *Le libéralisme rhénan*, p. 263.
59. *Œuvres*, V, p. 192.
60. A. Cornu: *op. cit.*, II, p. 115.
61. Carta de Feuerbach a Kriege sobre Herwegh, en A. Cornu: *op. cit.*, II, p. 233.
62. A. Cornu: *op. cit.*, II, pp. 116, 234.
63. MEGA, 1, 1/2, p. 287.
64. J. Hansen: *Rheinische Briefe und Akten*, Essen, 1919, I, p. 401.
65. MEGA, 1, 1/2, p. 294.
66. *Chronik*, p. 16.
67. MEGA, I, 1/2, p. 308.
68. *Œuvres*, V, p. 194.
69. *Chronik*, p. 18.
70. Ruge a Fleischer, 9/7/1844, en *Briefwechsel...*, p. 359.
71. *Critique de la Philosophie de l'État de Hegel*, *Œuvres*, IV, pp. 70-71, 64 [Trad. al castellano: Marx, K.: *Crítica de la Filosofía del Estado de Hegel*. Trad. de J. M. Ripalda. Grijalbo, Barcelona, 1978].
72. *Critique de la Philosophie de l'État de Hegel*, *Œuvres*, IV, p. 71, Werke, 1, p. 233: «La esencia privada (de las esferas particulares —ML—) es suprimida con la supresión de la esencia supraterrena (*jenseitig*: "más allá") de la constitución del Estado político; esta existencia supraterrena no es otra cosa que la afirmación de su propia alienación».
73. Ibíd., p. 71.
74. *Critique de la Philosophie de l'État de Hegel*, *Œuvres*, IV, p. 71.
75. Ibíd., pp. 70, 166.
76. Ibíd., p. 69.
77. *Critique de la Philosophie de l'État de Hegel*, *Œuvres*, IV, pp. 167-168, Werke, 1, p. 284.
78. *Œuvres*, V, p. 189.
79. Ibíd.
80. Carta de Ruge a Marx, marzo de 1843, *Œuvres*, V, pp. 191, 194.
81. *Œuvres*, V, p. 196.
82. Ibíd., p. 203, Werke, 1, p. 343.
83. Marx, carta a Ruge, mayo de 1943, *Œuvres*, V, p. 195: «Su carta, mi querido amigo, es una buena elegía, un canto fúnebre que corta la respiración».
84. *Œuvres*, V, pp. 196, 200.

85. Marx, carta a Ruge, marzo de 1843, *Œuvres*, V, p. 187: «Actualmente viajo por Holanda. De acuerdo con lo que veo en los diarios locales y en los franceses, Alemania está profundamente sumergida en la miseria...».
86. J.P. Aguet: *Les grèves sous la Monarchie de Juillet, 1830-1847*, E. Droz, Ginebra, 1954, pp. 237-257.
87. *Œuvres*, V, p. 203, *Werke*, 1, p. 342.
88. *Œuvres*, V, p. 204, *Werke*, 1, p. 243.
89. *Œuvres*, V, p. 204, *Werke*, 1, p. 343.
90. *Œuvres*, V, p. 206, *Werke*, 1, pp. 343-344.
91. Ibíd.
92. *Œuvres*, V, p. 208, *Werke*, 1, p. 344; aquí «realidad» (*Realität*) tiene el sentido de «ser material».
93. *Œuvres*, V, p. 208, *Werke*, 1, p. 345.
94. *Œuvres*, V, p. 208.
95. *Œuvres*, V, p. 207, *Werke*, 1, p. 344. Parece «que todavía en esta época la principal fuente de información de Marx sobre el socialismo francés era la obra de Proudhon. En una carta a Feuerbach, del 20/10/1843, Marx habla del «débil ecléctico Cousin» y del «genial Leroux» (*MEGA* I, 1/2, p. 316). Ahora bien, Proudhon, en *Qu'est-ce que la propriété*, habla de «giros de eclecticismo familiares a Cousin» (en *Œuvres complètes*, vol. IV, París, Marcel Rivière, 1926, p. 175), y en *Deuxième mémoire sur la propriété* hace el más vivo elogio de Leroux, el «antiecléctico, el apóstol de la igualdad», etc. (*Œuvres complètes*, A. Lacroix, París, 1873, p. 311).
96. Marx: *Manuscrits de 1844*, Éd. sociales, París, 1962, pp. 86-87 [Trad. al castellano: Marx, Karl, *Manuscritos económico-filosóficos de 1844*. Precedido de Engels, Friedrich: *Esbozos para una crítica de la economía política*. Introducción de Miguel Vedda. Traducción de Fernanda Aren, Silvina Rotemberg y Miguel Vedda. Colihue, Buenos Aires, 2004].
97. *Œuvres*, V, pp. 206-208.
98. *Œuvres*, V, pp. 209-211.
99. G. Lukács: «Moses Hess und die Probleme der idealistischen Dialektik», *Archiv für die Geschichte des Sozialismus...* XII, 1926, pp. 109-120.
100. Nuestra hipótesis del trabajo al comienzo de esta investigación era que el gran corte ideológico de la evolución de Marx se ubicaba entre 1843 y los *Anales*; creímos, en consecuencia, que la influencia decisiva del proletariado francés se había ejercido sobre Marx durante los primeros meses de su estancia en París, y buscamos durante mucho tiempo y sin éxito huellas de contactos entre él y las sociedades secretas comunistas, desde octubre de 1843 a febrero de 1844. No obstante, un análisis más desarrollado de los textos nos demostró una relativa continuidad «filosófica» entre 1843 y

los artículos de los *Anales* y un corte crucial entre estos artículos y los escritos posteriores a agosto de 1844. Por otra parte, la investigación histórica muestra que los contactos estrechos de Marx con los comunistas franceses y alemanes solo comenzaron *en abril de 1844*.

101. *Chronik*, p. 20.
102. *Histoire de dix ans 1830-1840*, Pagnerre Éditeur, París, 1846, sexta edición, tomo III, p. 71.
103. Ibíd., tomo V, p. 473.
104. Rubel: *Karl Marx...*, p. 88.
105. *Œuvres*, IX, pp. 121, 123.
106. La comparción muy precisa que Cornu establece entre el artículo de Hess y *La cuestión judía* en *Karl Marx et F. Engels*, tomo II, pp. 323-328.
107. *La cuestión judía*, en *Œuvres*, I, pp. 192-195.
108. Ibíd., pp. 173-177, 195-199.
109. Ibíd., pp. 179, 212.
110. Ibíd., pp. 178, 209-213, *Werke*, 1, pp. 376-377.
111. Ibíd., pp. 202, 213-214.
112. Hegel: *Principes de philosophie du droit*, pp. 190-191.
113. *Œuvres*, I, pp. 195-196, *Werke*, 1, p. 336.
114. *Œuvres*, I, pp. 88-89, *Werke*, 1, pp. 380-381.
115. *Œuvres*, I, pp. 96, 98, *Werke*, 1, pp. 335, 386.
116. *Œuvres*, I, pp. 97, 99.
117. *Œuvres*, I, p. 103, *Werke*, 1, p. 389.
118. *Œuvres*, I, p. 104.
119. *Œuvres*, I, pp. 101, 104, 107: «Alemania solo podrá emanciparse de la Edad Media emancipándose, al mismo tiempo, de las victorias parciales conseguidas sobre la Edad Media. En Alemania, *ninguna* especie de esclavitud puede ser destruida, sin la destrucción de toda esclavitud [...] La emancipación del alemán es la emancipación del hombre».
120. *Œuvres*, I, pp. 105-106, *Werke*, 1, p. 390.
121. *Œuvres*, I, p. 108.
122. *Œuvres*, I, p. 107. «Y desde el momento en que el rayo del pensamiento habrá penetrado en el fondo de ese ingenuo campo popular, los alemanes se emanciparán y se convertirán en hombres».
123. *Œuvres*, I, p. 107.
124. Feuerbach: *Thèses provisoires pour la réforme de la philosophie*, en *Manifestes philosophiques*, Presses Universitaires de France, París, 1960, pp. 116-117, 122 (nuestro subrayado) [Trad. al castellano: Feuerbach, L.: *Tesis provisio-*

nales para la reforma de la filosofía / Principios de la filosofía del futuro. Trad. de Eduardo Subirats Rüggeberg. Hispamérica, Buenos Aires, 1985].

125. Feuerbach: *Principes de la philosophie de l'avenir*, en *Manifestes...*, p. 131.
126. Feuerbach: *Essence du christianisme*, Librairie Internationale (tr. J. Roy), París 1864, pp. 382, 339 [Trad. al castellano: Feuerbach, L.: *La esencia del cristianismo*. Trad. de José L. Iglesias. Trotta, Madrid, 1995].
127. Feuerbach: *Principes de la philosophie de l'avenir*, en *Manifestes...*, p. 157.
128. Feuerbach: *Essence du christianisme*, p. 145.
129. Marx: *Œuvres*, I, p. 211.
130. A. Cornu: *K. Marx et F. Engels*, II, p. 282.
131. M. Rubel: *Karl Marx...*, p. 102. Podemos comprender tanto mejor ese tipo de procedimiento cuanto que nosotros mismos lo probamos...; como nuestra primera hipótesis situaba la ruptura fundamental antes de *Para una crítica...*, buscamos en vano:

    a) pruebas de contactos de Marx con el movimiento obrero parisino antes de febrero de 1844;

    b) un sentido «marxista» para las frases que incomodan de *Para una crítica...*

    Luego de fracasar tanto en una como en otra tarea, comprendimos que era necesario revisar la hipótesis misma y situar el punto de corte *después* de los *Anales Franco-Alemanes*.

II. La teoría de la revolución comunista (1844-1846)

1. Kautsky: *Les trois sources du marxisme. L'œuvre historique de Marx*, Ed. Spartacus, París, 1947, p. 27.
2. En *Manifeste du parti communiste*, Éd. Costes, París, 1953, p. 52 [Trad. al castellano: Marx, Karl y Engels, Friedrich: *Manifiesto del Partido Comunista*. Apéndice: Friedrich Engels: *Principios del comunismo*. Introducción, traducción y notas de Miguel Vedda. Herramienta, Buenos Aires, 2008].
3. Herr Vogt, en *Œuvres Complètes*, V, Costes, París, 1927, tomo I, p. 105. ¿Cuáles son las sociedades secretas francesas contactadas por Marx durante su estancia parisina? Solo podemos responder esta pregunta a través de sugerencias e hipótesis. Por ejemplo, es probable que Marx haya conocido a los redactores del diario comunista *La Fraternité*, porque este fue uno de los únicos (junto con *La Réforme*) que protestó contra su expulsión de París; en su número de marzo de 1845, *La Fraternité* constata que «el prefecto de policía acaba de expulsar a varios literatos socialistas alemanes que no habían dejado de predicar, en el diario *Vorwärts*, la santa alianza de los dos pueblos. Entre ellos se encuentra el filósofo comunista Karl Marx, de Tréveris». Un elemento más a favor de esta hipótesis. Este

periódico es citado por Engels, en términos bastante favorables, en una carta a Marx del 16 de septiembre de 1846: «En *La Fraternité* hubo una gran discusión entre materialistas y espiritualistas. Pero esto no impide a *La Fraternité* publicar muy lindos artículos sobre los diversos grados de civilización y su aptitud para desarrollarse hasta el comunismo» (Marx, Engels: *Correspondance*, tomo I, Costes, París, 1947, p. 58).

La elección de *La Fraternité* por parte de Marx es completamente significativa: este diario reúne a *comunistas materialistas y discípulos de Flora Tristán*, es decir, las dos corrientes obreras más cercanas a sus propias concepciones y cuya unión en el seno de *La Fraternité* prefigura (en cierta medida) la síntesis que Marx realizará entre estas tendencias (superándolas).

4. En Ludwig Feuerbach: *Briefwechsel*, herausgegeben von W. Schuffenhauer, Verlag Philipp Reclam jun., Leipzig, 1963, pp. 184-185. La misma actitud se transparenta en un párrafo célebre de los *Manuscritos de 1844* redactado probablemente en la misma época que la carta a Feuerbach: «Cuando los *obreros* comunistas se reúnen, es en primer lugar la doctrina, la propaganda, etc. lo que constituye su objetivo. Pero, al mismo tiempo, se apropian de este modo de una nueva necesidad, la necesidad de la sociedad, y lo que parece ser el medio se convierte en el objetivo. Se pueden observar los más brillantes resultados de este movimiento práctico cuando uno ve reunidos a obreros socialistas franceses. [...] la fraternidad humana no es en ellos un frase vacía sino una verdad, y la nobleza de la humanidad brilla sobre esas figuras endurecidas por el trabajo» (*Manuscrits de 1844*, Éd. sociales, París, 1962, p. 107).

5. Es en este año que se realizó el Banquete de Belleville, organizado por Dézamy y J.-J. Pillot, primera manifestación autónoma y pública del «partido comunista». Del mismo modo, en 1840 se creó la sociedad de los «Trabajadores igualitarios», con composición puramente obrera y con programa netamente comunista. También en 1840 tuvo lugar una verdadera «huelga general» en París, huelga cuyos «cabecillas» parecen haber estado «inspirados por las ideas comunistas» (Cf. de la Hodde: *Histoire des sociétés secrètes et du parti républicain de 1830 à 1848*, Julien, Lanie et Cie, París, 1850, p. 278).

Así, de acuerdo con el agente provocador de la Hodde, que se había infiltrado en las sociedades secretas «hacia 1840, el comunismo comenzó a infectar seriamente París». Escritores liberales burgueses, como Duvergier de Hauranne, comprueban con pavor, en 1841, que «hace algunos años, las insurrecciones se hacían en nombre de la República; hoy se hacen en nombre de la comunidad de los bienes»; finalmente, según los publicistas demócratas, como Thoré, «casi todos los obreros de París, Lyon, Rouen, etc. están ligados, de alguna manera, a la secta de comunistas o de igualitarios» (Cf. de La Hodde: *Histoire des sociétés secrètes...*, p. 267; Talmon: *Political Messianism*, Secker & Warburg, Londres, 1960, p. 391; Thoré: *La vérité sur le parti démocratique*, Desessart, París, 1840, p. 22).

6. Heine: *Lutezia*, en *Mein wertvollstes Vermächtnis*, Manesse Verlag, Zúrich, 1950, p. 256.
7. Ibíd., p. 278.
8. *L'idéologie allemande*, *Œuvres philosophiques*, IX, Costes, París, 1947, p. 188.
9. Stein: *Der Socialismus und Communismus des heutigen Frankreichs*, O. Wigand, Leipzig, 1848, p. 9.
10. Stein: *op. cit.*, p. 507.
11. Stein: *op. cit.*, pp. 509, 510, 511.
12. Cf. Tchernoff: *Le Parti républicain sous la Monarchie de juillet*, A. Pedone, París, 1901, pp. 370-371. Heinrich Heine describe así los libros más difundidos entre los obreros parisinos: «…nuevas ediciones de los discursos del viejo Robespierre, así como panfletos de Marat, en entregas a dos centavos, la *Histoire de la Révolution* de Cabet, los libelos venenosos de Cormenin, *La Conspiration de Baboeuf*, de Buonarotti» (Heine: *Lutezia* (30-4/840) en *Mein wertvollstes Vermächtnis*, p. 280).
13. El ejemplo más interesante en relación con esto es la Sociedad comunista revolucionaria, de composición puramente obrera, que se desprendió de la Sociedad de los Trabajadores Igualitarios a causa de la disciplina ciega y, sobre todo, de la *falta de discusión* que allí reinaban; un vínculo directo se establece muy rápido entre la nueva sociedad y los comunistas materialistas Dézamy, May, Savary, Charassin, Pillot y Lahautière. Los dirigentes de los Comunistas Revolucionarios están entre los 1.200 comensales del banquete comunista de Belleville, organizado por Dézamy y Pillot (Cf. de La Hodde: *La Naissance de la République*, París, 1850, p. 19).
14. Después de las leyes de 1834, que prohibían las sociedades republicanas («Sociedad de los Derechos del Hombre», etc.), se abre el período de las asociaciones secretas, que serán progresivamente abandonadas por los elementos burgueses o «moderados». En la primera de esas sociedades, la de las «Familias» (1833-1836), formada por Blanqui con los restos de los «Derechos del Hombre», todavía se encuentran grupos que pertenecen a las clases medias. En la de las «Estaciones» (1837-1839: Blanqui, Barbès, Martin Bernard), los militares y estudiantes estaban excluidos, porque eran considerados sospechosos, y la composición era únicamente obrera. De acuerdo con de La Hodde, «en este momento, el cuadro de las sociedades secretas se renueva casi completamente; el reclutamiento que se había hecho en las malas capas de la burguesía va a operarse exclusivamente en los bajos fondos de la clase popular», esta clase que, agrega, tiene «esa gran ventaja de no tener nada que perder en un cambio radical» (Tchernoff: *Le Parti républicain*, p. 383; de La Hodde: *Histoire des sociétés secrètes*, pp. 217-218).

Este carácter proletario se manifiesta aún más claramente en la sociedad de los Trabajadores Igualitarios, no solo por el nombre de la asociación y el de las subdivisiones jerárquicas («Oficios», «talleres», «fábricas» en lugar de las «semanas», «meses» y de las «Estaciones»), sino por su programa, que contiene reivindicaciones típicamente obreras (salarios fijados por ley, escuelas mutuas, etc.), junto a tradicionales fórmulas babouvistas (sociedad igualitaria, dictadura popular) y por su actividad, en contacto con los movimientos de masas, como la huelga de 1840 (G. Sencier: *Le Babouvisme après Babeuf (1830-1848)*, M. Rivière, París, 1912, pp. 270-271).

15. Intentamos redactar un cuadro de la composición socioprofesional de los cuadros de las asociaciones comunistas entre 1838 y 1847, cuadro basado en los siguientes grupos:

    a. Prisioneros políticos del Mont Saint-Michel, detenidos entre 1839 y 1841;

    b. Dirigentes conocidos de los Trabajadores Igualitarios y de los Comunistas Revolucionarios;

    c. Comensales del banquete comunista de Belleville (1840);

    d. Fundadores del diario el *Humanitaire*, detenidos en 1841;

    e. Miembros de las sociedades de los «comunistas materialistas», detenidos en 1847.

Entre los 67 comunistas así reunidos, 53 (79%) eran de origen artesano: 9 zapateros o botineros, 6 ebanistas o carpinteros, 5 impresores o tipógrafos, 4 sastres, 3 fundidores, 2 joyeros, 2 mecánicos, 2 sombrereros, 2 obreros de la construcción, 2 obreros del cobre, 2 fabricantes de géneros de punto, 2 peluqueros, 2 «obreros» (sin calificación conocida), 1 cartonero, 1 fabricante de piezas de ajedrez, 1 cerrajero, 1 diseñador, 1 curtidor, 1 dorador, 1 cocinero, 1 relojero, 1 encuadernador; 14 (21%) pertenecían a las clases medias: 5 comerciantes, 3 periodistas, 2 estudiantes, 1 abogado, 1 oficial, 1 fabricante, 1 profesor. (Fuentes de este cuadro: A. Zevaes. «Une Révolution manquée» (L'insurrection du 12 mai 1839), *Nouvelle Revue Critique*, París, 1933. Sencier: *Le Babouvisme après Babeuf. Le premier banquet communiste, le 1er juillet 1840)*. Si comparamos estas cifras con las que obtuvo A. Soboul sobre el personal «babouvista» de París (a partir de los abonados parisinos al *Tribun du Peuple*, órgano de Babeuf), tenemos algunas indicaciones sobre la diferencia y sobre la continuidad existente entre el babouvismo del año IV y el «neobabouvismo» de 1840. De acuerdo con Soboul, las profesiones artesanales y tenderos constituían el 72,3% de los abonados del *Tribun du Peuple*; los pequeños empleados y funcionarios, el 9,5%; los negociantes, el 7,4%; los fabricantes, el 3,1%; las profesiones liberales, el 7,4% (A. Soboul, «Personnel sectionnaire et personnel babouviste», en *Babeuf, Buonarroti. Pour le deuxième centenaire de leur naissance*, Société des Études robespierristes, Nancy, pp. 91-92). Pero si separamos del primer grupo a los comerciantes «vendedores», el porcentaje de los artesanos y pequeños comerciantes se convierte en el 60,6%, mientras que entre los comunistas de los años cuarenta alcanza el 79%; la razones de este cambio son las siguientes —el «sansculotismo» del siglo XVIII empieza a desintegrarse; la expresión política de la «tienda de comestibles» [*épicerie*], de los comerciantes, tenderos, pequeños negociantes, pequeños empleados es asegurada por la «Réforme» y por Ledru-Rollin; la de los oficiales artesanos y de los obreros, por el comunismo. Esto no debe hacernos olvidar la relativa continuidad entre los dos fenómenos, continuidad de la base social artesanal y de la ideología «jacobino-igualitaria», de 1796 a 1840.

16. «Marxens Notizbuch», *MEGA*, Erste Abteilung, Band 5, 1932, pp. 549-550.
17. Claude Mazauric: *Babeuf et la Conspiration pour l'Égalité*, Éd. sociales, París, 1962, p. 180.
18. Buonarotti: *Conspiration pour l'Égalité*, dite de Babeuf, Éd. sociales, París, 1957, p. 111.
19. El neobabuvismo de los años cuarenta representa en ese sentido un progreso en relación con Babeuf y Buonarroti: la dictadura jacobina ya no es considerada como el modelo de dictadura revolucionaria. Blanqui, Dézamy, Pillot invocaban más bien a Hébert y los hebertistas antes que a Robespierre y los jacobinos.
20. *Œuvres*, II, Costes, París, 1947, p. 236.
21. «Marxens Notizbuch», *MEGA*, 1/5, pp. 549-550.
22. Dézamy: *Calumnies et politique de M. Cabet, Réfutation par des faits et par sa biographie*, Prévost, París, 1842, pp. 4, 8.
23. Ibíd., p. 3.
24. Ibíd., p. 37.
25. *Le Premier Banquet communiste, 1er juillet 1840*, p. 5.
26. *Calumnies et politique de M. Cabet*, pp. 38, 41, 42, 45.
27. Ibíd., p. 47.
28. Ruge: *Briefwechsel und Tagebuchblätter aus den Jahre 1825-1888* (P. Nerrlich), Weidmannsche Buchhandlung, Berlín, 1886, p. 350.
29. Ruge: *op. cit.*, p. 359.
30. En Feuerbach: *Briefwechsel*, p. 185.
31. En A. Cornu: *K. Marx*..., III, p. 7.
32. En 1830 era creado en París *el Pressverein*, asociación de la prensa alemana en el exilio, en contacto con la «Asociación para la prensa patriota» francesa. *El Pressverein* se convirtió poco después en la Sociedad popular alemana (*deutscher Volksverein*), vinculada con la Sociedad de los derechos del hombre; la disolución de esta, en 1834, por las leyes que prohibían las asociaciones públicas, conlleva también la disgregación del *Volksverein* y la aparición de una sociedad conspirativa, la Liga de los Proscriptos (*Bund der Geächteten*), dirigida por Venedey y Th. Schuster; una lucha ideológica se desarrolla entre una tendencia «patriota alemana» representada por el primero, y otra, cercana al socialismo francés, preconizada por el segundo,

conflicto semejante al que dividía la Sociedad de los derechos del hombre, y conduce en 1836 a una escisión y a la constitución de la Liga de los Justos (*Bund der Gerechten*), con composición puramente obrera —evolución que se acerca a aquella que lleva de la sociedad de las «Familias» a la de las «Estaciones»—. (Ver en relación con este tema: A. W. Fehling: *Karl Schapper und die Anfaenge der Arbeiterbewebung bis zur Revolution von 1848*, Inaugural-Dissertation, Universität Rostock (dact.), 1922, pp. 41-42. Ewerbeck: *L'Allemagne et les Allemands*, Garnier Frères, París, 1851, p. 589. Engels: *Quelques mots sur l'histoire de la ligue des communistes*, Prefacio a Karl Marx, *Révelations sur le procès des communistes* (1853), Costes, París, 1939, p. 68).

33. Estimación de Ruge, *Zwei Jahre in Paris*, W. Jurany, Leipzig, 1846, p. 338.

34. La Liga de los Justos participa del golpe «blanquista» del 12 de mayo de 1839 junto a los obreros franceses y sobrelleva sus consecuencias: sus principales dirigentes son detenidos y expulsados de Francia; a partir de 1839-1841, el centro vital de la Liga se desplaza hacia Londres, donde se encuentran Schapper, Moll, Bauer; pero la sección parisina continúa existiendo, bajo la dirección de Ewerbeck. La ideología de los «Justos» durante los años 1836-1839 estaba muy próxima de la las sociedades babouvistas de París: Engels habla de la Liga como que era, en su origen, «un retoño alemán del comunismo obrero francés, impregnado de reminiscencias de Babeuf», y parece que obras como *Ni châteaux ni chaumières* de J.-J. Pillot (1840) eran muy populares entre los artesanos alemanes en general y aquellos de Liga en particular. Más tarde, bajo la influencia de Ewerbwck, que era «comunista icario», las ideas de Cabet también tuvieron una cierta audiencia en los «Justos».

35. F. Engels: *Quelques mots sur l'histoire de la Ligue...*, p. 73.

36. K. Marx: *Manuscrits* de 1844, p. 2

37. *Œuvres*, V. Costes, París, 1948, p. 236.

38. Fr. Mehring: *Geschichte der Deutschen Sozial-Demokratie*, Dietz Verlag, Berlín, 1960, p. 107.

39. Weitling: *Garantien der Harmonie und der Freiheit*, Buchhandlung Vorwärts, Berlín, 1908, pp. 7, 8.

40. Weitling: *op. cit.*, p. 248.

41. Weitling: *op. cit.*, p. 226. Por lo demás, es una idea que ya se encuentra en *La humanidad tal como es...*: «No creáis que, a través de negociaciones con vuestros enemigos, vais a lograr algo. Vuestro espíritu yace, justamente, en vuestras espadas. [...] la mejor obra sobre los planes de reforma social debemos escribirlos con nuestra sangre». (Weitling: *Die Menschheit, wie sie ist und wie sie sein sollte*, París, 1838, pp. 31-32).

42. Weitling: *Garantien...*, pp. 246-247.

43. Ibíd., p. 231.

44. Ibíd., p. 247.
45. Ibíd., p. 247.
46. Ibíd., pp. 234, 253.
47. Weitling: ibíd., pp. 247, 258.
48. Ibíd., p. 253.
49. *MEGA*, I, 3, pp. 411-412 (Descripción de los cuadernos); los cuadernos se encuentran en el Instituto internacional de historia social de Ámsterdam.
50. Cf. Riazanov: «Introduction historique», en Marx: *Manifeste communiste*, Costes, París, 1953, pp. 19-20. En una carta a Marx y Engels, escrita el 20/10/1845 desde Bradford, G. Weerth habla de «nuestro amigo Harney» (G. Weerth: *Samtliche Werke*, Band 5, Aufbau Verlag, Berlín, 1957, p. 182).
51. Marx-Engels Archief, Institut international d'histoire sociale, Cote B 28. La edición utilizada por Marx: E. Buret: *De la misère des classes laborieuses en Angleterre et en France...* en *Cours d'économie politique*, Bruselas, Ed. Vahlen, 1843; los fragmentos se encuentran en las pp. 557, 597, 598.
52. «En los países más avanzados, ellos (los obreros) miran la miseria como una opresión, y la idea de recurrir a la fuerza para liberarse de ella ya se les ocurrió [...] Inglaterra, el país de la gran industria, también es el país de la guerra social que se manifiesta por las coaliciones y, en estos dos últimos años, por la Unión de los cartistas». Buret destaca «los rápidos progresos que hace, en las clases inferiores, el espíritu de revuelta cuya expresión es el cartismo» y bosqueja una cuadro «catastrófico» de la crisis social inglesa: «En el momento en que escribimos, el desafecto, la separación de las dos clases, los obreros y los capitalistas, son llevados al más alto punto en Inglaterra: es, según testimonio de todos los hombres que echaron una mirada sobre este estado de cosas, una verdadera secesión, y como una preparación para la guerra civil» (E. Buret: *op. cit.*, pp. 563-565).
53. *Marx-Engels Archief*, Cote B 35; Th. Carlyle: *Chartism*, James Fraser, Londres, 1840, pp. 13, 34, 89.
54. «El Lancshire, y sobre todo Manchester, es la sede de las más poderosas uniones, el punto central del cartismo, el lugar que cuenta con la mayoría de socialistas. Cuanto más toma posesión el sistema de fábricas de una rama de la industria, tanto más participan los trabajadores que están empleados allí del movimiento obrero; cuanto más agudo se vuelve el conflicto entre trabajadores y capitalistas, tanto más clara se vuelve la conciencia proletaria de los trabajadores... ellos forman una clase separada y opuesta de la de los poseedores» (Engels: *Die Lage der Arbeitenden Klasse in England*, 1845, en *MEGA*, I, 4, p. 228) [Trad. al castellano: Engels, F.: *La situación de la clase obrera en Inglaterra*. Diáspora, Buenos Aires, 1974].
55. Engels: *op. cit.*, en *MEGA*, pp. 217-223.
56. Heine: *Lutezia* (17/IX/1842) en *M. W. Vermächtnis*, p. 284.

57. Engels: *op. cit.*, pp. 224-226.
58. El movimiento de «reforma de los abusos de la asociación de oficiales artesanos», que se expresa en los escritos de obreros como Adolphe Boyer, Agricole Perdiguier y Pierre Moreau, siguió estando bastante impregnado de espíritu artesanal, pero llega a desprenderse de él al menos una idea directriz: los trabajadores forman una comunidad, deben *unirse* por encima de las disputas de profesiones o de sectas cófrades, contra sus enemigos comunes (Cf. A. Boyer: *De l'état des ouvriers et de son amélioration par l'organisation du travail*, Dubois éditeur, París, 1841, pp. 48, 50. P. Moreau: *De la réforme des abus du compagnonnage et de l'amélioration du sort des travailleurs*, Prévot, París, 1843, p. 160. A. Perdiguier: *Le Livre du compagnonnage*, edición del autor, París, 1840, p. 217).
59. «La asociación más formidable que se haya formado alguna vez en los tres reinos es la de los cartistas [...]. La asociación lleva hacia todos lados sus inmensas ramificaciones: en cada manufactura, fábrica, taller, hay obreros cartistas; en las campiñas, los habitantes de las chozas forman partes de esta, y esta santa alianza del pueblo, que tiene fe en su futuro, se asienta y crece todos los días más [...]. Todos quieren, sin ninguna excepción, la supresión de los privilegios aristocráticos, religiosos o mercantiles.[...] Ninguna cuasimedida podrá satisfacer a los cartistas: nunca tendrán confianza en un partido cuyo objeto será transferir a los tenderos los privilegios de la aristocracia». (*Promenades dans Londres*, H.-L. Dellaye, París, 1840, pp. 60-61).
60. Flora Tristán: *Promenades dans Londres*, H.-L. Dellaye, París, 1840, p. 58.
61. F. Tristán: *Union ouvrière*, Prévot, París, 1843, pp. 12-13: «No sé cómo explicarme por qué los tres obreros escritores... no pensaron en proponer un plan de unión general...».
62. F. Tristán: *Union ouvrière*, pp. 15-17.
63. Ibíd., pp. 8, 17, 18, 25.
64. Ibíd., pp. 4, 27.
65. En Rubel: «Flora Tristán et Karl Marx», *La Nef*, París, enero 1946, p. 71.
66. *Œuvres*, II, Costes, París, p. 30. Dicho esto, no es menos cierto que las teorías de la «paria» todavía están profundamente teñidas de «socialismo utópico»: la influencia de Owen, del fourierismo de Considérant (los «palacios obreros»), de Louis Blanc («organización del trabajo») es sensible en la *Union ouvrière*. El tradicional llamado a la filantropía del Rey, del clero, de la nobleza, de los «jefes de fábrica» e incluso de los financistas y burgueses, también vuelve a aparecer allí. El programa social de la *Union* es muy vago («propiedad de los brazos», «derecho de trabajo») y los medios revolucionarios están resueltamente excluidos. «Desde el 89, se derribaron *muchos gobiernos* ¿y qué ganaron los obreros con esas revoluciones? ¿No se hicieron a costa de ellos? [...] Linda conveniencia para él (el pueblo) la de hacer revoluciones» (Flora Tristán: *Union ouvrière*, pp. 81-87, 118-119).

Maximilien Rubel, en su artículo «Flora Tristán et Karl Marx» insiste, probablemente con razón, acerca de la influencia sobre Marx del tema de la autoemancipación contenido en la *Union Ouvrière*, pero deja de lado algunas «diferencias» no despreciables: la revolución y el comunismo... (M. Rubel: «Flora Tristán et K. Marx», pp. 74-76).

67. Nikolaievski y Maenchen-Helfen: *Karl Marx*, Gallimard, París, 1937, p. 68. Cf. también Mehring, en *Aus dem literarischen Nachlass von Karl Marx, Friedrich Engels und Ferdinand Lassalle*, Band 2, Stuttgart, 1902, p. 29: «...también desde el punto de vista del contenido, su polémica parece a veces exagerada, principalmente en su juicio histórico sobre el levantamiento de los tejedores silesianos que fue juzgado de manera más correcta, de acuerdo con nuestra concepción actual, por Ruge, en la medida en que lo consideró como un puro motín del hambre, que constituía más un obstáculo que una ayuda para el desarrollo político».

68. Marx: *Das Kapital. Kritik der Politischen Oekonomie*, Dietz Verlag, Berlín, 1957, Buch I, p. 486; acerca del nivel de vida de los «trabajadores a domicilio», cf. pp. 490-494 [Trad. al castellano: Marx, K.: *El capital. Crítica de la economía política*. Trad. de Wenceslao Roces. FCE, México, 1999].

69. En el origen del levantamiento se encuentra un canto, espontáneamente creado, palabra por palabra y oración por oración, por los tejedores del pueblo silesiano de Peterswalden. Este canto será citado por Marx en el *Vorwärts* como una de las pruebas del nivel de conciencia de la insurrección, e inspirará el célebre poema de Heine; expresa claramente la revuelta de los tejedores contra la explotación capitalista:

> Vosotros sois la fuente de la miseria
>
> Que oprime aquí al pobre
>
> Sois vosotros quienes le arrancáis
>
> El pan seco de la boca
>
> ...
>
> Pero vuestro dinero y vuestro bien
>
> Un buen día desaparecerán
>
> Como la manteca al sol
>
> ¿Qué será de vosotros entonces?

(Cf. Karl Obermann: *Einheit und Freiheit* (1815-1849), Dietz Verlag, Berlín, 1950, p. 206, y F. Mehring: *Geschichte der Deutschen Sozial-Demokratie*, pp. 227-228). El 4 de junio de 1844, la policía detiene a un tejedor en el seno de un grupo que cantaba ese himno debajo de las ventanas del fabricante Zwanziger (que pagaba salarios de miseria y era, en la región, el símbolo de la opresión de los ricos). Es la gota que derrama el vaso: en la tarde, una masa rebelada saquea las casas de los industriales y destruye los libros de contabilidad; algunos proponen prender fuego, pero la mayoría se niega «porque los propietarios recibirían indemnizaciones y porque quieren arruinarlos, para que aprendan, a su vez, lo que es el hambre». El 5 de junio, una multitud de 3 000 tejedores camina hacia un pueblo vecino (Langebielau), donde se desarrollan escenas semejantes. Pero el ejército, alertado, ya interviene y dispara contra la multitud desarmada; mata a 11 obreros e hiere a 24; la masa desesperada reacciona y, a pedradas y palos, expulsa a los soldados del pueblo. Esta victoria duró poco: el 6 de junio llegan tres compañías de infantería y una batería de artillería que aplastan la rebelión. Los sobrevivientes buscan refugio en las montañas y bosques cercanos, donde son acorralados por las tropas: 38 tejedores son detenidos y condenados a duras penas de trabajos forzados (Cf. F. Mehring: *Geschichte der Deutschen Sozial Demokratie*, pp. 228-230).

70. *Vorwärts*, Pariser Deutsche Zeitung, 6 de julio de 1844, p. 4.
71. *Briefwechsel*, p. 364.
72. *Vorwärts*, «Schlesische Zustände», 4 de diciembre de 1844, p. 3: el corresponsal (anónimo) presenta así este testimonio: «Hablé recientemente con algunos obreros de los trenes y estoy verdaderamente sorprendido por su concepción clara de nuestra situación social, su fundamento y los principios de un nuevo orden de cosas». En la última correspondencia, del 7 de diciembre, agrega, a modo de conclusión: «En secreto, uno puede confesarse, efectivamente, que la indignación del Peterswaldau y Langelielau fue solo el comienzo de un prólogo, cuya conclusión seguirá tarde o temprano… Para que se llegue a hacer que desaparezcan entre nosotros los contrastes entre poseedores y desposeídos, ricos y pobres, será necesario, tal vez, que las masas obreras lleven hasta el final el drama, cuya sombra predecesora hemos percibido…».
73. El corresponsal transmite (literalmente) las declaraciones de un obrero de los ferrocarriles: «Mientras trabajamos acá, ganamos como para subsistir, pero sabemos muy bien que nos despellejamos principalmente para los financistas. Estos están en la ciudad, en el mercado y hacen buenos negocios con nuestro sudor. Seremos los últimos en utilizar los trenes que construimos […]. Nuestra única ventaja es que, apiñados de a millares, nos hemos conocido unos con otros y, a través de esta larga relación recíproca, la mayoría de nosotros se volvió más inteligente. Son pocos de entre nosotros los que todavía creen en las viejas fábulas. Ahora tenemos muy poco respeto por las personas distinguidas y ricas. Aquello que cada uno, en su fuero interno, apenas se atrevía a pensar en silencio, ahora lo decimos en voz alta: somos nosotros los que mantenemos a los ricos, y basta con que lo queramos para que estén obligados a mendigarnos su trozo de pan o, si no quieren trabajar, para que mueran de hambre. Vosotros podéis creerme; si los tejedores hubieran resistido durante más tiempo, habría habido agitación entre nosotros. El caso de los tejedores es, en el fondo, nuestro caso. Y como nosotros somos 20 000 hombres que trabajamos en los trenes de Silesia, también habríamos tenido algo para decir» (*Vorwärts*, 4/12/1844, p. 3).

74. «Cuanto más produce el obrero, menos tiene para consumir; cuantos más valores crea, más se deprecia y ve disminuir su dignidad; cuanta más forma tiene su producto, más deforme es el obrero; cuanto más civilizado es su objeto, más bárbaro es el obrero; cuanto más poderoso es el trabajo, más impotente es el obrero; [...] el trabajo produce maravillas para los ricos, pero produce la indigencia del obrero. Produce palacios, pero guaridas para el obrero. Produce belleza, pero el marchitamiento para el obrero. Reemplaza el trabajo por máquinas, pero arroja a una parte de los obreros a un trabajo bárbaro y hace máquinas con la otra parte» (*Manuscrits de 1844*, Éd. sociales, París, 1962, pp. 57, 59).

75. Marx: *Manuscrits de 1844*, pp. 57-58.

76. Ibíd., p. 58. Cf. Feuerbach: *Wesen des Christianismus* (1841); tr. fr. *Essence du christianisme*, en *Manifestes philosophiques*, PUF, París, 1960, p. 93: «Cuanto más subjetivo y humano es Dios, más se despoja el hombre de su subjetividad y de su humanidad, porque Dios es, en sí mismo, el sí alienado (*entäussert*) del Hombre...».

77. *Manuscrits de 1844*, p. 67.

78. Ibíd., p. 88.

79. Ibíd., pp. 85-86.

80. Heine: *Lutèce* (prefacio), Calmann-Lévy, 1892, p. XII.

81. *Œuvres*, IX, Costes, París, 1947, pp. 128-130.

82. *Manuscrits de 1844*, pp. 107, 94.

83. Ibíd., p. 88.

84. Ibíd., p. 87.

85. Ibíd., p. 88.

86. *Manuscrits de 1844*, cf. p. 143: el ateísmo es «el futuro del humanismo teórico», y el comunismo, «el futuro del humanismo práctico».

87. Ibíd., p. 143.

88. Ibíd., pp. 143, 107.

89. Ibíd., pp. 127-128.

90. Feuerbach: *Principes de la philosphie de l'avenir*, en *Manifestes philosophiques*, p. 182. En su notable estudio de 1926 sobre Moses Hess, Lukács demuestra cómo la teoría feuerbachiana de la «verdad inmediata» es el fundamento epistemológico del utopismo ético de ciertos «jóvenes hegelianos». G. C. Lukács: «Moses Hess und die Probleme der idealistischen Dialektik», *Archiv für die Geschichte des Sozialismus und Arbeiter bewegung*, XII, 1926, pp. 132, 134.

91. *Manuscrits de 1844*, p. 99.

92. *Manuscrits de 1844*, p. 107.

93. Ibíd., pp. 107-108.

94. Helgel: *Principes de la philosophie du droit*, pp. 190-191.
95. *Marx-Engels Archief*, Institut d'histoire sociale d'Amsterdam, cote D 5. Un fragmento fue traducido al francés por A. Cornu en su *Karl Marx et Friedrich Engels*, III, p. 83.
96. *Œuvres*, V, pp. 235-236, *Werke*, 1, p. 393.
97. Ruge, «Der König von Preusen und die Sozialreform», Vorwärts, 27 de julio de 1844, p. 4.
98. *Œuvres*, V, p. 215, *Werke*, 1, p. 393.
99. *Œuvres*, V, p. 217.
100. *Œuvres*, V, p. 237, *Werke*, 1, p. 405 (nuestro subrayado).
101. *Œuvres*, V, p. 237, *Werke*, 1, p. 405.
102. Ruge: «Der König von Preusen...», p. 4.
103. Marx: *Œuvres*, V, p. 240, *Werke*, 1, p. 407.
104. *Œuvres*, V, pp. 228-231.
105. Ruge, op. cit.
106. Marx: *Œuvres*, V, p. 242.
107. *Œuvres*, V, p. 244, *Werke*, 1, p. 409.
108. *Œuvres*, V, p. 237.
109. *Œuvres*, V, p. 236.
110. G. Mende: *Karl Marx Entwicklung vom revolutionärem Demokraten zum Kommunisten*, Dietz Verlag, Berlín, 1960, p. 105 (La cita de Marx es tomada de *Werke*, 1, p. 406).
111. Marx: *Œuvres*, V, pp. 239-241, *Werke*, 1, pp. 406-407.
112. A. Ruge: *Briefwechsel*..., p. 382.
113. *Correspondance K. Marx-F. Engels*, Costes, París, 1947, tomo 1, p. 8.
114. Engels: *Quelques mots sur l'histoire de la ligue des communistes*, p. 78.
115. Ruge: *Gesammelte Schriften*, Mannheim, 1847, Bd. III, p. 220; Bd. VI, p. 134.
116. Bauer: *Algemeine Litteratur Zeitung*, Heft I, 1843, p. 2, en D. Hertz-Eichenrode, «Massenpsychologie bei Junghegelianer», *Int. Rev. of Social History*, VII, 2, 1962, p. 243.
117. Marx: *Œuvres*, II, 1947, pp. 150-151, *Werke*, 2, p. 89; cf. también *Œuvres*, II, pp. 167, 257.
118. *Œuvres*, II, p. 153; cf. también *Œuvres*, II, p. 243: «La antinomia del espíritu y de la masa es la "organización crítica de la sociedad", organización en la que el espíritu o la crítica representa el trabajo organizador; la masa, la materia primera; la historia, el producto»; cf. también *Œuvres*, III, p. 46: «Tenemos, por un lado, el elemento divino (Rodolfo) [...] que es el único principio activo, y tenemos, por el otro, el elemento pasivo, el estado social y los hombres que forman parte de él».

119. *Œuvres*, II, p. 150.
120. Ibíd., p. 151.
121. *Œuvres*, II, p. 201.
122. *Œuvres*, II, pp. 168, 92-93, *Werke*, 2, pp. 100, 56.
123. *Œuvres*, II, p. 92, *Werke*, 2, p. 55.
124. *Œuvres*, II, p. 234.
125. *Œuvres*, II, pp. 234-235, *Werke*, 2, p. 138.
126. *Œuvres*, II, pp. 232-233.
127. *Œuvres*, II, p. 235: «Fourier parte directamente de la doctrina de los materialistas franceses. Los babouvistas eran materialistas vulgares, incultos, pero el comunismo desarrollado se remonta él mismo directamente al materialismo francés [...] Bentham funda su sistema del interés bien comprendido en la moral de Helvétius, de la misma manera que, partiendo del sistema de Bentham, Owen funda el comunismo inglés [...]».
128. Ibíd., p. 224.
129. Cf. Goldmann: *Sciences humaines et Philosophie*, cap. III.
130. Feuerbach: *Thèses provisoires pour la réforme de la philosophie*, en *Manifestes philosophiques*, p. 117.
131. Feuerbach: *Essence du christianisme* (tr. J. Roy), Lib. Internationale, París, 1864, p. 338: «Esta es la razón de por qué, cuando pienso, aparto, tanto como sea posible, las necesidades sensuales del corazón, con el fin de no oscurecer mi espíritu con las pasiones. Desarrollo separado de cada facultad: esa es tanto en la vida como en el pensamiento la condición de la sabiduría [...]. El dios del cerebro que piensa es, en consecuencia, necesariamente por completo diferente del dios del corazón, cuyo único deseo es su propia satisfacción a pesar de todo».

Engels, en *Ludwig Feuerbach et la fin de la philosphie classique allemande* (1886), confirma el carácter feuerbachiano de *La Sagrada Familia* (en Marx, Engels: *Études philosophiques*, p. 23): «Es entonces que se publicó La esencia del cristianismo de Feuerbach [...]. El entusiasmo fue general; todos fuimos momentáneamente "feuerbachianos". Se puede ver, al leer *La Sagrada Familia*, con qué entusiasmo Marx saludó la nueva manera de ver y hasta qué punto —a pesar de todas sus reservas críticas— fue influido por ella».

132. Marx: *Œuvres*, III, pp. 92-93, p. 255, *Werke*, 2, pp. 204, 151.
133. Feuerbach: *Essence du christianisme*, p. 339.
134. *Œuvres*, II, pp. 61-62, *Werke*, 2, pp. 37-38.
135. Es verdad que algunas fórmulas, inspiradas en el materialismo de lo «todopoderoso de las circunstancias», sugieren que la revuelta es inmediatamente provocada por la miseria material, sin la mediación de la conciencia: «El hombre se perdió a sí mismo pero, al mismo tiempo, no solo adquirió

la conciencia teórica de esa pérdida; se vio obligado directamente, por el *desamparo* (*Not*), en lo sucesivo ineluctable, imposible de paliar, absolutamente imperioso —expresión práctica de la necesidad (*Notwendigkeit*)—, a rebelarse contra esta inhumanidad» (*Œuvres*, II, p. 62, *Werke*, 2, p. 38). Esta fórmula «dualista», donde la toma de conciencia y la revuelta determinada por el desamparo aparecen como dos procesos separados, será superada en *La ideología alemana*.

136. *Œuvres*, II, pp. 242, 149, *Werke*, 2, pp. 143, 89.
137. *Œuvres*, II, p. 63, *Werke*, 2, p. 38.
138. *Œuvres*, II, p. 213, *Werke*, 2, p. 126.
139. *Œuvres*, II, p. 235, *Werke*, 2, p. 139.
140. *Œuvres*, II, p. 236.
141. *Marx, Engels Archief*, Institut internacional d'histoire sociale, cote B 34, p. 13.
142. En *Études philosophiques*, p. 14.
143. Feuerbach: *Essence du christianisme*, p. 145: «Su principio (de los judíos), su Dios es el principio más práctico del mundo —el egoísmo— […]».
144. Tesis I, *Œuvres*, VI, p. 141, Werke, 3, p. 5. Se trata aquí del texto original de Marx y no de la versión levemente modificada que Engels dio de él en 1888.
145. Tesis III, *Werke*, 3, p. 6 (Marx), p. 534 (Engels).
146. Tesis III, *Œuvres*, VI, p. 142, *Werke*, 3, p. 6. En la versión de Engels, Owen es citado como el ejemplo característico de esta doctrina (cf. *Werke*, 3, p. 534). Esta elección es interesante porque el mismo Owen es presentado, en *La Sagrada Familia*, como el verdadero comunista «materialista» y «científico», precisamente a causa de su adhesión total a la teoría de las circunstancias.
147. Tesis IX, *Œuvres*, VI, p. 144, *Werke*, 3, p. 7.
148. Tesis VIII, *Œuvres*, VI, p. 144.
149. Tesis X, *Œuvres*, VI, p. 144.
150. *Œuvres*, VI, pp. 141-143, *Werke*, 3, pp. 5-6.
151. En relación con esto hay que observar que Goldmann relaciona las *Tesis sobre Feuerbach* con los trabajos de Piaget sobre la «actividad perceptiva» (*Recherches dialectiques*, p. 126), mientras que Naville los compara con los datos de la psicología experimental: no hay estímulo sin respuesta, etc. (*De l'aliénation à la jouissance*, Marcel Rivière, París, 1957, p. 188).
152. *Œuvres*, VI, p. 144, *Werke*, 3, p. 7.
153. Tesis IV y VIII, *Œuvres*, VI, pp. 143-144, *Werke*, 3, pp. 6-7; nuestro subrayado.
154. Cf. L. Goldmann: «L'idéologie allemande et les thèses sur Feuerbach», *L'Homme et la Société*, no. 7, 1968, p. 54.
155. Engels: *Quelques mots sur l'histoire de la ligue des communistes*, pp. 78-79.

156. Marx: Préface à *Contribution à la critique de l'économie politique*, Éd. sociales, París, 1957, p. 5; nuestro subrayado.
157. *Œuvres*, VII, pp. 253, 80.
158. *Œuvres*, VI, p. 152, VII, p. 11, 59. Cf. también *Œuvres*, IX, p. 82.
159. *Œuvres*, VI, p. 160.
160. *Œuvres*, VI, p. 175.
161. *Œuvres*, IX, p. 127, VI, p. 191.
162. *Œuvres*, VII, p. 217, *Werke*, 3, p. 196.
163. *Œuvres*, VI, pp. 188, 233.
164. *Œuvres*, VIII, p. 233.
165. *Œuvres*, VI, p. 158.
166. *Œuvres*, VI, p. 243.
167. *Œuvres*, VI, p. 184, VII, p. 214; nuestro subrayado.
168. Una de las excepciones es la excelente introducción de Lelio Basso a la edición italiana de las obras de Rosa Luxemburg. Cf. Rosa Luxemburg: *Scritti Politici* (Introduzione), E. Riuniti, Roma, 1967, p. 107. Ver también la sugestiva introducción de Maximilien Rubel a Marx: *Pages choisies pour une éthique socialiste*, M. Rivière, París, 1948.
169. *Œuvres*, VI, pp. 183, 225.
170. *Œuvres*, VII, p. 223, Marx incluso emplea el término de «pasión revolucionaria», cf. *Œuvres*, IX, p. 124.
171. *Œuvres*, VI, pp. 157, 155.
172. Ibíd., p. 224.
173. *Œuvres*, VII, pp. 198-199, *Werke*, 3, pp. 185-186.
174. *Œuvres*, VI, pp. 170, 184.
175. *Œuvres*, VII, p. 205.
176. *Œuvres*, VI, pp. 194, 183; nuestro subrayado.
177. *Œuvres*, IX, p. 62: «...Cuando la oposición entre la burguesía y el proletariado hubo engendrado ideas comunistas y socialistas».
178. *Œuvres*, IX, pp. 121, 123.
179. *Œuvres*, IX, pp. 124-125.
180. Ibíd., p. 259.
181. *Œuvres*, VI, p. 183.
182. *Œuvres*, IX, p. 147.
183. *Œuvres*, IX, p. 141.
184. La National Reform Association era una organización creada en octubre de 1845 por un Congreso industrial que reunía varias asociaciones obreras y

la sociedad secreta Young America. La sección norteamericana de la Liga de los Justos, compuesta por obreros alemanes emigrados, creó algunas semanas después una rama de lengua alemana bajo el nombre de Social Reform Association, grupo influido por el «socialismo verdadero» de H. Kriege. Cf. K. Obermann, «Die Amerikanische Arbeiterbewegung vor dem Bürgerkrieg im Kampf für Demokratie und gegen dir Herrschaft der Sklavenhalter», *Zeitschrift für Geschichtswissenschaft*, Heft 1, X, Jahrgang, 1962.

185. *Œuvres*, IX, p. 125.
186. *Œuvres*, IX, p. 132.

III. La teoría del partido (1846-1848)

1. Engels: *Quelques mots sur l'histoire de la ligue des communistes* (abreviatura: Histoire de la ligue), pp. 79-80.
2. Riazanov: «Introduction historique», en *Manifeste communiste*, Costes, París, 1953, p. 35.
3. Riazanov: *op. cit.*, p. 23.
4. Ibíd., p. 27.
5. Ibíd., p. 27.
6. Marx critica violentamente a Kriege, porque reduce el comunismo, «movimiento revolucionario histórico universal (*weltgeschichtlich*)», a «algunas palabras: amor, odio, comunismo, egoísmo», o a la «búsqueda del Espíritu Santo y de la Sagrada Comunión», predicando, en nombre del comunismo, «las viejas fantasías de la religión y de la filosofía alemana». También lo critica porque bautiza de «comunista» la propaganda de reparto de tierras de la National Reform Association: «¿Cuál es el "deseo" que debe ser satisfecho por los 1 400 millones de acres? Nada menos que la *transformación de todos los hombres en propietarios privados*, un deseo que es tan practicable y comunista como el de la transformación de todos los hombres en emperadores, reyes y papas». La actitud de un verdadero comunista frente a este movimiento habría sido totalmente distinta: demostrar, al mismo tiempo que se reconoce el carácter provisoriamente no comunista de la Association, que tarde o temprano deberá evolucionar, por su naturaleza proletaria, hacia el comunismo: «Si Kriege hubiera comprendido el movimiento por la tierra libre como una primera forma —necesaria bajo ciertas condiciones— del movimiento proletario, como un movimiento que, por la situación vital de la clase de la que parte, necesariamente debe desarrollarse hacia el comunismo; si hubiera demostrado que las tendencias comunistas en Norteamérica debían aparecer primitivamente bajo esta forma agraria aparentemente en contradicción con cualquier comunismo, no habría nada que decir». En efecto, esa es la posición del propio Marx frente a este movimiento, y comienza la segunda parte de la circular con esta afirmación preliminar: «Reconocemos completamente la justificación histórica del movimiento de los *National Reformers*

norteamericanos. Sabemos que este movimiento aspira a un resultado que ayudaría momentáneamente al industrialismo de la sociedad burguesa moderna, pero que, en tanto producto de un movimiento proletario; en tanto ataque contra la propiedad territorial en general, y en particular en las condiciones existentes en Norteamérica, debe, por sus propias consecuencias, progresar hacia el comunismo» (*Werke*, 4, pp. 7, 11, 12, 10, 9, 8).

7. En *Herr Vogt* (1860), Marx define así el sentido de sus actividades de los años 1845-1846: «Al mismo tiempo (Bruselas) publicábamos una serie de panfletos impresos o litografiados. Allí sometíamos a una crítica despiadada la mezcla de socialismo o comunismo anglofrancés y de filosofía alemana que formaba entonces la doctrina secreta de la Liga; establecíamos allí que solo el estudio científico de la estructura económica de la sociedad burguesa podía proveer una sólida base teórica; y exponíamos allí, finalmente, bajo una forma popular, que no se trataba de poner en vigencia un sistema utópico, sino de intervenir, con conocimiento de causa, en el proceso de conmoción histórica que se operaba en la sociedad». Engels, por su parte, escribe en la *Historia de la Liga*: «Operábamos a viva voz, por medio de cartas, de la prensa, sobre las opiniones teóricas de los miembros más importantes de la Liga. Recurríamos igualmente, con el mismo objetivo, a diversas circulares litografiadas que, en ocasiones particulares, en las que se trataba de cuestiones internas del partido comunista en formación, enviábamos a nuestros amigos y corresponsales. En estas circulares, ocurría que cuestionáramos a la propia Liga»; y cita precisamente como ejemplo la circular contra Kriege (Cf. Marx: *Herr Vogt*, p. 105; Engels: *Histoire de la Ligue*, p. 81).

8. Son estos últimos los que abren las negociaciones: el Comité de Bruselas envía, en mayo de 1846, una carta a Schapper, en la que pedía a la Liga de los Justos y a la Asociación de educación obrera de Londres (organización «abierta» controlada por la Liga) la constitución de un Comité de correspondencia comunista en contacto regular con el de Bruselas. La respuesta no se hizo esperar: el 6 de junio de 1846, Schapper escribe a Marx para comunicarle la formación de un comité dirigido por Bauer, Moll y él mismo: también manifestaba su aprobación de la ruptura con Weitling, pero condenaba el «tono rudo» de la circular contra Kriege. El Comité de Bruselas por su parte contestó, el 22 de junio, reclamando un combate riguroso contra el «comunismo filosófico y sentimental» y proponiendo a la discusión el proyecto de un congreso comunista. La reacción de Londres es ambigua: en una carta a Marx, del 17 de julio, Schapper se queja de «la arrogancia de los eruditos» de los bruselenses, pide nuevamente una moderación de las críticas contra Kriege, pero acepta la proposición de un congreso y sugiere Londres como lugar de reunión. Esta desconfianza recíproca alcanza su punto culminante en noviembre de 1846, cuando la Liga de los Justos envía una circular a sus miembros para convocar a un congreso en Londres para mayo de 1847. Esta iniciativa, tomada sin con-

sultar al grupo de Bruselas, fue muy mal recibida por Marx y Engels, y habría podido llevar a la ruptura si Moll no se hubiera dirigido a Bruselas en enero de 1847 (Cf. Marx: *Chronik Seines Lebens*, pp. 36-39).

9. Cf. Bert Andréas, Wolfgang Mönke: «Neue Daten Zur "Deutschen Ideologie"», en *Archiv für Sozialgeschichte*, Band VIII, 1968, p. 74.

10. Este mismo problema figura en una buena ubicación en el «proyecto de definición del comunismo» que Engels sometió a votación en una reunión de la Liga, después de interminables discusiones con los discípulos «antirrevolucionarios» de Grün y Proudhon:

    «Di entonces, de las intenciones de los comunistas, la siguiente definición:

    1. Hacer prevalecer los intereses de los proletarios contra los de los burgueses;

    2. Alcanzar este objetivo por medio de la supresión de la propiedad privada y su reemplazo por la comunidad de los bienes;

    3. *No admitir, para realizar estas intenciones, más medio que la revolución democrática y violenta»*.

    Después de las intervenciones de varios obreros que, de acuerdo con Engels, «hablaron muy bien» y demostraron que «tenían una brusca sensatez», la proposición fue aprobada por una amplia mayoría: la sección parisina de la Liga era «convertida al marxismo», y se haría representar en el Congreso de junio de 1847 por el propio Engels (Cf. Marx, Engels: *Correspondance*, pp. 68, 69-70; carta de Engels al Comité de Bruselas, 23/10/1848; nuestro subrayado, ML).

11. A. Kiel, Georg Weber, experiodista del *Vorwärts* — donde escribía artículos muy influidos por Marx— era designado como corresponsal para Alemania del Norte; en Westfalia, Weydemeyer y sus amigos Mayer y Rempel se escribían regularmente con Marx acerca de los problemas del «partido»; en Colonia, Bürgers y Daniels mantienen el contacto con Bruselas, a la vez que consideran prematura la creación de un comité comunista; en Silesia, por la intermediación de Wilhelm Wolff, grupos comunistas envían informes regulares sobre la situación de los obreros, tejedores y campesinos silesianos; en el Wuppertal, Köttgen intenta constituir un Comité de correspondencia y recibe una circular de Bruselas con instrucciones para la realización de esta tarea (Cf.: *Chronik*, pp. 31-36. Ver para este período (1846-1848) la excelente obra de Herwig Förder: *Marx und Engels am Vorabend der Revolution*, Akademie Verlag, Berlín, 1960).

12. *Marx-Engels Archief*, cote D 5 (Institut int. d'histoire sociale); cf. nuestro trabajo, p. 163, nota 95.

13. Ibíd., cote D 1. Weydemeyer, por su parte, se queja del carácter «deshilvanado» (*zerfahren*) del «Partido»; cf. Carta a Marx, 29 de julio de 1846, publicada en Bert Andréas, Wolfgang Mönke, «Neuen Daten Zur "Deutschen Ideologie"», *Archiv für Sozialgeschichte*, Band VIII, 1968, p. 88.

14. En *Mouvement socialiste*, t. XXXIII, París, marzo-abril 1913, p. 154.

15. *Werke*, 4, p. 21.
16. En Riazanov: *op. cit.*, pp. 29-30.
17. Proudhon: *Lettre à Marx*, 17 de mayo de 1846, en Riazanov: *op. cit.*, pp. 31-34.
18. P. Haubtmann: *Marx et Proudhon*, Économie et Humanisme, París, 1947, pp. 86-88.
19. Proudhon: *Deuxième mémoire sur la propriété*, París, A. Lacroix, 1873, p. 349. Proudhon: *Lettre à Marx*, 1/5/1846, en 17/5/1846, en Riazanov: *op. cit.*, p. 32.
20. *Werke*, 2, p. 672, nota 182.
21. Th. A. Rothstein: *Une époque du mouvement ouvrier anglais – Chartisme et Trade-Unionisme*, Éditions sociales Internationales, París, 1929, p. 49.

    En efecto, Harney, profundamente impregnado de la tradición revolucionaria francesa, había intentado, desde 1838, una síntesis eficaz entre esta tradición y las del movimiento obrero de masas inglés. En una carta del 13 de marzo de 1838, dirigida a *The Northern Star*, Harney lanzaba algunas ideas que se convirtieron muy rápido en los principios rectores del sector más radical del cartismo:

    a) Las clases trabajadoras solo deben contar con ellas mismas y nada más que con ellas;

    b) Hay que rechazar la creencia owenista en la omnipotencia de la «educación» —idea central de la tendencia reformista (*Moral Force*) del cartismo—;

    c) La sociedad está dividida en clases opuestas por un antagonismo irreductible. Un año más tarde, en el congreso cartista de 1849, Harney ya era el dirigente reconocido del grupo de los revolucionarios, partidarios de la Physical Force.

    (Cf. E. Dolleans: *Le Chartisme* (1831-1849), Marcel Rivière, París, 1949, p. 93. Ver también W. Kunina: «George Julian Harney» en *Marx, Engels und die ersten proletarischen Revolutionäre*, Dietz Verlag, Berlín, 1965).

22. En *Werke*, 2, pp. 614-616. La correspondencia entre el Comité de Bruselas y Harney comienza en febrero de 1846: este último es uno de los primeros en ser invitado a participar en la nueva organización. En su respuesta a Engels (30 de marzo de 1846), Harney pone como condición para su adhesión un acuerdo entre Bruselas y la Liga de los Justos de Londres —con la que acaba de constituir (15 de marzo de 1846) la asociación de los *Fraternal Democrats*—. Finalmente, el 20 de julio, como consideraba que esta condición estaba satisfecha, ofrece su apoyo total a la empresa. Exactamente en esa misma época (17 de julio), Marx y Engels envían al dirigente cartista O'Connor, por intermedio de Harney, una carta con los cumplidos de los «comunistas democráticos alemanes de Bruselas» por su victoria electoral —carta en la que destacan que después de la victoria del librecambio, «la gran batalla entre capital y trabajo, entre *burguesía y proletarios* debe ser decidida»— (Cf.: *Werke*, 4, pp. 24-25; *Chronik*, pp. 31, 35).

23. *Chronik*, pp. 41-42.
24. *Werke*, 2, p. 613.
25. En G.D.H. Cole: *Chartists Portraits*, Macmillan and Co, Ltd., Londres, 1941, p. 298.
26. Rothstein: *Chartisme et Trade-unionisme*, p. 136.
27. Ibíd., p. 137.
28. Cf. Nikolaievski y M. Helfen: *Karl Marx*, p. 96. Fehling, K.: *Schaper*, p. 64, Max Nettlau: «Londoner deutsche Kommunistische Diskussionen 1845», en *Archiv für die Geschichte des Sozialismus...*, C. L. Hirschfeld Verlag, Leipzig, 1921-1922, p. 363.
29. En *Dokumente zur Geschichte des Bandes der Kommunisten*, Dietz Verlag, Berlín, pp. 65-66. Sobre la influencia de Cabet en las secciones de París y Londres de la Liga, después del fracaso de 1839, cf. Fehling, K.: *Schapper*, p. 57.
30. M. Nettlau: *op. cit.*, pp. 367-368, 379-380.
31. *Dokumente zur Geschichte des Bundes*, pp. 78, 80, 88, 91.
32. Ibíd., p. 104, cf. W. Smirnowa: «Wilhelm Wolf», en *Marx und Engels und die ersten proletarischen Revolutionäre*, Dietz, Berlín, 1965, p. 515.
33. Cf. Engels: *Histoire de la Ligue*, p. 83. Marx: *Herr Vogt*, p. 106.
34. Engels: *Histoire de la Ligue*, p. 84.
35. Marx, Engels: *Briefe an A. Bebel, W. Liebknecht, K. Kaustsky und andere*, Moscú, 1933, Teil I, p. 170.
36. Cf. *Dokumente zur Geschichte des Bundes*, pp. 57-63 (Estatuto de la Liga de los Justos) y pp. 106-111 (Estatuto de la Liga de los Comunistas).
37. Engels: *Histoire de la Ligue*, p. 85; no obstante, Engels se equivoca acerca del problema de la revocabilidad de los dirigentes, que ya estaba prevista en los estatutos de la Liga de los Justos (§ 36).
38. Este cuadro fue establecido a partir de las siguientes obras: Karl Marx: *Chronik seines Lebens*; Nicolaievski y M. Helfen: *Karl und Jenny Marx*, Berlín, 1933; K. Obermann: *Die Arbeiter und die Revolution von 1848*, Dietz Verlag, Berlín, 1953; F. Mehring: *Geschichte der Deutschen Sozial-Demokratie*; Marx, Engels: *Werke*, 4 y 5.
39. Entre los que había diez escritores, periodistas y publicistas: H. Bürgers, E. Dronke, F. Engels, F. Freiligrath, L. Heilberg, K. Marx, W. Pieper, F. Wolff, G. Weerth; seis médicos: R. Daniels, H. Ewerbeck, K. d'Ester, A. Gottschalk, A. Jacoby, J. Klein; cinco oficiales: F. Anneke, K. Bruhn, A. Hentze, J. Weydemeyer, A. Willich; cuatro juristas: H. Becker, J. Miquel, S. Seiler, V. Tedesco; dos maestros: P. Imandt, W. Wolff; un ingeniero: A. Cluss; un funcionario: P. Gigot; un «candidato-geómetra»: J. Cansen; un químico: K. Otto; un comerciante: W. Reiff; un estudiante: W. Liebcknecht.

40. Entre los que había siete sastres: G. J. Eccarius, Haude, F. Lessner, J. C. Lüchow, C. F. Mentel, Meyer, P. Nothjung; cinco zapateros: H. Bauer, Hatzel, Mulier, Pierre, Wissig; cinco carpinteros, ebanistas, etc.: Buhring, Hanse, G. Lochner, K. Schramm, J. Weiler; tres tipógrafos: S. Born, K. Schapper, K. Wallau; dos dependientes: J. L. Erhard, W. Haupt; dos pintores: K. Pfänder, A. Steingens; dos relojeros: H. Jung, J. Moll; un brucero: J. P. Becker; un barbero: Bedorf; un cigarrero: P. G. Roser; un orfebre: Bisky; un pasamanero: R. Riedel; un tonelero: C. J. Esser.

41. Por otra parte, el número relativamente elevado de médicos no es un rasgo específico de la Liga: durante toda la revolución de 1848, los jóvenes médicos proveyeron los cuadros de la corriente democrática radical. El mayor representante de la ciencia médica de la época, Rudolf Virchow, escribía: «¿Quién puede sorprenderse de que la democracia no encuentre en ningún lugar más adherente que entre los médicos?, ¿de que en todas partes en la extrema izquierda, en parte en la cima del movimiento, se encuentren médicos? La medicina es una ciencia social, y la política no es otra cosa que la medicina en grandes dimensiones». ¿Cuáles son las razones de este «radicalismo médico»? Por un lado, la mala situación material de la profesión médica en la Alemania del siglo XIX, su opresión por parte de la burocracia del Estado prusiano; por otro lado, la conexión evidente entre las enfermedades de la masa popular, las epidemias de cólera, etc., y las malas condiciones de vida, la miseria obrera; no es una casualidad si los documentos sobre las condiciones sanitarias del proletariado, los informes oficiales de los médicos, aportan una parte bastante importante de las pruebas contra el régimen capitalista, en la *Situación de la clase obrera en Inglaterra* e incluso en *El capital* (Cf. P. Diepgen: *Geschichte der Medizin*, Walter de Gruyter and Co., Berlín, 1951, II, 1, pp. 221, 222, 224. Cf. también R. H. Shryock: *The Development of Modern Medicine*, A. A. Knopf, Nueva York, 1947, p. 221).

42. La expresión es empleada en 1848 por el economista Bruno Hildebrand; cf. Karl Obermann: *Die Arbeiter und die Rev. von 1848*, p. 40.

43. K. Obermann: *op. cit.*, p. 37.

44. Nos limitaremos al estudio de los dos textos principales de este período: *Miseria de la filosofía* y el *Manifiesto*. Ocasionalmente haremos referencia a algunos de los artículos redactados por Marx durante 1847, para esclarecer los problemas planteados por estas dos obras centrales.

45. K. Marx: *Misère de la philosophie*, Éd. sociales, París, 1947, p. 134 [Trad. al castellano: Marx, K.: *Miseria de la Filosofía, Respuesta a la «Filosofía de la Miseria» del señor Proudhon*, Progreso, Moscú, 1981].

46. Ibíd., p. 133.

47. Ibíd., p. 135.

48. Ibíd., p. 134.

49. «Si el primer objetivo de la resistencia solo fue la conservación de los salarios, a medida que los capitalistas, por su parte, se agrupan en un pensamiento de represión, las coaliciones, en un primer momento aisladas, se forman en grupos, y frente al capital siempre reunido, la conservación de la asociación se vuelve más necesaria para ellos que la del salario. [...] En esta lucha —verdadera guerra civil— se reúnen y desarrollan todos los elementos necesarios para una batalla futura. Una vez llegada a ese punto, la asociación toma un carácter político» (Ibíd., p. 134).
50. Ibíd.
51. Ibíd., p. 100.
52. Ibíd.
53. *La critique moralisante ou la morale critique*, en *Œuvres*, III, p. 162; cf. *Werke*, 4, p. 357.
54. «En los comienzos, los obreros individuales; luego, los obreros de una fábrica y luego los obreros de una rama de industria en un mismo centro luchan contra el burgués individual que los explota directamente. Dirigen sus ataques no solo contra las condiciones burguesas de la producción; lo dirigen contra los instrumentos mismos de la producción; destruyen las mercancías extranjeras que compiten; destrozan las máquinas; incendian las fábricas; intentan reconquistar la condición desaparecida del obrero de la Edad Media. [...]».

«Pero, con el desarrollo de la industria, el proletariado no solo se incrementa; es aglomerado en masas mayores; su fuerza crece; tiene más conciencia. [...]; cada vez más, las colisiones entre el obrero individual y el burgués individual toman el carácter de colisiones entre dos clases. Los obreros empiezan por formar coaliciones contra los burgueses; se agrupan para defender sus salarios. Incluso llegan a formar asociaciones duraderas, con el fin de abastecerse para los eventuales levantamientos. En algunas partes, la lucha estalla en motines. [...]».

«De vez en cuando, los obreros triunfan, pero su victoria solo es efímera. El verdadero resultado de sus luchas no es el éxito inmediato, sino la unión cada vez más difundida entre los obreros. [...]».

¿Cómo se efectúa esta unión? Por medio de la centralización de las «numerosas luchas locales» en una «lucha nacional, en una lucha de clases», es decir, en una lucha política, dado que «toda lucha de clases es una lucha política». Esta centralización conduce a «la organización de los proletarios en clase y, luego, en partido político». (*Manifieste Comuniste*, A. Costes, París, 1953, pp. 71-74).
55. Ibíd., p. 82.
56. Ibíd., p. 75.
57. Dejaremos de lado aquí el problema de las relaciones entre el partido comunista y los partidos burgueses; se trata del tema de la «revolución permanente» en Alemania, que merece un estudio aparte.

Solamente observamos que, si el *Manifiesto* no tiene las mismas posiciones tácticas que la *Crítica de la Filosofía del Estado de Hegel* (1844) sobre la revolución alemana —dado que propone a los comunistas que «se pongan a los costados» de la burguesía, desde el momento en que esta «toma una actitud revolucionaria» (*Manifeste*, p. 118)— no obstante mantiene la misma concepción estratégica, es decir, continúa creyendo en la posibilidad de «saltar», en un país atrasado como Alemania, la etapa histórica burguesa que conocieron Francia e Inglaterra.

Como en 1844, Marx destaca, en el *Manifiesto*, el retraso histórico de la burguesía alemana, y saca de esto la conclusión, no de la imposibilidad de revolución burguesa en Alemania —como en la *Crítica* de 1844— sino del carácter efímero de una revolución como esa, simple «preludio inmediato de una revolución proletaria»; «Es hacia Alemania que los comunistas orientan su atención principal, porque Alemania está en vísperas de una revolución burguesa, porque realiza este cambio en un momento en que las condiciones de la civilización europea en general son más avanzadas y el proletariado mucho más desarrollado que en Inglaterra en el siglo XVII y en Francia en el siglo XVIII y porque la revolución burguesa alemana no puede ser más que, entonces, el preludio inmediato de una revolución proletaria» (*Manifeste communiste*, p. 119).

58. *Manifeste communiste*, pp. 112, 113; nuestro subrayado.
59. Ibíd.
60. Ibíd., p. 113; nuestro subrayado.
61. Ibíd., nuestro subrayado.
62. Ibíd., pp. 115-116.
63. Ibíd., p. 81.
64. Ibíd., p. 82.
65. Ibíd., p. 55; nuestro subrayado.
66. Ibíd., p. 81. Cf. también p. 82: «El objetivo inmediato de los comunistas es el mismo que el de todos los otros partidos proletarios».
67. Rubel: «Remarques sur le concept de parti prolétarien chez Marx», *Revue française de sociologie*, año II, no. 3, julio-septiembre de 1961, p. 176.
68. Ibíd., p. 169.
69. *Manifeste communiste*, p. 82.
70. Rothstein: *Chartism et Trade-unionisme*, p. 138. Es muy probable que Marx haya asistido a esta reunión. La *Chronik* (p. 42) da como «aproximadamente el 13 de diciembre» la fecha de su partida de Londres. Sería por lo menos extraño que haya partido el mismo día de una reunión tan importante. Por el contrario, incluso se podría proponer la hipótesis de un vínculo entre su presencia en Londres y la decisión de organizar formalmente a los Fraternal Democrats.

71. Ibíd., pp. 136, 137; nuestro subrayado.
72. Ibíd., p. 137.
73. Cf. K. Obermann: «Die Amerikanische Arbeitbewegung...», p. 113.
74. *Manifeste communiste*, p. 82.
75. Ibíd., p. 117: «Lo que dijimos en el capítulo II explica la posición de los comunistas con respecto a los partidos obreros ya constituidos y, por lo tanto, su posición con respecto a los cartistas en Inglaterra y a los reformadores agrarios en América del Norte».
76. *La critique moralisante ou la morale critique*, Œuvres, III, p. 138; *Werke*, 4, p. 343.
77. K. Obermann: «Die Amerikanische Arbeiterbewegung...», p. 113.
78. Para el *Land Scheme* de Feargus O'Connor, cf. E. Dolléans: *Le Chartisme*, p. 283. En cuanto a la «reforma agraria» predicada por el grupo norteamericano, cf. la circular de Marx contra Kriege, *Werke*, 4, pp. 8-10.
79. *Manifeste communiste*, p. 81.
80. *Werke*, 4, p. 474.
81. *Manifeste communiste*, p. 78; nuestro subrayado.

IV. Partido, masas y revolución. Marx después de 1848

1. *Adresse du Conseil central à la Ligue*, en Marx: *Révélations sur le procès des communistes*, p. 249: «Ellos (los obreros alemanes) tienen la certeza, al menos esta vez, de que el primer acto de este drama revolucionario coincide con la victoria de su propia clase en Francia y de que se encuentra avanzada».
2. Ibíd., p. 238: «Mientras que los pequeñoburgueses demócratas quieren terminar la revolución lo más rápido posible, y después de haber obtenido, a lo sumo, la realización de las reivindicaciones anteriores, es nuestro interés y nuestro deber hacer que la revolución sea permanente, hasta que todas las clases más o menos poseedoras hayan sido expulsadas del poder, hasta que el proletariado haya conquistado el poder público...».
3. G. Lichtheim: *Marxism, an historical and critical study*, F. Praeger, Nueva York, 1962, p. 125.
4. *Adresse*, p. 240; cf. R. Schlesinger: *Marx, his time and ours*, Routledge and Kegan Paul, Londres, 1951, p. 270.
5. *Adresse...*, p. 242; en la página 242 se trata acerca de la centralización de los clubes obreros.
6. Ibíd., p. 243.
7. Ibíd., p. 249.
8. Después de la visita de Lassalle a Londres, en julio-diciembre de 1862, Marx toma conocimiento de manera más precisa de los planes de Lassalle y afirma, en una carta a Engels (7/8/1862): «En cuanto al punto de vista

político, no estamos de acuerdo en nada, con excepción de ciertos objetivos muy alejados» (Marx, Engels: *Correspondance*, Costes, París, 1933, t. VII, p. 141).

9. No es una casualidad si las tendencias que abandonaron, explícita o implícitamente, la teoría marxista de la autoemancipación revolucionaria del proletariado, remiten a Lassalle (ya sea de manera consciente o no). Acerca del «lassallismo» de la moderna socialdemocracia alemana, ver el artículo de Carlo Schmid (miembro del comité director de la SPD) sobre el centenario del Partido, en el diario *Le Monde* (29 de mayo de 1963). En cuanto al paralelismo entre Lassalle y Stalin, ver L. Goldmann: «Pour une approche marxiste des études sur le marxisme», *Annales*, enero-febrero 1963, p. 116.

10. A.K. Worobjowa: «Aus der Geschichte der Arbeiterbewegung in Deutschland und des Kampfes von Karl Marx und Friedrich Engels gegen Lassalle und das Lassaleanertum 1862-1864», en *Aus der Geschichte des Kampfes von Marx und Engels für die Proletarische Partei*, Dietz Verlag, Berlín, pp. 264-265.

11. En Ibíd., p. 268.

12. Ibíd., p. 299.

13. Carta a Engels, 25/1/1865, Marx, Engels: *Correspondance*, Costes, París, 1934, t. VIII, p. 126; cf. Worobjowa: *op. cit.*, p. 339.

14. En Marx, Engels: *Critique des Programmes de Gotha et d'Erfurt* (1891), Éd. sociales, París, 1950, p. 97 [Trad. al castellano: Marx, K.: *Crítica del programa de Gotha*. Con un apéndice con textos de Marx, Engels y Lenin. Tercera edición. Anteo, Buenos Aires, 1973].

15. En Marx: *Pages choisies pour une éthique socialiste*, Marcel Rivière, París, 1948, p. 222. (Carta a J. B. Schweitzer, 13/10/1868).

16. Marx, Engels: *Critique des Programmes de Gotha et d'Erfurt*, p. 32.

17. En Marx, Engels: *Critique des Programmes...*, p. 98; traducción incorrecta. Cf. Marx: *Briefe an Kugelmann*, Dietz Verlag, Berlín, 1952, pp. 22-23.

18. Citado en la carta a Engels del 18/2/1865; en Marx, Engels: *Correspondance*, VIII, p. 165; nuestro subrayado.

19. Citado en la carta a Engels del 6/2/1865; en *Correspondance*, VIII, pp. 144-145.

20. Citado en la carta a Engels del 18/2/1865; en *Correspondance*, VIII, pp. 166-167.

21. Der Kommunismus des «Rheinischen Beobachters», en *Werke*, 4, pp. 191, 195.

22. En Marx, Engels: *Critique des Programmes...*, p. 98.

23. En Marx: *Pages Choisies...*, p. 223. En su esclarecedor estudio sobre Lassalle, Lukács demuestra:

    a) Que la relación «dirigentes-masas» considerada por Lassalle es precisamente lo que Marx criticaba en Bruno Bauer;

b) Que el dualismo entre la ciencia y el movimiento obrero en Lassalle encuentra su fundamento metodológico en su «neohegelianismo fichteano». Cf. G. Lukács: «Die Neue Ausgabe von Lassalles Briefen», *Archiv für die Geschichte des Sozialismus und Arbeiterbewegung*, Leipzig, 1925, XI, pp. 411, 419.

24. En Marx, Engels: *Critique des Programmes…*, pp. 100-101.
25. En Marx: *Pages Choisies…*, p. 226.
26. G. Lichtheim: *Marxism*, p. 105.
27. Marx: *La Guerre civile en France*, 1871, Éd. sociales, París, 1952, p. 53 [Trad. al castellano: Marx, Karl: *La guerra civil en Francia*. Ediciones de Cultura Popular, Barcelona, 1968].
28. «Premier essai de rédaction», en *La Guerre civile en France*, 1871, Éd. sociales, París, 1953, p. 208.
29. *La Guerre civile en France*, 1871, pp. 68-69.
30. «Premier essai de rédaction», p. 192.
31. «Premier essai de rédaction», p. 206.
32. «Premier essai…», p. 212.
33. «Premier essai…», p. 214.
34. *La Guerre civile…*, pp. 50, 53.
35. Schlomo Avineri, en su brillante (¡aunque a veces demasiado neokautskiana!) obra sobre el pensamiento político de Marx genera la hipótesis bizarra según la cual los borradores de *La guerra civil en Francia* «ofrecen indicaciones claras de que Marx no consideraba a la Comuna como una cuestión de la clase obrera, sino como un motín pequeñoburgués y democrático-radical», lo que no habría expresado en la versión final (publicada) del *Manifiesto*, porque, «después de todo, una elegía no es un buen momento para una autopsia» (S. Avineri: *The Social & Political Thought of Karl Marx*, Cambridge University Press, 1969, p. 247).

Ahora bien, los borradores de *La guerra civil* muestran que, para Marx, la Comuna no era un «motín pequeñoburgués», sino, muy por el contrario, «la mayor revolución del siglo» (Marx: *Entwürfe zum «Bürgerkrieg in Frankreich»*, en *Werke*, 17, p. 538), cuyo carácter obrero es explícitamente afirmado: «¡La bandera roja enarbolada por la Comuna solo corona, en verdad, el gobierno de los obreros de París! ¡Proclamaron la emancipación del trabajo y la subversión de la sociedad como su objetivo! ¡Pero el verdadero carácter "social" de su república solo consiste en el hecho de que obreros gobernaron la Comuna!» (*Werke*, 17, p. 556).

Una vez más, según Avineri, «en efecto, no hay nada proletario en la legislación social de la Comuna, con la excepción de la abolición del trabajo nocturno en las panaderías. En la sección del borrador que se ocupa de la legislación relativa a la clase obrera, Marx no puede mostrar más que algunas leyes contra la prostitución y la abolición de algunos pagos que eran vestigios de la legislación feudal. Por el contrario, dedica mucho más espacio al subcapítulo titulado "Medidas para la clase obrera pero, sobre todo, para las clases medias"» (Avineri, ibíd., p. 248).

Esto exige algunas observaciones:

a) En primer lugar, el espacio consagrado a los subcapítulos difícilmente puede ser un argumento concluyente, pero, de todas maneras, el subcapítulo «Medidas para la clase obrera» tiene (en la edición alemana *Werke*) 51 líneas; el de las «Medidas para la clase obrera pero, sobre todo, para las clases medias», solo 31...

b) Una de las medidas mencionadas por Marx en la sección sobre la legislación relativa a la clase obrera (medida que es mucho más significativa que los decretos sobre los panaderos, y otros, citados por Avineri) es la creación, por parte de la Comuna, de un comité encargado de estudiar los mejores medios para «transferir los talleres y usinas abandonadas a cooperativas de obreros» (*Werke*, 17, p. 528).

c) Marx insistió en reiteradas ocasiones en el hecho de que no es tanto la legislación social lo que dio su carácter de clase a la Comuna sino la naturaleza obrera del poder.

36. En Marx, Engels: *Critique des Programmes...*, p. 107.
37. En Marx-Engels: *Briefwechsel* 1868-1883, *MEGA*, III/4, Marx-Engels Verlag, Berlín, 1931, p. 497.
38. Fue publicado por primera vez en 1931, en la revista *Die Kommunistische Internationale*. No existe traducción al francés, excepto algunos fragmentos publicados por Rubel en *Pages choisies pour une éthique socialiste*.
39. *Pages choisies...*, pp. 231-232; cf. *Werke*, 19, p. 157.
40. *Pages choisies...*, pp. 232-235 y *Werke*, 19, pp. 157-162.
41. *Pages choisies...*, p. 235 y *Werke*, 19, pp. 165-166.
42. Carta de Marx a Sorge, 19/9/1871, en *Correspondance, F. Engels, K. Marx et divers*, Costes, París, 1950, t. I, p. 247.
43. Ibíd., p. 245. Cf. el original en *Briefe und Auszüge aus Briefen von J. P. Becker, J. Dietzgen, F. Engels, K. Marx, u. a.* an F. A. Sorge u. a., Dietz Verlag, Stuttgart, 1960, pp. 162-166.
44. Ibíd., p. 246.
45. Ibíd., p. 244.
46. Ibíd., p. 250.

MICHÄEL LÖWY (São Paulo, Brasil, 1938). Sociólogo y filósofo marxista franco-brasileño. Actualmente es director de investigación emérito del Centre National pour la Recherche Scientifique (CNRS) y profesor de la École des Hautes Études en Sciences Sociales (EHESS), de París. Forma parte del consejo de redacción de las revistas *Actuel Marx*, *ContreTemps* y *Écologie et Politique*, y es conferencista del Instituto Internacional para la Investigación y la Formación de Ámsterdam (IIRF).

Seven Stories Press
Dan Gilbert
140 Watts Street
US-NY, 10013
US
https://www.sevenstories.com
info@sevenstories.com
210-306-6987

The authorized representative in the EU for product safety and compliance is

Easy Access System Europe
Teemu Konttttinen
Mustamäe tee 50
EZ, 10621

https://easproject.com
gpsr.requests@easproject.com
+358 40 500 3575

ISBN: 9781925019193
Release ID: 153010840

www.ingramcontent.com/pod-product-compliance
Lightning Source LLC
Chambersburg PA
CBHW031351230426
43670CB00006B/504